简明 C++ 面向对象程序设计与实践

主　编　张晓民
副主编　韩义波　张　枫　郭俊颖
　　　　林玉香　程　彬　李倩伟

河南大学出版社
·郑州·

图书在版编目(CIP)数据

简明 C++面向对象程序设计与实践/张晓民主编. —郑州:河南大学出版社,2017.9
(2021.9 重印)

ISBN 978-7-5649-3017-2

Ⅰ.①简… Ⅱ.①张… Ⅲ.①C++语言－程序设计－高等学校－教材 Ⅳ.①TP312.8

中国版本图书馆 CIP 数据核字(2017)第 236577 号

责任编辑	郑　鑫
助理编辑	李亚涛
责任校对	柳　涛
助理校对	阮林要
封面设计	郭　灿

出　版	河南大学出版社
	地址:郑州市郑东新区商务外环中华大厦 2401 号
	邮编:450046　　　电话:0371-86059701(营销部)
	网址:hupress.henu.edu.cn
排　版	郑州市今日文教印制有限公司
印　刷	郑州市运通印刷有限公司
版　次	2017 年 9 月第 1 版　　　印　次　2021 年 9 月第 5 次印刷
开　本	787mm×1092mm　1/16　　印　张　27
字　数	640 千字　　　　　　　　定　价　60.00 元

(本书如有印装质量问题,请与河南大学出版社营销部联系调换)

内 容 简 介

C++语言是当今应用最为广泛的编程语言之一,也是计算机相关专业学生最为重要的编程工具。本书以设计C++面向对象程序为宗旨,共分16章,不仅介绍了C++程序基本结构和语法,C++面向对象程序设计基本方法,而且引入了单链表、二叉树的C++实现,最后通过基本程序设计流程,由浅入深地分析了15个C++程序代码,作为C++学习的重要范本。

本书针对C++语言特点,以应用为主线,以编程思路和方法为主导,系统讲述了C++程序设计的基本方法和技巧。体例设计生动、活泼,重点、难点突出。讲述力求语言简炼,理论联系实际,注重基本程序设计能力的培养以及良好编程习惯的养成。

本书可作为高等学校计算机程序设计用书,也可作为从事计算机应用科技人员的参考书、培训教材。

前　　言

　　C++语言是当今应用最为广泛、最具影响力的程序设计语言之一，也是国内外高校普遍采用的编程语言。它不仅具有功能丰富、表达能力强、使用灵活、应用面广、生成目标程序精练、程序执行效率高以及良好的移植性，而且同时兼备面向对象和结构化程序设计语言特点。因为C++语言完善的面向对象机制，使得它开发大型复杂软件系统游刃有余，而且完全兼容C语言，这又使它开发传统和高效的系统应用软件成为可能。近年来，随着移动应用的普及和发展，更为C++语言提供了广阔的应用空间，越来越得到广大工作技术人员的青睐。

　　目前C++语言教材大多以C++面向对象知识体系为蓝本，辅以适当的练习在知识结构上具有良好的完整性和系统性，并且要求学习者必须具备C语言基础知识。针对以应用为目标的学习者，这无疑增加了入门的难度，降低了学习兴趣，而且实际应用明显不足，导致学完以后，所学知识和应用相脱节。鉴于此，编者结合自身的实际教学经验，提出了"融入C语言知识、突出编程能力、应用为主线"的教材编写方案，在内容编排上注重初学者的认识规律，由浅入深，而且对内容进行了大量精简，降低入门的难度，提高学习的兴趣。

　　全书共分16章，各章的具体内容安排如下：第1章介绍了C++语言运行环境、面向对象概念与特征、面向对象程序设计方法、变量、常量、输入、输出以及运算符等的基本知识。第2章介绍了C++程序设计基本过程、C++类和对象的定义。第3章介绍了C++语言中的关系和逻辑运算、if基本选择结构以及switch-case多分支选择结构的语法及其应用。第4章介绍了C++语言3种基本循环结构及其用法。第5章介绍了C++语言函数的概念、特征及其应用以及程序调试的基本方法。第6章介绍了指针的基本概念、指针变量以及动态内存分配相关内容。第7章讨论了C++语言数组的定义与应用。第8章介绍了C++语言中字符串的表示方法。第9章重点介绍了结构体概念以及结构体与数组、指针、函数的综合应用。第10章介绍了构造析构函数、特殊成员、成员访问控制、友元以及字符串类等C++面向对象的概念和方法。第11章介绍了C++继承及多态的概念和实现方法。第12章介绍了C++文件流、C语言文件及文件操作。第13章介绍了单链表结构以及C++语言实现。第14章介绍了递归的概念及应用。第15章详细讨论了二叉树的链式存储以及遍历、查找和删除等基本操作，并给出了C++语言实现。第16章介绍了C++编程规范，给出工程案例和15个C++语言基本程序，作为学习应用开发的基础。

　　本书编写以实例引入知识，以知识服务应用为指导原则。让读者在思考和解决问题的同时学习相应C++语言知识，减少枯燥，突出编程思路和编程方法的学习，从而快速学习和掌握运用C++语言进行程序设计的基本内容和方法。每章结尾配有语法要点以及常见错误分析,以便读者对本章关键知识进行复习与巩固。所有例题均在Dev-C++集成开发环境下编译通过。

本书由张晓民、韩义波主编,张晓民负责全书的编撰、体例设计和审阅;韩义波负责全书的策划和编撰质量;张枫、郭俊颖、林玉香、程彬、李倩伟为副主编。各章节撰写和分工如下:第1章、第2章、第7章、第16章由张晓民编写;第4章、第5章、第15章由韩义波编写;第6章、第11章由张枫编写;第10章、附录A和附录B由郭俊颖编写;第3章、第14章由林玉香编写;第8章、第9章由程彬编写;第12章、第13章由李倩伟编写。

本书配有C++程序设计在线编译与自动评测实验系统,由肖飞、王耀宽主持开发。该系统提供主要的实验和编程题目,通过不断地在线编辑、调试和训练,学习者可以逐步掌握C++程序设计的基本思路和方法,而且系统的自动评分与记录功能将大地减少了人工评阅的工作量。

本书的编写得到了南阳理工学院C++程序设计核心课程建设项目支持,而且南阳理工学院软件学院各位同仁也给予了大量的帮助和支持,特别是软件学院院长刘黎明教授,在此表示衷心感谢。同时,在编写过程中参阅了大量网络资源以及其他文献,在此对它们的作者和提供者一并表示感谢。

由于程序设计语言和方法发展日新月异,加以编者水平有限,书中难免有疏漏和不当之处,敬请读者批评指正。

编 者

2018.1

目　录

第一部分　入门篇

第1章　程序设计初步 ……………………………………………………………（3）
　1.1　程序结构与设计方法 …………………………………………………………（4）
　1.2　面向对象概念与特征 …………………………………………………………（19）
　1.3　代码注释 ………………………………………………………………………（20）
　1.4　常量、变量与数据类型 ………………………………………………………（22）
　1.5　基本输入输出 …………………………………………………………………（24）
　1.6　算术运算与数学问题求解 ……………………………………………………（27）
　1.7　要点回顾 ………………………………………………………………………（30）
　1.8　习题 ……………………………………………………………………………（31）

第2章　面向对象基础 ……………………………………………………………（33）
　2.1　C++程序设计基本过程 ………………………………………………………（34）
　2.2　类的定义和对象创建 …………………………………………………………（35）
　2.3　应用实例 ………………………………………………………………………（39）
　2.4　要点回顾 ………………………………………………………………………（43）
　2.5　习题 ……………………………………………………………………………（44）

第二部分　基础篇

第3章　选择结构 …………………………………………………………………（49）
　3.1　关系运算符和表达式 …………………………………………………………（50）
　3.2　逻辑运算符和表达式 …………………………………………………………（52）
　3.3　基本选择结构 …………………………………………………………………（54）
　3.4　多分支选择结构 ………………………………………………………………（65）
　3.5　要点回顾 ………………………………………………………………………（71）
　3.6　习题 ……………………………………………………………………………（74）

第4章　循环结构 …………………………………………………………………（80）
　4.1　while 循环 ……………………………………………………………………（81）
　4.2　do—while 循环 ………………………………………………………………（85）

4.3　for 循环 ……………………………………………………………（87）
   4.4　break 语句和 continue 语句 ……………………………………（92）
   4.5　循环的嵌套 ……………………………………………………（95）
   4.6　要点回顾 ………………………………………………………（99）
   4.7　习题 ……………………………………………………………（100）

第 5 章　函数 …………………………………………………………（103）
   5.1　自定义函数 ……………………………………………………（104）
   5.2　内置库函数 ……………………………………………………（107）
   5.3　函数调用 ………………………………………………………（108）
   5.4　C＋＋函数增强特性 …………………………………………（113）
   5.5　程序调试技术 …………………………………………………（117）
   5.5　要点回顾 ………………………………………………………（122）
   5.6　习题 ……………………………………………………………（124）

第 6 章　指针 …………………………………………………………（128）
   6.1　指针与地址 ……………………………………………………（129）
   6.2　指针变量 ………………………………………………………（131）
   6.3　指针变量作为函数参数 ………………………………………（136）
   6.4　动态内存分配 …………………………………………………（139）
   6.5　要点回顾 ………………………………………………………（145）
   6.6　习题 ……………………………………………………………（146）

第 7 章　数组 …………………………………………………………（149）
   7.1　一维数组 ………………………………………………………（150）
   7.2　二维数组 ………………………………………………………（155）
   7.3　多维数组 ………………………………………………………（161）
   7.4　数组和指针 ……………………………………………………（162）
   7.5　数组作为函数参数 ……………………………………………（168）
   7.7　要点回顾 ………………………………………………………（173）
   7.8　习题 ……………………………………………………………（174）

第 8 章　字符串 ………………………………………………………（179）
   8.1　字符串和字符串结束标志 ……………………………………（180）
   8.2　字符数组 ………………………………………………………（181）
   8.3　字符串处理函数 ………………………………………………（188）
   8.4　要点回顾 ………………………………………………………（195）
   8.5　习题 ……………………………………………………………（197）

第 9 章　结构体 ………………………………………………………（203）
   9.1　结构体变量 ……………………………………………………（204）

9.2 结构体数组 ………………………………………………………………… (209)
9.3 结构体指针 ………………………………………………………………… (211)
9.4 结构体与函数 ……………………………………………………………… (214)
9.5 要点回顾 …………………………………………………………………… (220)
9.6 习题 ………………………………………………………………………… (221)

第三部分　高级篇

第 10 章　类与对象 …………………………………………………………………… (227)
　　10.1　构造和析构函数 ………………………………………………………… (228)
　　10.2　成员访问控制 …………………………………………………………… (238)
　　10.3　类的组合 ………………………………………………………………… (240)
　　10.4　类中特殊成员 …………………………………………………………… (243)
　　10.5　友元 ……………………………………………………………………… (250)
　　10.6　字符串类 ………………………………………………………………… (254)
　　10.7　应用举例 ………………………………………………………………… (258)
　　10.8　要点回顾 ………………………………………………………………… (264)
　　10.9　习题 ……………………………………………………………………… (265)

第 11 章　继承与多态 ………………………………………………………………… (271)
　　11.1　继承的概念 ……………………………………………………………… (272)
　　11.2　单继承 …………………………………………………………………… (275)
　　11.3　多继承 …………………………………………………………………… (284)
　　11.4　多态 ……………………………………………………………………… (290)
　　11.5　要点回顾 ………………………………………………………………… (297)
　　11.6　习题 ……………………………………………………………………… (298)

第 12 章　文件和文件流 ……………………………………………………………… (300)
　　12.1　C++文件流的基本概念 ………………………………………………… (301)
　　12.2　C++文件流的创建和关闭 ……………………………………………… (303)
　　12.3　C++文件流的读写 ……………………………………………………… (306)
　　12.4　C 语言文件基础 ………………………………………………………… (313)
　　12.5　要点回顾 ………………………………………………………………… (319)
　　12.6　习题 ……………………………………………………………………… (320)

第四部分　应用篇

第 13 章　单链表 ……………………………………………………………………… (327)
　　13.1　单链表结构 ……………………………………………………………… (328)

13.2　单链表的建立 …………………………………………………………………（330）
　　13.3　单链表的输出 …………………………………………………………………（333）
　　13.4　单链表结点的基本操作 ………………………………………………………（334）
　　13.5　单链表的销毁 …………………………………………………………………（337）
　　13.6　要点回顾 ………………………………………………………………………（339）
　　13.7　习题 ……………………………………………………………………………（340）

第14章　递归 ……………………………………………………………………………（343）
　　14.1　递归的概念 ……………………………………………………………………（344）
　　14.2　应用举例 ………………………………………………………………………（347）
　　14.3　要点回顾 ………………………………………………………………………（353）
　　14.4　习题 ……………………………………………………………………………（354）

第15章　二叉树 …………………………………………………………………………（356）
　　15.1　树与二叉树 ……………………………………………………………………（357）
　　15.2　二叉树的存储结构 ……………………………………………………………（360）
　　15.3　二叉树的基本操作 ……………………………………………………………（362）
　　15.4　二叉树的应用 …………………………………………………………………（378）
　　15.5　要点回顾 ………………………………………………………………………（381）
　　15.6　习题 ……………………………………………………………………………（382）

第16章　C/C++语言工程应用 …………………………………………………………（385）
　　16.1　C/C++语言编码规范 …………………………………………………………（386）
　　16.2　C/C++语言基础代码集 ………………………………………………………（394）
　　16.3　C++工程案例 …………………………………………………………………（408）
　　16.4　要点回顾 ………………………………………………………………………（418）
　　16.5　习题 ……………………………………………………………………………（419）

附录A　常用字符与ASCII对照表 ……………………………………………………（420）

附录B　运算符优先级和结合性 ………………………………………………………（421）

参考文献 …………………………………………………………………………………（422）

第一部分　入门篇

【本篇内容】

本篇介绍C++程序基本概念、C++程序结构、C++程序开发环境以及程序描述的基本方法,通过类和对象的引入,分析C++程序设计的基本过程,并通过实例予以说明。本篇是进入C++程序设计的必由之路,建立C++程序设计的基本轮廓。

本篇包括2章。第1章介绍C++程序结构、开发环境以及程序可视化的工具;第2章介绍了面向对象基本概念以及C++程序设计的基本过程。

【重点与难点】

重点是掌握C++开发环境的使用,基本掌握C++程序结构,能够编写简单的C++程序,解决生活中的基本的数学、物理问题。难点是类和对象概念的建立。

【知识图谱】

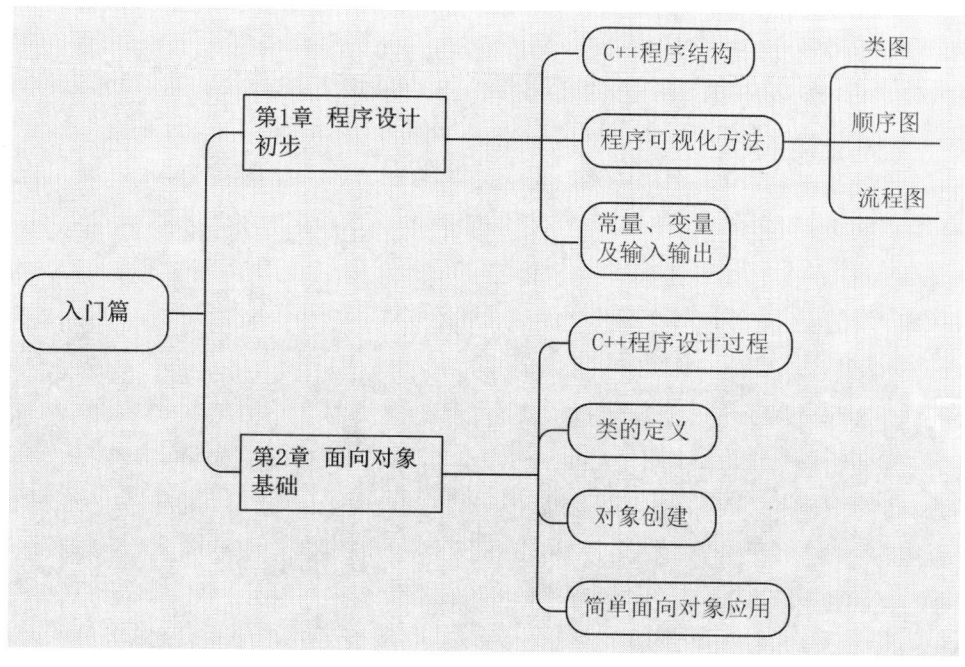

第1章　程序设计初步

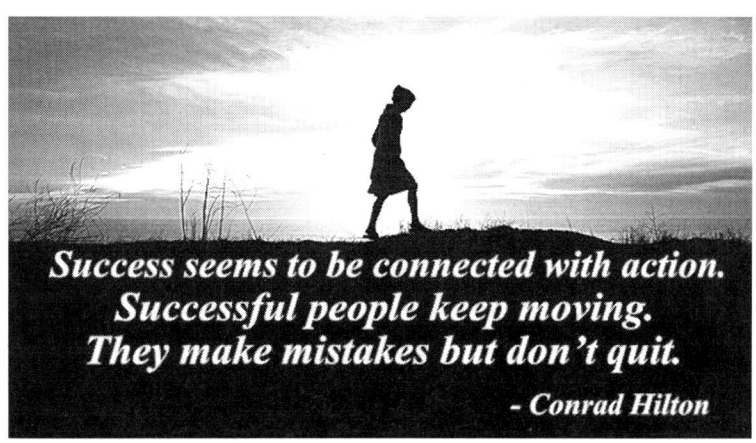

Conrad Hilton(1887.12.25-1979.1.3):
An American hotelier and the founder of the Hilton Hotelschain.

美好的大学时光即将开始了，请列出你4年人生目标和行动计划

_____年_____月_____日，姓名：_____

Goals:
1. _____
2. _____
3. _____
4. _____

Actions:
1. _____
2. _____
3. _____
4. _____

——每学期始末，请打开看看，定会有新的发现，令你惊叹不已。

学习目标

- 初步掌握 C/C++ 语言程序基本结构
- 掌握 Windows 环境下 C/C++ 语言编程工具的基本使用方法
- 掌握程序流程图的基本绘制方法
- 掌握三种基本数据类型常量书写以及变量的定义方法
- 掌握基本的数据输入输出方法
- 理解数学问题的 C++ 语言求解过程

  C 语言是计算机众多优秀高级语言中的一种，它既可以编写计算机系统软件，又可以编写各种应用软件，所以它仍然是当今最流行、最受欢迎的计算机语言之一。C 语言发展如此迅速，主要在于它强大的功能。例如，许多著名的系统软件，如 Unix、DBASE Ⅲ PLUS、DBASE Ⅳ 等都是由 C 语言编写的。在 C 语言中加上汇编语言子程序，更显示了 C 语言的威力，如 PC-DOS、WORDSTAR 等就是用这种方法编写的。现今流行的操作系统 Windows、iMac、Linux 等，其核心内容仍然是标准的 C 规范。

  早在 1971 年，美国电话与电报公司（AT&T）贝尔实验室的 Dennis Ritchie 在早期的编程语言 BCPL（Basic Combined Programming Language，也叫做 B 语言）基础上编写了 C 语言，并于 1972 首次在 UNIX 操作系统的 DEC PDP-11 计算机上使用。1973 年，他与 Ken Thompson 用 C 语言重写了 UNIX 操作系统，使之成为 UNIX 发展的基础，随后，C 语言又发展成为通用程序设计语言。1983 年美国国家标准化协会（ANSI）成立了一个委员会，制定了 C 语言标准（ANSI C），为 C 语言的进一步发展奠定了良好的基础，也成为现今 C 语言的标准。

  C++ 是 C 的扩展，由 Bjarne Stroustrup 在 1983～1985 年期间于贝尔实验室设计而成。C++ 改进了 C 语言，增加了一些特性，最重要的是支持使用类进行面向对象程序设计。面向对象程序设计可以使编程更加简单，程序更易维护。可以把 C++ 语言视为 C 语言的超集，C 语言的特性它完全支持，学习 C++ 语言，还可以帮助我们更好地分析和理解 C 语言。

1.1 程序结构与设计方法

1.1.1 C/C++ 语言及其编译环境

  在学习 C/C++ 语言程序设计之前，首先需要在计算机上安装语言编译器（Compiler），编译器的目的就是让计算机能够正确理解和执行用户所编写的程序，其实也是一种计算机软件工具。目前流行的语言编译器有很多种，可以选择跨平台的 Code∷

Blocks with MinGW 编译器,如果是 Linux 操作系统下,可以选择 gcc 编译器,如果是 Mac OS 操作系统,可以选择 XCode 编译器,如果是 Windows 平台,则可以选择 Visual C++系列产品,也可以选择 Dev－C++。本书主要采用 Dev－C++集成开发环境进行代码书写,因为 Dev－C++不仅是一个编译器,而且是一个集成开发环境(IDE),包含了代码编辑、调试、编译、链接以及工程管理等多项功能。考虑到兼容性,本书中的绝大多数程序都可以在任何支持标准C++语言的编译器中编译通过。

Dev－C++的安装非常容易,只需要运行 Dev－C++安装程序(Setup.exe),按照安装向导提示,就可完成 Dev－C++的安装,具体步骤如下:

(1) 初次使用可进行开发环境基本配置,如果英文不熟悉还可以选择简体中文界面,如图 1-1 所示。

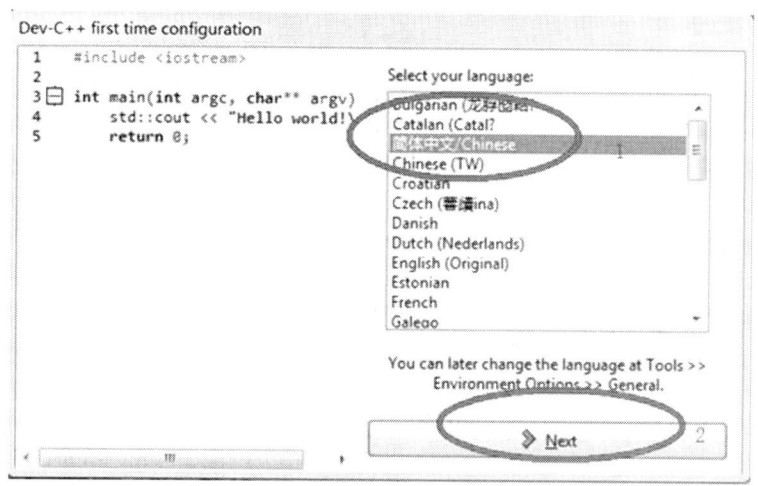

图 1-1　Dev－C++语言选择

(2) 根据个人喜好,设置字体、颜色、图标,此处采用默认设置,点击"Next",进入下一页,如图 1-2 所示。

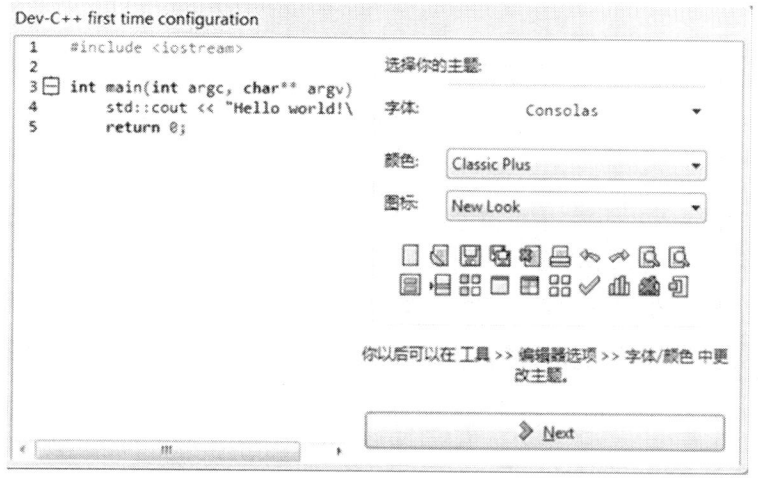

图 1-2　字体、颜色、图标选择

（3）为了优化代码补全功能，需要缓存一些头文件，此处采用默认设置，缓存最常用的一些C语言头文件，读者可根据需要添加头文件或者自己编写的头文件，如图1-3所示。

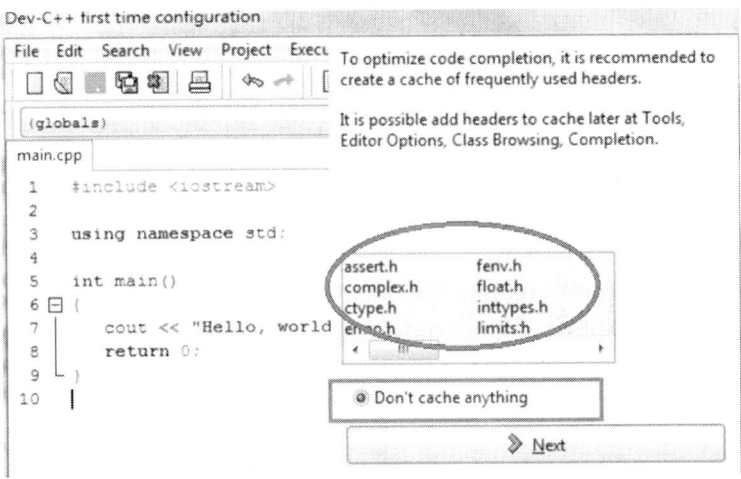

图1-3 头文件配置

（4）点击OK完成配置过程，进入开发环境界面，如图1-4所示。

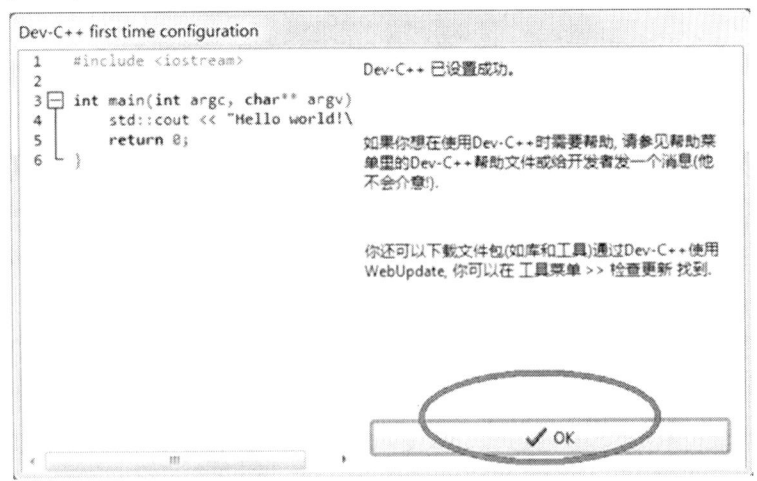

图1-4 Dev－C＋＋集成开发环境

在以后使用过程中，读者也可以通过工具菜单根据需要再次进行环境配置，如图1-5所示。

在Dev－C＋＋中，开发Windows程序或者DOS的控制台程序都要通过项目来管理的，所以编写一个程序首先需要建立一个项目。

(1) 新建一个项目,如图1-6所示。

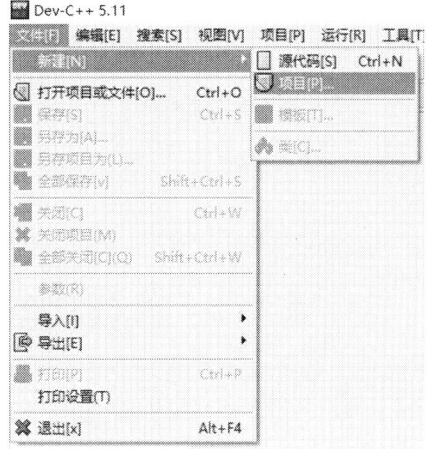

图1-5 工具菜单　　　　　图1-6 新建项目

(2) 选择Console Application(字符界面,也就是MS－DOS界面),选择"C项目"(如果C＋＋程序请选择"C＋＋项目")),写入项目名称,如图1-7所示。

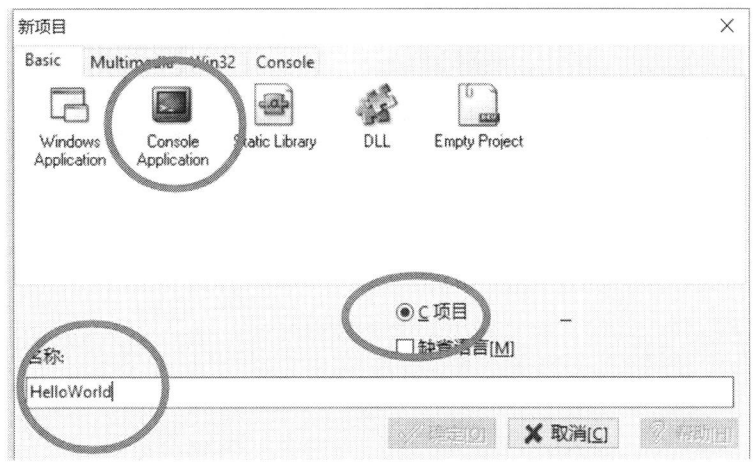

图1-7 项目类型选择

(3) 确定之后,选择合适的路径保存项目及程序代码。为了便于管理,新建一个目录保存当前项目,保存之后回到开发界面,在左侧项目管理中出现新建的项目,并且自动创建一个main.c文件和基本的代码框架,点击"保存"即可。

(4) 在main函数中输入语句"printf("Hello World!\n");",在菜单"运行"中选择"编译",开始程序编译(或按快捷键"F9"),编译结果如图1-8所示。

图 1-8 编译程序

(5) 在菜单"运行"中,选择"运行"开始运行程序(或按快捷键"F10"),运行结果如图 1-9 所示。

图 1-9 运行结果

在 Dev-C++中,可以直接使用编译运行选项(快捷键"F11")将编译、运行两个过程一并执行,除非出现错误,否则编译后直接执行程序。

 **扩展阅读:计算机中的数据表示**

在计算机内部,数据通常采用二进制表示,只有 0 和 1 两个数码,书写和阅读都极不方便。因此,在程序设计中还经常使用八进制和十六进制,在十六进制中除了 0~9 十个数字外,分别用"a,b,c,d,e,f"6 个字母表示"10,11,12,13,14,15"6 个数字。这样经常需要在不同进制之间进行转换,下面给出转换方法:

(1) 将其它 n 位的 R 进制数 A 转换为十进制数 D,依据下列公式进行:

$$D = A_0 * R^0 + A_1 * R^1 + A_2 * R^2 + \cdots + A_i * R^i + A_n * R^n$$

(2) 二进制与八进制、十六进制之间的转换:
1 个十六进制位对应 4 个二进制位

D_{16}= A　　3　　F　　C　　　　(十六进制)
D_2=1010,0011,1111,1100　　　　(二进制)

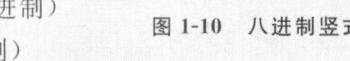

图 1-10 八进制竖式除式

$$1\text{个八进制位对应 3 个二进制位}$$
$\text{D}_8 = 7 \quad\quad 6 \quad\quad 5 \quad\quad 3 \quad\quad\quad (\text{八进制})$
$\text{D}_2 = 111, 110, 101, 011 \quad\quad (\text{二进制})$

(3) 将十进制数转换为其它 E 进制数:利用竖式除法计算将十进制 457 转换八进制数的竖式除法如图 1-10 所示。

1.1.2 面向对象程序设计方法

20 世纪 60 年代,被誉为"程序设计方法的革命"的结构化程序设计方法诞生了,它使程序设计从主要依赖于程序员个人的自由活动变为有章可循的一门科学,程序设计风格要求"清晰第一、效率第二",从而提高了程序的易读性和可靠性。然而随着软件规模的急骤增长,结构化程序设计对于大规模软件的复杂性也显得无能为力。20 世纪 80 年代,一种新的面向对象程序设计方法诞生了,主要应对大型复杂软件开发,它认为客观世界中的事物都是对象(object),对象之间存在一定的关系,复杂对象可由简单对象构成。这也是当前软件开发的主流技术。

面向对象设计方法的基本思想是:从现实世界客观存在的事物出发构造软件系统,并在系统构造中尽可能运用人类的自然思维方式。开发软件是为了解决问题,这些问题所涉及的业务范围被称为问题域。面向对象方法强调直接以现实世界中的事物为中心来思考问题、认识问题,并根据这些事物的本质特征,把它们抽象地表示为系统中的对象(object)作为系统的基本构成单位,而不是用一些与现实世界中的事物相差较远并且没有对应关系的其他概念来构造系统。

面向对象程序设计可以使系统直接地映射现实世界,保持现实世界中事物及其相互关系的本来面貌,更加强调运用人类在日常的逻辑思维中经常采用的思想方法与原则。例如抽象、分类、继承、聚合、封装等,这就使得软件开发者能更有效地思考问题,并以易懂的方式把自己的认识表达出来。

面向对象程序设计可用一个简单的数学公式来描述:

程序 = 对象 + 消息

对象对应于现实世界中的事物,消息对应于事物之间的相互联系。程序的核心要素就是对象,它是将数据和操作紧密地连结在一起,这些数据和操作对应于现实世界事物的属性和行为,而且可以设置不同的权限,并保护数据不会被外界行为意外改变。在面向对象程序设计中,人们往往根据属性和行为的异同对事物进行分类,形成一个个分类或者类型,简称为类(class),这些类可以作为模板以构造新的对象,以此和现实世界中的事物相对应,如图 1-11 所示。

图 1-11 利用以类为模板创造对象示意图

如上所述,面向对象程序设计首先就是要从现实世界的事物中归纳出必要的类,并找出类之间的关系,然后以现实世界中的事物为依据,创建一个个对象,利用对象之间的关系完成整个软件系统。

下面以"小明家有一个半径为30m的圆形游泳池,小明想知道这个游泳池的周长和面积"这一个问题求解为例,说明面向对象程序设计的基本方法,具体分析过程如下:

1. 确定事物

在这个问题中,核心的事物是"小明家游泳池"。

2. 明确分类

对上面事物进行分类,发现它是"游泳池"中的一个,也就可以将它分类为"游泳池"(代表一类事物),因此,在该问题中可以确定一个"游泳池"类。

3. 在程序中定义类,包括相关的属性和操作

● 由于已知条件是圆形游泳池的半径,所以"游泳池"类应该包含属性:半径
● 所要计算的是周长和面积,因此需要定义求周长和求面积两个操作

4. 定义对象

对应问题中的"小明家游泳池"这一事物,在程序中根据"游泳池"类创建"小明家游泳池"对象。

5. 实现功能

执行对象的求周长和求面积两个操作完成相应的功能。

扩展阅读:结构化程序设计

结构化程序设计要求在程序设计过程中只能采用顺序结构、分支结构和循环结构这3种基本结构(见后续章节)。其基本思想是按照自顶向下、逐步求精的方法将系统划分成相对独立的模块,每个模块实现特定的功能,模块之间通过接口传递消息,而整个程序设计过程则可看成是一个逐步演化的过程。

在结构化程序设计中,问题被看作一系列需要完成的任务。在C语言中,函数用于完成这些任务,解决问题的焦点集中于函数,这些函数关注如何根据特定的条件完成指定的任务。

同样,结构化程序设计可用一个简单的数学公式来描述:

程序 = 数据结构 + 算法

对应上面的例子,我们用结构化程序设计方法来描述,具体分析过程如下:

问题描述:

小明家有一个半径为30m的圆形游泳池,小明想知道这个游泳池的周长和面积

数据描述:半径,周长,面积均可用实数表示。

数据处理:

输入游泳池半径 r;

计算周长 = $2 * \pi * r$;

计算面积 = $pi * r^2$;

输出半径,周长,面积。

1.1.3 C/C++语言程序框架

C++是由C语言发展而来,完全兼容C语言,也就是说,用C++程序开发工具不仅可以编写C++程序,而且可以编写C语言程序。因此在介绍C++程序框架之前,首先需要了解C语言程序框架。

1. C语言程序框架

每一个完整的C语言程序都必须包含且只能包含一个"main"函数,这个函数是程序的入口和出口,它总是在程序执行时首先被调用。在main函数中,我们可以调用自定义或者系统函数(系统标准函数)。当我们调用系统标准函数时,需要在程序最前面加上♯incude预编译指令,以便编译器能找到正确的函数。

【例1-1】 最简单的C语言程序

```
#include <stdio.h>
int main()
{
    printf("I am alive! Beware.\n");
    getchar();
    return 0;
}
```

♯include是一个预编译指令,它告诉编译器在创建可执行程序之前需要预先把stdio.h头文件中的代码加入到该程序中。使用stdio.h头文件,可以使编译器找到需要的函数,本例中为printf和getchar函数。

int main()告诉编译器,这是一个返回类型为int的main函数。用{ }表示程序代码块的开始和结束。printf是C语言标准输出函数,双引号告诉编译器将要输出的内容为文本信息。在C语言中,"\n"可看作是一个换行符,也就是将光标移动到屏幕的下一行。分号";"表示本行命令的结束或者本段程序的结束,也就是构成一个语句。getchar也是C语言的标准函数,它的作用是等待用户按键。因为许多编译器在运行程序时都会打开一个新窗口,而且会在程序运行结束后立刻关闭,这样,我们无法看清程序运行结果。这里,getchar的作用就是让我们能看到程序的运行结果,只有当我们按Enter键时窗口才会关闭。最后,在程序结束时,main会返回一个值给操作系统,它会告诉操作系统我们的程序是否执行成功,一般返回0表示运行成功。

下面是典型的C语言程序结构,从中可以看到C语言的编程规范。

```
/*   C语言程序结构   */
/* 包含头文件       */
#include <stdio.h>
#include <dos.h>
...
#include <conio.h>
```

```
/*定义第1个函数*/
函数类型 函数名1(形参及形参类型)
{
    数据说明部分;
    执行语句部分;
}

/*定义第2个函数*/
函数类型 函数名2(形参及形参类型)
{
    数据说明部分;
    执行语句部分;
}
...
/*定义第n个函数*/
函数类型 函数名n(形参及形参类型)
{
    数据说明部分;
    执行语句部分;
}

/*定义主函数*/
int main()
{
    数据说明部分;
    执行语句部分;
    return 0;
}
```

扩展阅读:C语言程序结构特征

(1) C程序是由若干个函数(function)构成的,就像英文是由段落构成一样,函数是C语言的基本构成部分。

(2) 一个最简单的C语言程序,至少包含一个函数,这个函数叫主函数(main),该函数在C语言程序中具有特殊地位,它既是程序执行的入口,又是程序的出口,因此一个C语言程序有且只能有一个主函数。主函数可以定义在程序的任何地方,一般定义在程序文件的开头或者结尾。

(3) C语言程序中的所有函数是相互独立的,也就是说所有的函数都是并列的,不能有相互的包含关系,这非常有利于模块化设计,保证各个模块之间的相对独立。

(4) 一个函数的定义包括两部分:函数头和函数体。函数头就是每个函数的第一行,包括函数的类型、函数名和形参及形参类型,形参必须用一对圆括号括起来,没有参数时,小括号也不能省略,它是函数的一个标志。函数体位于一对花括号中,函数体一般包括变量声明和函数的执行部分,函数体可以为空,即没有任何代码,此时只需写一对花括号。有关函数部分的详细内容,请参阅后续有关函数的章节。

(5) C语言程序中,各执行语句之间以分号分隔,一行可以写多条语句。为了清晰,一般每行只写一条语句。

2. C++语言程序框架

和C语言程序不同,C++程序是由一个或多个类构成。例1-2是一个最简单的C++程序,通过对时钟的分类和抽象,定义一个时钟类Clock,包含3个属性:当前的时、分、秒,同时包含2个操作(或函数):设置时间的SetTime和显示时间的ShowTime。

【例1-2】简单的C++语言程序

```cpp
#include<iostream>
using namespace std;

class Clock
{
public:
    void SetTime(int NewH,int NewM,int NewS);
    void ShowTime();
private:
    int Hour, Minute, Second;
};

void Clock::SetTime(int NewH,int NewM,int NewS)
{
    Hour=NewH;
    Minute=NewM;
    Second=NewS;
}

void Clock::ShowTime()
{
    cout<<Hour<<":"<<Minute<<":"<<Second<<endl;
}
```

```
int main()
{
    Clock BigBen;
    BigBen.SetTime(12, 45, 25);
    BigBen.ShowTime();
}
```

第 1 行使用预处理命令 #include 将头文件 iostream 包含到程序中来，iostream 是标准的 C++ 头文件，它包含了输入和输出的定义。第 2 行 std 是 standard 的缩写，以字面理解，引用标准命名空间，其中定义了 C++ 编译器标准 C++ 关键字，如 cin、cout、endl 等，只需要照抄就行。

Clock 是程序定义的一个类，它的 3 个属性分别用 3 个数据成员 Hour、Minute、Second 表示，它的 2 个操作分别用 2 个函数成员 SetTime 和 ShowTime 表示。在 main 主函数中，利用 Clock 类创建一个实际的钟表对象，并调用相应的成员函数完成相应的功能。

下面是典型的 C++ 程序结构，并且给出了 C++ 语言的编程规范。

```
/*   C++语言程序结构     */
/* 包含头文件            */
#include<iostream>
#include <iomanip>
...
/* 引用标准命名空间       */
using namespace std;

/* 定义第 1 个类 */
class 类名 1
{
public:
    //行为或属性
protected:
    //行为或属性
private:
    //行为或属性
};
...
/* 定义第 n 个类 */
class 类名 n
{
public:
    //行为或属性
protected:
    //行为或属性
private:
    //行为或属性
};

/* 实现第 1 个类的成员函数 */
类名 1::成员函数()
{
    数据说明部分；
    执行语句部分；
}
...
/* 实现第 n 个类的成员函数 */
类名 n::成员函数()
{
    数据说明部分；
    执行语句部分；
}

/* 定义主函数 */
int main()
{
    //根据类创建对象；
    //利用对象调用方法；

    return 0;
}
```

由上述C++程序框架可以看出,C++程序首先需要定义一个或多个类,将类的行为和属性定义为类的成员函数和成员数据。接着,在适当的时候,根据这些类创建相应的对象,并通过对象调用其中的函数成员以完成相应功能。

1.1.4 程序描述的可视化方法

程序设计的本质就是用符合特定语法规则的编程语言来描述问题的解决方案。在程序运行之前,人们很难看到结果,因此需要有一种方法将人们对问题的认识和思考过程记录下来。在面向对象程序设计过程中,有3种最基本的工具是每个程序员都必须要掌握的,下面分别予以介绍。

1. 类图

类图(class diagram)是面向对象程序设计中最基本和最重要的一种工具,它用于描述类和类之间的关系。类图中的符号分为类和关系两种,其中关系又可分为5种,如图1-12所示。

在类图中用矩形代表一个类,可分为上中下3部分:最上层是类的名称,中间是类的特性,通常是属性或字段,最下层是类的操作,通常是方法或行为。前面的符号表示成员的权限设置。

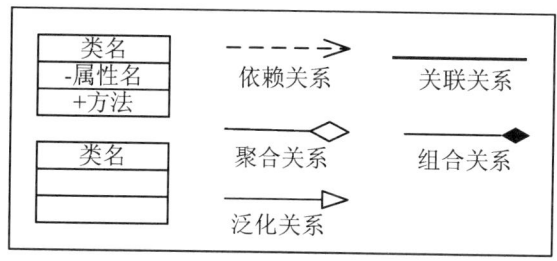

图1-12 类图中的符号

类和类之间的关系用不同的连线和箭头表示,依赖关系用虚线表示,关联关系用实线表示,聚合关系用空心的菱形+实线表示,组合关系用实心的菱形+实线表示,泛化关系用三角箭头+实线表示。图例中类和类之间关系的含义说明如下:

- 泛化(generalization):表示两者是特殊和一般关系
- 聚合(aggregation):表示两者是"弱"的整体与部分关系
- 组合(composition):表示两者是"强"的整体与和部分的关系
- 依赖(dependency):表示一个类依赖于另外一个类
- 关联(association):表示一个类和另一个类相关联

下面是一个类图的示例,它描述7个类以及它们之间的关系,如图1-13所示。在旅行的过程中,人需要乘坐(uses)公共汽车,也就是人依赖公共汽车;人购买了小轿车,于是人和小轿车之间就建立了一种关联,表示拥有和被拥关系;小轿车和公共汽车都是汽车的一种,汽车是一般概念,小轿车和公共汽车是特殊概念,它们之间是泛化关系;很多人聚在一起,成立了俱乐部,俱乐部和会员之间是松散或弱的整体与部分关系,即聚合关系;汽车有引擎和轮胎,它们是汽车不可或缺的部件,是一种强的整体与部分关系,也就是组合关系。

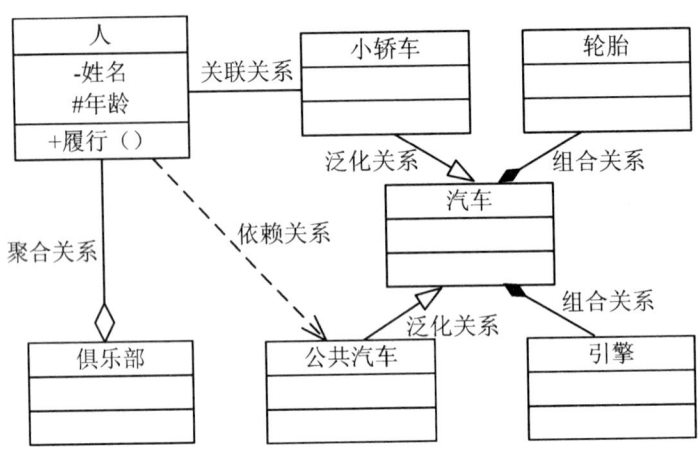

图 1-13　旅行俱乐部会员旅行类图示例

2. 顺序图

顺序图是用来描述工作场景中各个对象之间的交互关系,通过对象以及对象间消息的传递来反映这种交互,包括 4 个要素:对象(object)、生命线(life time)、激活(activation)和消息(Message),其图例符号如图 1-14 所示。

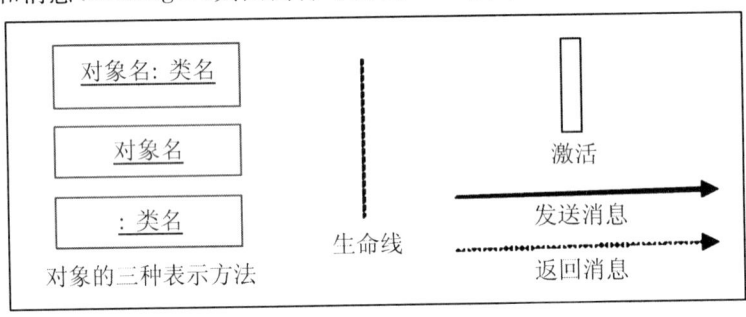

图 1-14　顺序图中的符号

对象用矩形框表示,里面标明对象的名称,也可通过对象所属的类名引用对象。生命线用对象下的虚线表示,它表示对象的生存周期。激活用生命线上的长短矩形表示,矩形的长度代表当前对象处于执行状态时间段的长度。消息用箭头表示,用于描述对象间交互的方式和内容,以虚线箭头表示返回消息。

下面是顺序图示例,模拟赤壁之战的场景,如图 1-15 所示。

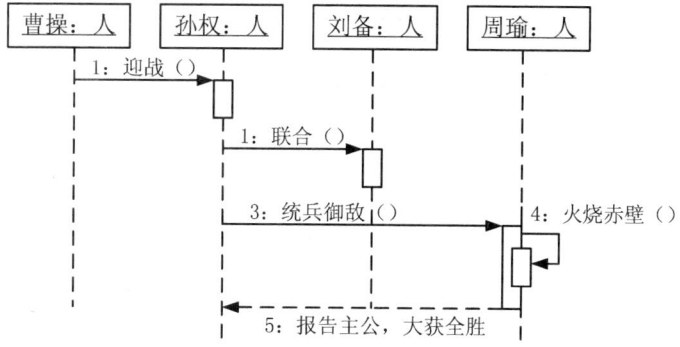

图 1-15　赤壁大战顺序图示例

对该顺序图中的消息,以事件顺序说明如下:

(1) 曹操向东吴挥师百万:

曹操向孙权"发送迎战( )"消息。

(2) 孙权决定联合刘备共御曹操:

孙权向刘备发送"联合( )"消息。

(3) 孙权任命周瑜为水军都督统帅孙刘联军对抗曹操:

孙权向周瑜发送"统兵御敌( )"消息。

(4) 周瑜火烧赤壁:

周瑜调用自反消息"火烧赤壁( )"。

(5) 周瑜向孙权汇报战果:

周瑜向孙权返回统兵御敌( )消息的返回消息。

3. 流程图

流程图兴起于 20 世纪五六十年代,这种方法的特点是使用不同的几何框图表示相应的算法操作,在框图内用简洁的字符来说明具体的操作内容,用流程线连接各个框图,如图 1-16 所示为我国国家标准 GB1526—89 中推荐的一套流程图标准化符号,它与国际标准化组织 ISO(International Standard Organization)提出的 ISO 流程图符号是一致的。

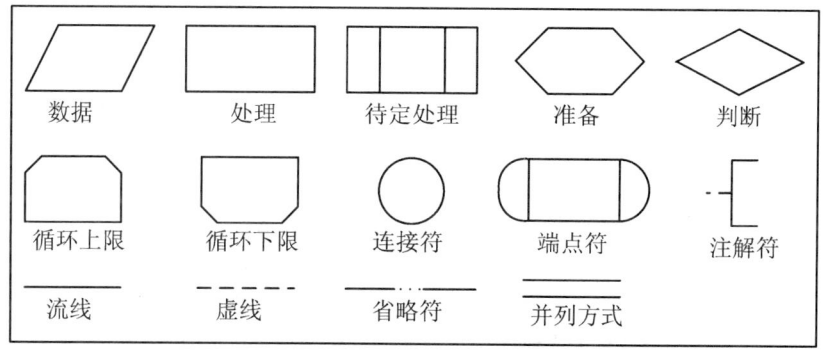

图 1-16　流程图标准化符号

在如图 1-16 的图形符号中,首先需要掌握的是"端点符"、"处理"和"判断",就可以应付基本的编程任务了。

（1）端点符：扁圆形表示转向外部环境或外部环境转入的端点。如程序流程的起点和终点。

（2）处理：矩形表示各种处理功能，矩形内可注明处理名称或其简要功能。

（3）判断：菱形表示判断。菱形内可注明判断的条件，它只有一个入口，但可以有若干个可供选择的出口。

1966年，Bohm和Jacopini证明，只要三种控制结构就能表达任何一个单入口和单出口框图所能表达的任何程序逻辑，这三种控制结构是：顺序结构、选择结构和循环结构。也就是说，任何复杂的应用程序都可由这三种基本控制结构来实现。

三种基本流程控制结构的流程图表示如图1-17所示。

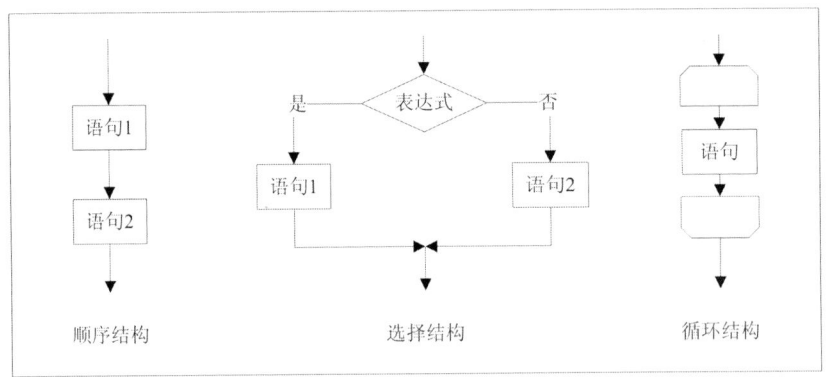

图1-17　三种基本控制结构的流程图表示

流程图也可用来解决生活中的问题，如图1-18和图1-19所示就是两个趣味范例。

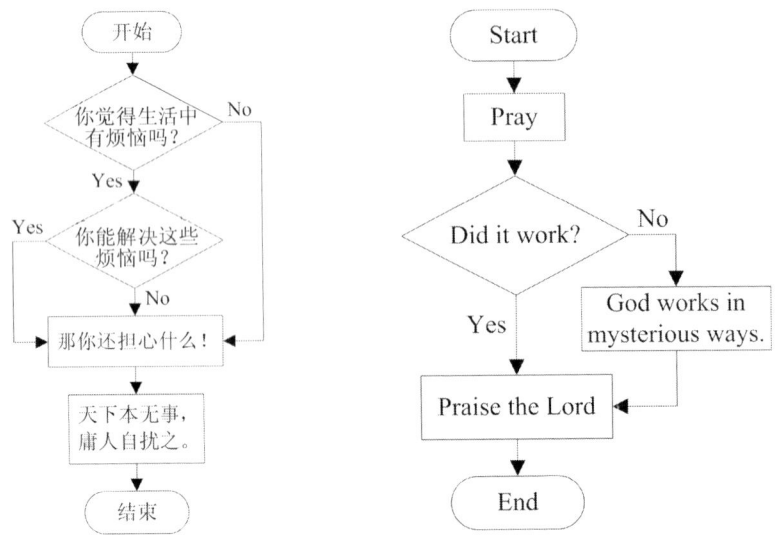

图1-18　快乐生活的密诀　　　　图1-19　Does the pray really work?

1.2 面向对象概念与特征

面向对象程序设计(Object Oriented Programming,OOP)越来越受到人们的喜爱,因为它能更好地适应现实世界中的问题,其主要思想是将数据及处理这些数据的操作封装(encapsulation)到类(class)中,使用这个类时,只需要定义这个类的对象(object),然后通过调用这个对象的成员完成对类的使用。

1. 对象和类

在现实生活中,对象是指可辨识的人或者事物,如父母、兄弟、员工、客户、学生等,也可以是汽车、手机、房子、书、银行卡等物件。也可以说,整个世界就是由形形色色的"对象"构成的。

类是一组具有相同属性和行为的对象的集合,是对具有相同特征事物的一个归类。如果一个学生是一个对象,那么所有学生就可以定义一个学生类,作为所有学生的一个模板,或者说抽象(abstraction)。

类和对象之间的关系是抽象和具体的关系。类是多个对象共同特征的一个抽象,在现实世界并不存在,而对象则是类的一个实例(instance),是一种客观存在。再比如"学生"是一个类,软件学院171502001号学生则是"学生"类的一个实例,是一个具体的"对象"。

2. 抽象与封装

抽象是指对特定事物抽取共同特征,形成一般性的抽象概念。例如,我们抽取苹果、香蕉、梨、葡萄的共同特性,归纳形成一个新的概念叫做"水果",这个过程就是抽象。下面1.4节的数据类型就是对某些具体的数据进行抽象而得到的,同样,从对象归纳出类的过程也是抽象,其中对象是具体的客观存在,而类则是对象的抽象表示。

封装是一种信息隐藏技术,它把对象的属性和操作结合成一个独立单元,并尽可能对外界隐藏对象的内部实现细节。对外界其他对象来说,不需了解对象内部是如何实现的,只需要了解对象所呈现出来的外部行为(接口)即可。如"汽车"对象,"司机"只能通过方向盘、仪表和制动踏板来操作"汽车",而"汽车"内部的实现细节则被隐藏起来。在面向对象程序设计中,通常将数据和对数据的操作封装成一个有机的整体,也就是人们说的对象。

3. 继承与多态

继承(inheritance)描述的是类与类之间的特殊和一般关系。利用继承,程序员无须重复编写已有类,即可对已有类的功能进行扩展,实现代码的重用。也就是说,面向对象允许在一个现在类(基类)的基础上定义一个新类(派生类),这个新类自动拥有现有类的全部属性和操作。这不仅提高了开发效率,而且使得程序的维护更加容易。例如,汽车类描述了汽车的一般特性和功能,而轿车类不仅包含汽车的特性和功能,还应该增加轿车特有的特性和功能,这时就可以让轿车类从汽车类继承,在轿车类中只需增加轿车的特性和功能就可以了,而汽车的特性和功能会自动拥有。

多态(polymorphism)是指程序中的同一个名称在不同的场合具有不同的含义。多态的实现与静态联编和动态联编有关。静态联编支持的多态称为编译时多态性,也称静态多态性,它是通过函数和运算符重载实现的。动态联编支持的多态称为运行时多态性,也称为动态多态性,是通过继承和虚函数实现的。例如动物类有"叫"这种行为,猫和狗两个对象执行的同样的"叫"操作,结果应该不同,这就是多态性。面向对象的多态特性使得程序的开发更科学、更符合人类的思维习惯,并能有效地提高软件开发效率,缩短开发周期,提高软件的可靠性。

1.3 代码注释

对于复杂的程序来说,注释是非常重要的,注释可使程序更容易阅读,而注释对程序的功能和运行结果没有任何影响,而编译器则是完全忽略注释,仿佛不存在一样。注释既可用来解释一段代码,写一些文字说明放在代码的前面或者行尾,也可用来将一段代码注释掉,使暂时失去作用,此时,编译器会在运行时忽略此段代码,达到测试代码的目的。

C语言程序注释是用/*和*/进行标注的,在/*和*/之间的所有内容都被当作注释,这两个标记可以位于不同的行,此时注释将包含多行内容,也就是说注释可以跨越多行。在C语言集成开发环境中,注释会以不同的颜色显示,以区分正常的程序代码,使其更容易辨认。初学程序设计的人,经常会将部分代码注释掉,以便直观观察此段代码对输出结果的影响。

C++除了保留这种注释方式外,还提供了一种更为有效的注释方式,该注释以"//"开始,到行尾结束。例如以下两条语句是等价的:

x=y+z;   /* This is a comment */
x=y+z;   //This is a comment

需要注意的是,以"//"开始的注释内容只在本行起作用,因此当注释内容分为多行时,通常用/*……*/方式;如果用"//"方式,则每行都要以"//"开头。

【例1-3】程序注释举例

```
#include <iostream>
using namespace std;
int main()
{
    /* 单位是厘米 */
    int length, width;
    int area;
    int c;

    length = 4;
    width = 2;
```

```
/* 计算长方形面积 */
area = length * width;
cout<<"长方形的面积是"<<":"<<area<<"平方厘米.";

/* 以下是计算长方形的周长 */
/*
c = 2 * (length + width);
cout<<"长方形的面积是"<<":"<<c<<"厘米.";
*/

return 0;
}
```

以上程序中，最后一段注释表明，我们首先测试长方形的面积，在正确无误的情况下，再来测试长方形的周长。

通常在程序的开头要加注释，用于描述程序的功能、编写人员、编写日期、版本、版权以及其它相关信息。

【例 1-4】 程序开头注释举例

```
/*--------------------------------------------------
Name: ClassifyWebInfo
Purpose: 将网络信息按照设定的类别进行分类
Programmer: WisdomLife, NIT
Date: 2014-4-30
Version: 1.0
Copyright: School of Software, NIT
-------------------------------------------------- */
```

起始和结束的横线是为了更加清晰，使人一目了然，这一段是注释。注释的目的就是用简单易懂的语言来描述程序中一个特定部分的功能，因此，应该养成书写注释的习惯。对于程序员来说，程序越复杂，注释越有价值。但是，不好的注释也会把人搞糊涂，甚至比不加注释更糟。

关于如何书写正确的注释，下面给出几条重要的建议：

(1) 注释应当准确、易懂，防止有二义性。

(2) 边写代码边注释，修改代码同时修改相应的注释，以保证注释与代码的一致性。

(3) 注释的位置应与被描述的代码相邻，可以与语句在同一行，也可以在上行，但不可放在下方。

(4) 数值的单位一定要写注释，如：时间须说明单位是时、分、秒还是毫秒等。

(5) 对于变量的特定范围，一般需要给出注释。

1.4 常量、变量与数据类型

1.4.1 常量

顾名思义,在程序的运行过程中,其值不能被改变,常量一般包括以下几种。

1. 整型常量

可以是正整数、负整数或者0。按照进制不同,整型常量一般有三种表示:

● 十进制数:

以非0开始的数,如:220、-560、45900。

● 八进制数:

以0开始的数,如:06、0106、0573。

● 十六进制数:

以0X或0x开始的数,在十六进制数中,超过10的分别用英文字母A、B、C、D、E、F表示,不区分大小写。如:0X0D、0XFF、0x4e。

2. 浮点型常量

是指包含小数部分的常量,浮点型常量只有十进制一种形式,如:-15.34,-16.4e-12,其中-16.4e-12表示$-16.4*10^{-12}$,类似于我们所说的科学计数法。

3. 字符常量:是指单个字符,在计算机内存中占1个字节,而且是以ASCII码形式来存放。C语言规定字符常量用单引号括起来,如:'x','b'.如:'w','s',' * ','8'。

4. 字符串常量:包含一个或多个字符,通常放在双引号中,如:"wise",,"S001","8"。

 扩展阅读:ASCII 编码

ASCII(American Standard Code for Information Interchange,美国信息互换标准代码)是基于拉丁字母的一套计算机编码系统,主要用于显示和存储现代英语和其他西欧语言。

 扩展阅读:转义字符

转义字符:C/C++语言还允许用一种特殊的形式表示字符常量,这种形式以字符\\开头的字符序列,开始大家只要记住"\n"表示回车,"\'"表示单引号,"\""表示双引号就可以了。

1.4.2 变量

所谓变量是指在程序执行过程中,其值可以改变的量。每个变量都有一个名字,这个

名字称为变量名,变量名必须是合法的C语言标识符,也就是其代表了某个存储空间及其所存储的数据,这个空间所存储的数据称为该变量的值。

在C/C++语言程序中,常量是可以不经说明而直接引用的,而变量则必须先定义后使用。

 **扩展阅读:C/C++语言标识符**

C/C++语言标识符有三条规则:
由字母、数字和下划线构成
以字母和下划线开头
区分大小写(相同字母的大小被认为是不同的标识符)
定义变量就是指定它的类型和名字,具体语法格式如下:
<变量类型> <变量名>;
例如,下面的代码是定义一个整形变量myVariable:
int myVariable;
定义变量时,C语言允许同时定义同一类型的多个变量,每个变量之间必须要用逗号隔开。下面给出几个变量声明的例子:
int x;
int a, b, c, d;
char letter;
float the_float;
虽然可以定义多个相同类型的变量,但变量名称不能重复,也不能和C语言中的保留字重复,而且不能和程序中的函数名重复。此外,变量定义必须要放在变量使用之前,而且还规定,变量定义必须放在所有可执行代码之前。

下面是一个不规范变量定义程序,在某些编译环境下,会出现错误。

```
#include <iostream>
using namespace std;
int main()
{
    /* 错误!变量的声明必须要放在前面 */
    cout<<"Declare x next";
    int x;
    return 0;
}
```

改正后的程序如下:

```
#include <iostram>
using namespace std;
int main()
```

```
{
    int x;
    cout<<"Declare x first";
    return 0;
}
```

1.4.3 基本数据类型

在 C 语言中，每个变量在使用之前必须定义数据类型。为什么要指定数据的类型？主要原因在于：

（1）在计算机存储器中，不同类型的数据占用的存储空间的长度不同，同一类型的数据也因计算机字长的不同，占用的长度也不一定相同。例如，整数类型的数据存储在 16 位计算机中一般占 2 个字节，而在 32 位计算机中则要占 4 个字节；字符类型的数据在计算机中一般占 1 个字节。

（2）针对不同类型的数据有不同的处理方法。例如，整数和实数可以进行算术运算；字符串能够进行字符串连接；逻辑数据可以进行"与""或""非"逻辑运算。

（3）不同数据类型占的存储长度不同，因此其数据的取值范围不同。例如，字符型的占 1 个字节，其取值范围为 $-128\sim127$；整型占 2 个字节，其取值范围为 $-32768\sim32767$。

因此，C 语言程序设计，不论是常量还是变量，都是有类型的，而且要注意数据类型的匹配。例如，计算机不能直接进行 'B'+20 的运算，因为数据 'B' 和数据 20 的数据类型不同，必须将 'B' 转换为整型才可以运算。

在 C 语言中，基本类型主要有以下几种：整型（int）、实型（float 和 double）、字符型（char），不同类型占用不同大小内存，而且它们所能表示的数据范围也不相同，占用内存大小可以通过 sizeof 来测试。

1. 整型（int），一般用 int 声明，例如：
   int a, b;   /* a、b 被定义为整型变量 */
2. 浮点型（float），用 float 和 double 定义，后者精度高，范围大，例如：
   float a, f;   /* a、f 被定义为浮点型变量，单精度 */
   double b;   /* b 被定义为双浮点型变量，双精度 */
3. 字符型（char），用 char 定义，例如：
   char a;   /* a 被定义为字符变量 */

1.5 基本输入输出

数据的一种重要操作是输入与输出（I/O 操作），C++ 中，数据流对象用于在各种不同的设备（如键盘和屏幕）上执行基本的数据输入和输出操作。流就是和输入输出设备相关联的数据通信对象。标准输出流对象 cout 和屏幕相关联，标准输入流对象 cin 和键盘相关联。流插入运算符<<用于将数据输出到屏幕，流提取运算法>>用于从键盘读取数据。

cout、cin 对应的头文件为"iostream",要使用标准 I/O 函数库中的 I/O 函数时,需要在程序开头写上预编译命令：#include <iostream>。

【例 1-5】 从键盘读取一个字符,并将其显示上屏幕上。

```
#include <iostream>
using namespace std ;
int main( )
{
    int num;
    cout <<"please type a number:"<<endl;
    cin>>num;
    cout<< "The number you typed was "<<num<<endl;
    return 0;
}
```

使用 cin 的时候,可以认为数据是先输入到输入流中,然后按照箭头>>所指的方向流入到内存的变量里。

类似的,使用 cout 时,可以认为数据是先输入到输出流中,然后按照箭头<<所指的方向送到屏幕显示。

在程序的任何地方都可以定义变量,但必须是在使用之前。

流操作运算符用于对输入输出流进行修改。流操作符 endl 用于将光标移到一个新行的起点。它只能用于输出流。

流操作符 setw 用于设置数据域的宽度。

使用像 setw 这样带有参数的操作算子,需要<iomanip>头文件。如果域宽设置的太小而不足以显示一个数值,那么系统会自动调整域宽使其能显示整个数据。流操作算子 setfill 用于把占位符从空格改为其它字符。

流操作算子 setw 只对输出流中的下一个数据项起作用,而 setfill 将对送入输出流的所有后继数据项都起作用。

流操作算子 setprecision 用于指定要显示的数据的位数。

默认情况下,数据显示的最大位数(包括小数点之前和小数点之后)是 6。如果数据超出 6 位,系统进行四舍五入只显示 6 位。

流操作算子 fixed 放置在 setprecision 之前,这时 setprecision 指定的是小数点后显示的位数。流操作算子 fixed 和 setprecision 持续对后续数据项起作用。

不同于 A、B、C 等这样的可打印字符,Tab、Enter 和空格键在屏幕上显示的结果是不可见的空格或空白,称之为空白字符。

 **扩展阅读，scanf( )，printf( )，getchar( )和 putchar( )**

C语言本身没有提供输入与输出语句，它的输入与输出功能是由函数来实现。这里给出应用最广泛的4个函数 scanf()、printf()、getchar()和 putchar()，对应的头文件为"stdio.h"。如果需要在程序中使用这些函数，需要在程序开头加上编译预处理命令：#include <stdio.h>。

(1) scanf 函数

scanf("格式控制字符串"，变量地址列表)；

变量地址列表代表 scanf 函数获取的是变量的地址（在变量前加"&"符号），而不是一个变量的值，通过这个变量地址，就可以修改这个变量的值。格式控制字符串表示所要接收数据的类型信息，如"%d"表示接收一个整数。

(2) printf 函数

printf("格式控制字符串"，变量列表)；

与 scanf 类似，格式控制字符串表示输出数据的类型信息，变量列表则表示输出的数据列表。也就是说这些变量中的值将按照格式控制字符串所指定的格式输出到屏幕上。

(3) getchar()函数

getchar()；

表示从键盘读取一个字符，经常用来表示按任意键继续，在 Windows 环境下，DOS 控制台程序经常会一闪而过，无法看到结果，此时可加一个 getchar()函数调用。

(4) putchar()函数

putchar(char c)；

表示将变量 c 中的字符显示到屏幕上。

```
/* 从键盘读取一个字符，并将其显示上屏幕上. */
#include <stdio.h>
int main()
{
    char alpha;
    printf("Please enter a alpha: ");
    alpha = getchar();
    putchar(alpha);
    getchar();        /* 这里的作用就是"按任意键继续" */
    return 0;
}
```

该程序的功能是：首先用 getchar 函数是从键盘读取一个字符，并将其存放在变量 alpha 中，然后用 putchar 函数是将 alpha 中的字符显示在屏幕上。

1.6 算术运算与数学问题求解

1.6.1 算术运算符

算术运算符用于各类数值运算。C语言基本的算术运算符有5种:分别为+(加)、-(减)、*(乘)、/(除)、%(取余,模运算);自加、自减运算符2种:分别为++(自加)、--(自减);正负号运算符2种:分别为+(正号)、-(负号)。

(1) 基本算术运算符

基本算术运算符都是双目运算符,即运算符要求有两个运算量。如运算:x+y、x-y、x*y、x/y、x%y等。

基本算术运算符的优先级别和数学上一样,遵循的原则是"先乘除、后加减"。"*、/、%为同一级别,+、-为同一级别,*、/、%优先级高于+、-"。

算术运算符的结合方向为"自左至右"。

注意:

● %运算要求运算量必须为整型数据,例如 5%2=1、-5%2=-1、1%10=1、5%1=0都是正确的;而表达式5.5%2和5/1.0都是不正确的。

● /运算时,参与运算量均为整型时,结果也为整型,舍去小数。例如:5/3=1、-5/3=-1,都是正确的。

● +、-、*、/运算时,参加运算的两个数中有一个数为实数,则结果为double型,因为所有的实数都按double型进行运算。例如:1+2.0=3.0、2.0-1.0=1.0、2.0*3=6.0、-5/2.0=-2.5等都是正确的。

● 字符型数据可以和数值型数据混合运算。因为字符型数据在计算机内部是用一个字节的整型表示的。例如'A'+1=66。

(2) 自加、自减运算符

C语言的自加运算符为++,自减运算符为--,自加和自减运算符均为单目运算符,即运算符要求有一个运算量,且其运算量只能是变量。"++"运算符的功能是使变量的值自加1;"--"运算符的功能是使变量值自减1。

自加和自减运算符有以下两种形式:

● 前置:++i、--i,它的功能是在使用i之前,i值先加(减)1(即先执行i+1或i-1,再使用i值)。

● 后置:i++、i--,它的功能是在使用i之后,i值再加(减)1(即先使用i值,再执行i+1或i-1)。

例如:

j=3; k=++j; /*赋值时,j先增1,再将j值赋给k,结果k=4,j=4*/
j=3; k=j++; /*赋值时,j先赋值给k,然后j再增1,结果k=3,j=4*/
j=3; k=--j; /*赋值时,j先减1,再将j值赋给k,结果k=2,j=2*/

j=3;k=j--;/*赋值时,j先赋值给k,然后j再减1,结果k=3,j=2*/

++和--运算符都具有右结合性,其运算符优先级高于算术运算符优先级.

(3) 正负号运算符

正负号运算符为+(正号)和-(负号),它们是一元运算符,如:-x 和+y、-5 和 +6。它们的优先级别高于 *、/、% 算术运算符的优先级,而与++、-- 运算符同级。它的结合方向为自右向左。

例如:

i=3;

j=-i++;

由于++和-是同级优先关系,按从右至左结合方向,表达式-i++相当于-(i++),计算顺序是:

● 先计算表达式 i++,表达式取 i 的值为 3,然后变量 i 加 1,i 的值为 4;
● 再做取负值运算,表达式的值为-3;
● 将-3 赋给变量 j。

结果:i 的值为 4,j 的值为-3。

1.6.2 算术表达式

由算术运算符和括号把常量、变量、函数等连接起来的式子,称为算术表达式。单个的常量、变量和函数可以看作是表达式的特例。例如以下都是合法的算术表达式:a*b+c/d、23+2*3.14*R、a*sin(x)+b*cos(x)。

如果一个运算符两侧的数据类型不同,先自动进行类型转换,使两者具有同一类型,然后再进行运算。

整型(int、short、long)、单精度型(float)、双精度型(double)和字符型(char)数据之间可以混合运算(字符型数据可以与整型通用)。

例如:35+'a'-8.8+27.34*'c'是合法的,在进行运算时,不同类型的数据要先转换为同一类型。

 **扩展阅读:运算符的优先级和结合性**

1. 优先级

在 C 语言表达式中,优先级高的先于优先级低的进行运算。C 语言优先级的规定和我们在数学中所学过的优先级一样,先算括号内,再算括号外;先乘除后加减。

2. 结合性

当一个运算数据两侧的运算符优先级相同时,则按运算符结合性所规定的结合方向进行先后处理。结合性分为两种:左结合性(自左至右)和右结合性(自右至左)。如表达式 x+y-z,由于算术运算符为左结合性,所以 y 应先与+结合,执行 x+y,然后再执行-z。又如表达式 x=y=z,由于赋值运算符为右结合性,所以应先执行 y=z 再执行 x=(y=z)。

1.6.3 数学问题求解

结合算术运算符,下面给出两个数学问题,并编写 C 语言程序求解问题的答案。

【例 1-6】在 RT△ABC 中,∠C=90°,BC=10,tag(∠A)=0.5,如图 1-20 所示,请计算△ABC 的面积 S。

问题分析:题目给定为直角三角形,要计算三角形面积,只需要知道两条直角边的长度。题目本身已给出了一条直角边 BC,只需要计算出另一条直角边 AC 的长度,根据正切的定义=BC/AC 可得,AC = BC/ tag(∠A),∠A 的正切为已知,问题得解。

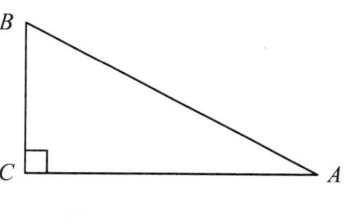

图 1-20　RT△ABC

程序清单:
```
int main()
{
    float S;
    int BC;
    float AC;
    BC = 10;
    AC = BC / 0.5;
    S = AC * BC / 2;

    cout<<"Area of RT△ABC(S) is:"<< S;

    return 0;
}
```

【例 1-7】在一次军事演习中,在距离地面垂直高度为 H,距离目标水平距离为 S 处,飞机投下一颗炸弹,经过 6 s 时间,炸弹命中地面目标 P,已知飞机的飞行速度 v 为 200 m/s,若不计空气阻力,取 g=10 m/s²。

求:(1) 飞机投下炸弹时距离地面的垂直高度 H;

(2) 飞机投下炸弹时距目标 P 的水平距离 S。

问题分析:炸弹在投放后,走的是一条抛物线轨迹,垂直方向为自由落体运动,运行高度 $H = 1/2 * gt^2 = 1/2 * 10 * 6 * 6$。在水平方向为匀速直线运动,飞行的距离 $S = vt = 200 * 6$。

程序清单:
```
int main()
{
    float g;
    int t;
    float v;
```

```
    float H, S;

    g = 10;
    t = 6;
    v = 200;
    H = 1.0/2 * g * t * t;
    S = v * t;

    cout<<"Height of bomb launch is:"<<H<<endl
    cout<<"Distance between bomb launch and target is<<S<<endl;

    return 0;
}
```

【课堂练习】

如图 1-21 所示，ABCD 是边长为 10 的正方形，以 AB、BC、CD、DA 分别为直径画半圆，求这四个半圆弧所围成的阴影部分的面积。(π 取 3.14)。

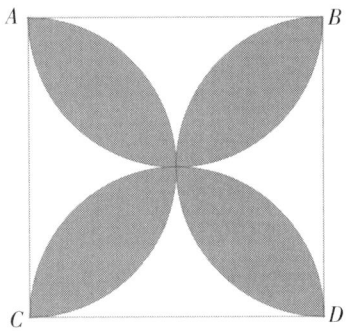

图 1-21 花辮图案

问题与思考：一元钱哪里去了？

有 3 个人去住宿，一晚 30 元。三个人每人掏了 10 元凑够 30 元交给了老板。后来老板说今天优惠只要 25 元就够了，拿出 5 元命令服务生退还给他们，服务生偷偷藏起了 2 元，然后，把剩下的 3 元钱分给了那三个人，每人分到 1 元。这样，一开始每人掏了 10 元，现在又退回 1 元，也就是 10－1＝9，每人只花了 9 元钱，3 个人每人 9 元，3×9 = 27 元 + 服务生藏起的 2 元＝29 元，还有一元钱去了哪里？

1.7 要点回顾

1.7.1 语法要点

通过本章学习，读者应该掌握 C/C++ 语言程序设计的基本概念和过程，能够上机编写简单 C/C++ 语言应用程序。本章主要内容包括 C/C++ 语言概述、C/C++ 语言特点、C/C++ 语言编程环境、C/C++ 语言程序结构，程序描述方法——流程图，C/C++ 语言数据类型，常量与变量，数据基本输入和输出以及算术运算符和算术表达式。

语法要点：

1. C 语言中注释书写方法，如：/* Show student information */，C++ 除了保留这种注释方式外，还提供了一种更为有效的注释方式，该注释以 "//" 开始，到行尾结束。// Show student information 与 /* Show student information */ 等价。

2. 常量书写方法：整型、浮点型与数学上一致，字符型需要用单引号括起来，如：'s'、12.3、6。

3. 变量定义的方法（类型、变量名），如：float score。

4. 从键盘读取数据，如：cin>>num。

5. 向屏幕输出数据，如：cout<<"Student Number:"<< num。

6. 算术表达式求值，需要掌握优先级和结合性，如：x=12*3-5.0/2。

1.7.2 常见错误

1. 在 C/C++语言中，除法运算符为"/"，当进行整数除法时，结果仍然是整数。例如：

7/5 的结果是 1，而不是 1.4，如果想得到 1.4 的结果，应该写成：

7.0/5 或者 7/5.0。

2. 当从键盘读取数据时，cin 不能包含换行和提示等输出内容。例如：

cin>>"请输入 2 个数"

\>>i>>j>>endl;

i 和 j 将得不到正确的数据。

3. 常量及表达式不可以放在等号的左边，因为在 C/C++语言中，等号并不表明左右两边等价，而是将右边的数据赋值给左边。因此，左边只能是变量。例如：

5 = x + 3   /* 不正确 */

y = x - 2   /* 正确 */

4. C/C++语言中的变量在没有赋值之前，其中存放的数据是不确定的。因此，变量在参与运算之前，必须先赋值。例如：

int x = 3;

y = x * x * x。

上例中，必须先对 x 赋值，然后才能计算 x 的立方。

习　　题

一、选择题

1. C/C++语言程序是由_____组成的。

　　A. 单词　　　　　B. 变量　　　　　C. 语句　　　　　D. 函数

2. 一个 C/C++语言程序总是从_____开始执行。

　　A. 书写顺序的第一个函数

　　B. 书写顺序的第一条执行语句

　　C. 主函数 main

D. 不确定

3. C++语言源程序文件扩展名是_____。

A. C　　B. HTML　　C. TXT　　D. CPP

4. 在C/C++语言程序中，main()的位置_____。

A. 必须作为第一个函数

B. 必须作为最后一个函数

C. 可以任意

D. 必须放在它所调用的函数之后

5. C/C++C语言中的标识符只能由字母，数字和下划线组成且第一个字符_____。

A. 必须为字母

B. 必须为下划线

C. 必须为字母或下划线

D. 可以是字母，数字或下划线中任一种

二、问答题

1. 下列哪些单词是C/C++语言合法的标记符，哪些不是，为什么？

beg array\[10\]for_3122ndfile_name

endstruct student.numberYes? _while__class_

No3.5sNamEprintf-20sG.W.Bushc-21st

2. 什么是变量，什么是常量，并举例说明。

3. 什么是优先级，什么是结合性，请举例说明。

4. 什么是程序流程图，它有哪三种基本结构？

5. 请写出Dev-C++建立项目的基本步骤。

三、编程题

1. 编写一个程序，计算表达式 $1+1/2+1/3+1/4+1/5+1/6+1/7+1/8+1/9+1/10$ 的值。

2. 编写程序计算平面上两点距离，两点坐标及键盘输入。

3. 请画出你一天活动的流程图。

第 2 章　　面向对象基础

　　黄帝内经云:"天有日月,人有两目。地有九州,人有九窍。天有风雨,人有喜怒。"而面向对象技术正是在现实世界与我们思维之间建设一种直接的对应关系。

- 掌握面向对象程序设计的基本过程
- 掌握类的定义和类中成员函数的实现方法
- 掌握对象的创建以及通过对象调用成员函数方法
- 初步掌握如何利用类和对象进行面向对象程序设计

面向对象技术以对象为基础，以事件或消息驱动对象的执行来完成软件的设计和开发。其主要思想是以事物为中心，以数据为导向，将具有相同属性的事物抽象为"类"，这些类不仅具有了数据，而且具有行为，或者说对数据的操作。

本章主要介绍了C++面向对象程序设计的基本过程，类定义的基本方法，对象的生成以及如何利用对象的相互关系完成程序的设计。

2.1　C++程序设计基本过程

C++程序设计是面向对象的程序设计，其基本思想符合人类思维和认知过程的一般规律，强调程序开发过程和对被研究对象的认识过程的同步。C++程序设计以对象为出发点，分析问题中的每一个实体即对象，然后对对象进行封装处理，把它的一部分属性和功能对外界屏蔽，那么操作者，完全可以不必知道其内部的具体细节，只需了解其外部功能就可操作对象。

设计一个C++程序设计的基本过程可以概括为以下：

1. 分析问题

首先将要分析的复杂问题（复杂对象）划分为一系列的简单的组成部分（简单对象），然后按照对象间的各中相似性将对象进行分类，从而找出要研究问题的各类对象自身属性及行为，进一步认识对象及类之间的关系，最终完成分析的过程。

2. 设计类与对象

将分析出来的问题域内同类对象的属性和行为进行封装从而设计成类，其对象的属性在类内私有的不允许外部访问，对象的行为方法设计成类外公有的允许外部访问，然后找到对象和对象之间的关系，画出类图及标明类与类之间的关系。

3. 编辑源程序

将分析和设计出来的源程序利用程序编程器输入到计算机中，输入的程序一般以文本文件的形式存在磁盘上，文件的扩展名为.cpp，其中类包括属性（用变量定义）及行为（用函数实现），然后在主函数中定义这些类的对象，通过对象调用其成员函数使对象间相互通信，以完成相应的功能。

4. 编译源程序

源程序是无法直接被计算机执行的，因为计算机只执行二进制的机器指令，这就需要将源程序先翻译成机器指令,然后计算机才能执行翻译好的程序,这个过程是由C++编译系统完成的。源程序编译之后生成的机器指令程序叫目标程序,其扩展名为.obj。

5. 连接程序

在源程序中,输入/输出等标准函数不是用户自己编写的,而是直接调用系统函数库中的库函数。因此,必须把目标程序与库函数进行连接,才能生成扩展名为.exe的可执行文件,这个过程就是连接程序。

6. 运行程序

执行.exe文件,得到最终结果。

在编译、连接和运行程序过程中,都有可能出现错误,此时可根据系统给出的错误提示对源程序进行修改,并重复以上环节,直到得出正确的结果为止。

2.2 类的定义和对象创建

2.2.1 类的定义

面向对象程序设计的核心是通过对象来反映现实事物,为了在程序中创建对象,必须首先定义对象的所属类。类是对象的抽象,是一种自定义数据类型,它用于描述一组对象的共同特征和行为。类中可以定义数据成员和成员函数,数据成员用于描述对象特征,成员函数用于描述对象行为,其中数据成员也被称为属性,成员函数也被称为方法。类的定义形式如下所示:

class 类名
{
成员访问限定符:
    数据成员;
成员访问限定符:
    成员函数;
};

特别注意

(1) class 是定义类的关键字。

(2) class 后是表示类名的标识符,为了做到见名知意,通常类名由若干单词构成,每个单词的首字符大写。类名和前面的 class 关键字需要用空格、制表符、换行符等任意的空白字符进行分隔。

(3) 类名后要写一对大括号,类的成员要在其中说明。在说明成员时,通常使用成员访问限定符说明成员的访问规则。

(4) 右大括号后面的分号";"表示类定义的结束。

类是事物的抽象描述,若想定义类就需要抽象出事物的属性及方法。比如,若想描述人,则表示人的类中就应该有性别、年龄、身高等属性,以及行走、说话等方法。描述汽车类就应该有长宽、颜色、品牌等属性,以及前进、倒车、转弯等方法,如图 2-1 所示。

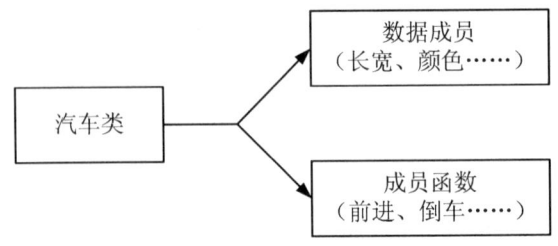

图 2-1 汽车类成员描述

图 2-1 描述了汽车类的成员。可以看出,汽车类中的数据成员和成员函数共同描述了汽车具有的特性。根据上面的描述,下面通过定义一个汽车类,说明类的定义方法,具体代码如下所示:

```cpp
class Car//                              定义 Car 类
{
public://public 是成员访问限定符
    void drive();                        //开车方法
    void stop();                         //停车方法
private://private 是成员访问限定符
    int m_nWheels;                       //描述车轮数量的数据成员
    int m_nSeats;                        //描述座位数量的数据成员
    int m_nLength;                       //描述汽车长度的数据成员
};
```

上述代码定义了一个简单的汽车类。其中,Car 是类名,m_nWheel、m_nSeats、m_nLength是数据成员,并且限定该成员具有 private 属性,drive()和 stop()是成员函数,描述开车、停车方法,限定这两个成员具有 public 属性。

接下来将上文中定义的汽车类描述的更加完善,代码如下所示:

```cpp
class Car                                //定义类 Car
{
//成员函数
public:                                  //public 访问限定符
    void disp_welcomemsg()               //定义类成员函数,显示欢迎信息
    {
        cout <<"Welcome to the car world!"<< endl;
    }
    int get_wheels()                     //定义类成员函数,获取车轮数量
    {
        return m_nWheels;
```

}
        //数据成员
    private: //private 访问限定符
        int m_nWheels;   //描述车轮数量的数据成员
        int m_nSeats;   //描述座位数量的数据成员
        int m_nLength;   //描述汽车长度的数据成员
};

上述代码中，定义了成员函数 disp_welcomemsg()、get_wheels()，可以看出，成员函数和普通函数的定义形式相同。另外，本类中还定义了数据成员，这里通过变量 m_nWheels、m_nSeats、m_nLength 描述了车轮数量、座位数量和汽车长度。

从代码中还可以看出，不论是成员函数还是数据成员都由访问限定符描述它们的访问属性，通常数据成员具有 private 属性，实现数据隐藏，成员函数具有 public 属性，方便完成调用。

在这个汽车类中，是在类内定义成员函数的，其实成员函数还可以仅在类中声明，类外实现。若在类外定义成员函数，必须在函数名前加上类名，类名后加作用域限定符"::"，表示函数属于哪个类，其形式如下所示：

函数返回值类型 类名::成员函数名称(参数表)
{
    函数体
}

若函数名前没有类名和作用域运算符"::"，则表示函数不是类中的成员函数，是普通函数。

接下来通过改写 Car 类的定义，将成员函数在类外实现，代码如下所示：

```
class Car                                 //定义类 Car
{
public:
    void disp_welcomemsg();               //声明 disp_welcomemsg()函数
    int get_wheels();                     //声明 get_wheels()函数
private:
    int m_nWheels;
    int m_nSeats;
    int m_nLength;
};
void Car::disp_welcomemsg()               //类成员函数 disp_welcomemsg()的实现
{
    cout <<"Welcome to the car world!"<< endl;
}
int Car::get_wheels()                     //类成员函数 get_wheels()的实现
```

{
　　return m_nWheels;
}

从上述代码可以看出,成员函数 disp_welcomemsg()、get_wheels()若定义在类外,类内必须有该函数的声明,类外定义成员函数需要由类名和作用域运算符进行限定。

 **扩展阅读:关键字 public 和 private**

1. 被 public 修饰的成员也称为公有成员,可以被该类的其他成员函数及类外的其他函数访问。

2. 被 private 修饰的成员称为私有成员,只能由类中的函数访问,不可在类外进行访问。

具体内容在本书的第十章会有详细介绍。

2.2.2 对象创建

在程序中仅仅定义一个类没有任何意义,根据类创建出具体的对象,并投入使用才真正体现了类的"价值"。只有通过创建类的实例对象,才能实现具体操作。

对象从创建到使用需要一个过程,接下来分别介绍对象的创建方法、内存分配情况以及对象的使用。

1. 创建对象

C++中提供了多种创建对象的方法,最简单方法就是给出类型及变量名,格式如下所示:

　　　　类名 对象列表;

就像定义一个 int 类型变量一样;int a;,a 就是 int 类型的一个对象,按照这样的形式,创建 Car 类对象的代码如下所示:

　　　　Car mycar;

与 int 型变量的定义过程类似,创建类对象就要给其分配空间,存储对象的成员。

2. 访问对象成员

创建对象的目的是访问成员,操作对象的属性及方法,访问对象成员的语法格式如下所示:

　　　　对象名.数据成员名
　　　　对象名.成员函数名

访问格式中,"."称为成员运算符,与 struct 结构体访问成员的方式一样,C++中访问成员的方式都是通过"."运算符完成的。例如下述代码定义了一个 Car 类对象并访问了类中的成员函数:

　　　　Car mycar;
　　　　mycar.disp_welcomemsg();　　　　　　//mycar 对象访问成员函数

访问成员函数的方法与函数调用形式类似,只是需要使用对象名通过成员运算符访问该函数,例如在上面已经定义好类 Car 的基础上,如果要通过类的对象 mycar 访问成员函数,可以通过如下代码实现:

```
int main()
{
    Car mycar;                              //定义类对象 mycar
    mycar.disp_welcomemsg();                //访问成员函数,显示欢迎信息
    mycar.set_wheels(4);                    //访问成员函数,设置车轮数量
    //访问成员函数,显示车轮数量
    cout <<"wheels = "<< mycar.get_wheels() << endl;
    system("pause");
    return 0;
}
```

运行结果如图 2-2 所示。

图 2-2 上述程序运行结果

在上述代码中,定义了类 Car,main()函数中定义该类对象 mycar。访问了对象的成员函数 disp_welcomemsg(),打印了出了欢迎信息,通过调用 set_wheels()函数,将对象的数据成员 m_nWheels 设置为 4,调用 get_wheels()函数显示了车轮数量,即记录在数据成员 m_nWheels 中的数值 4。

2.3 应用实例

在前面的内容中已经讲述了类的定义、对象的创建和使用,利用前面学习的基本方法,接下来通过两个案例来综合学习从定义类、创建对象到访问成员的完整过程,在实例中体会面向对象程序的设计方法。

【例 2-1】按照面向对象的思想计算圆的周长和面积。

问题分析:在面向对象程序中,所有的一切都是对象。要计算圆的周长和面积,用户只需向某个圆对象进行提问,发送请求相应服务的消息即可。对于圆来说,要能够提供周长和面积,则必须包含有半径信息。因此类 Circle 中应该包含成员数据 radius(表示半径),成员函数 SetRadius(用来设置半径),成员函数 Circumference(用来计算周长),成员函数 Area(用来计算面积),其结构如图 2-3 所示。

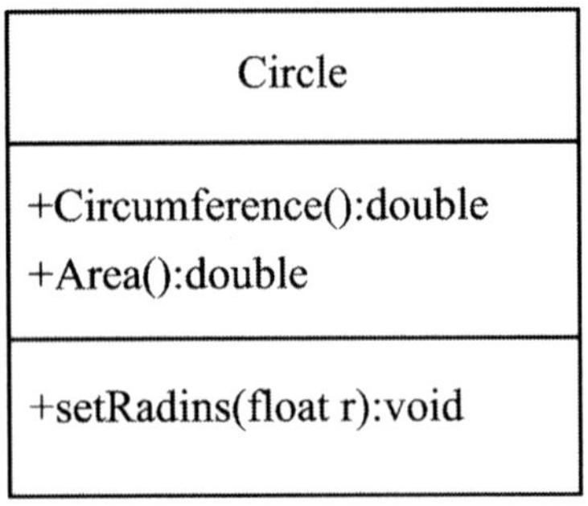

```
                    ┌─────────────────────────────┐
                    │          Circle             │
                    ├─────────────────────────────┤
                    │ +Circumference():double     │
                    │ +Area():double              │
                    ├─────────────────────────────┤
                    │ +setRadins(float r):void    │
                    └─────────────────────────────┘
```

图 2-3　圆类类结构图

类的声明、定义和程序代码如下：

```cpp
const double PI = 3.14159;
//定义一个 Circle 类
class Circle
{
public:
    void SetRadius(float r);          //设置半径
    double Circumference();           //圆周长
    double Area();                    //圆面积
private:
    double radius;
};

//类的实现
void Circle::SetRadius(float r)
{
    radius=r;
}
double Circle::Circumference()
{
    return 2 * PI * radius;
}
double Circle::Area()
{
    return PI * radius * radius;
}

// 使用 Circle 对象获取周长和面积的方法是调用对象的成员函数.
int main()
{
```

Circle cirlce;
circle.SetRadius(3.6);
cout<<"The Circumference is:"<<circle.Circumference()<<endl;
cout<<"The Area is:"<<cirlce.Area()<<endl;
return 0;
}

【例 2-2】用面向对象思想设计开发一款游戏软件,游戏者要投掷两个骰子。如果骰子总数是 7,则游戏者赢得比赛;否则,游戏提示游戏者输了比赛。提示:用随机数模拟投掷骰子的点数。

分析设计:分析设计的主要任务是识别问题域中的对象,定义对象之间的行为和关系。该例中,通过对问题的描述,识别其中的名词,可以得到 3 个概念:Player(游戏者)、Dice(骰子)和 Game(游戏)。其中游戏包含了两个骰子,游戏者玩游戏掷骰子。对应建模(类图草图)如图 2-4 所示。

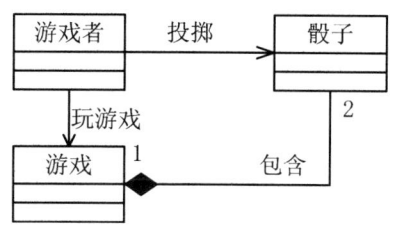

图 2-4 投掷骰子游戏问题建模

接下来需要模拟游戏场景,分析各个对象之间的通讯和交互。通过对它们之间交互关系可以定义分配每一个对象的职责和行为,抽象出每个对象应该具备的功能和服务,也就是它所属类应该含有的成员函数。在游戏过程中,对象之间的交互如图 2-5 所示。

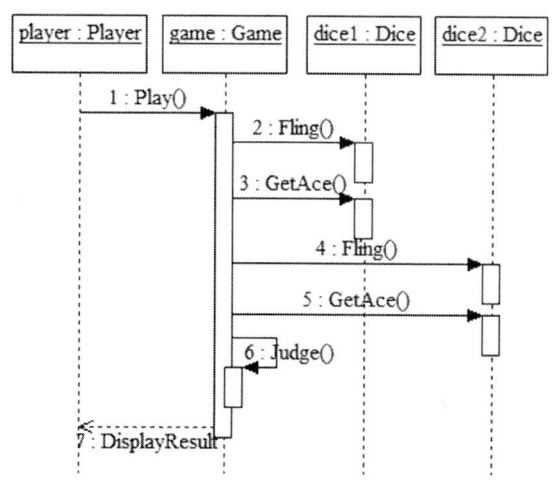

图 2-5 投掷骰子游戏的顺序图

面向对象分析一个重要任务就是要分清楚哪些是软件中的对象,哪些是软件外要使用软件提供的服务和功能的参与者。在上面定义的协作关系中,游戏者是游戏的参与者,在游戏(软件)之外,因此软件建模不包括游戏者。每一个对象可以接收的消息就是对象应该具备的行为,或者说是对应类应该具备的服务和功能,比如 game 可以接收 Play()消息,就是说 game 所属类 Game 中应该有外部可以访问函数 Play();game 给自身发送消息 Judge(),说明 Game 类应含有内部的成员函数 Judge()。为了使对象具备对应的功能,我们还为类提供数据,比如 dice1 和 dice2 应该含有 int 成员用以表示骰子点数,以完成 Fling()和 GetAce()操作。至此,就可以得到了如图 2-6 所示的完善类图。

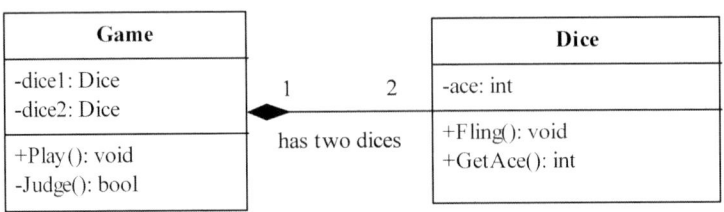

图 2-6 投掷骰子游戏类图

根据对问题的分析和理解,我们已经完成了程序的设计:程序应该具有哪些类,哪些对象;类应该含有什么样的属性和成员函数;对象之间应该如何交互等。那么实现就是把已经存在的设计翻译成对应程序代码的过程,具体代码如下所示:

```cpp
#include <ctime>
#include <cstdlib>
#include <iostream>

using namespace std;

//Dice 类的声明
class Dice
{
public:
    void Fling();//投掷
    int GetAce();//获取点数
private:
    int ace;
};

// Game.h Game 类的声明
class Game
{
public:
    void Play();        //玩游戏
    /*通过构造函数初始化随机数种子,
    使得每一个游戏只种一次种子*/
    Game();
private:
    Dice dice1;
    Dice dice2;
    bool Judge();       //内部方法
};

// Dice 类的实现
void Dice::Fling()
{
    ace=(int)(rand()*6/(RAND_MAX+1))+1;
}

int Dice::GetAce()
{
    return ace;
}
```

```
// Game 类的实现
Game::Game()
{
    srand(time(NULL));
}

void Game::Play()
{
    dice1.Fling();           //第一次投掷
    cout<<"Generate "<<dice1.GetAce()
        << endl;
    dice2.Fling();           //第二次投掷
    cout<<"Generate "<<dice2.GetAce()
        << endl;

    if(Judge())
        cout<<"Won!"<<endl;
    else
        cout<<"Fail"<<endl;
}

bool Game::Judge()
{
    if (dice1.GetAce() + dice2.GetAce()
        == 7)
        return true;
    else
        return false;
}

int main()
{
    Game game;
    game.Play();

    return 0;
}
```

在应用程序中,用户要玩游戏,那么只需声明一个 Game 对象,并向其发送 Play() 消息,也就是调用它的 Play() 成员函数。主函数的代码如下所示:

2.4 要点回顾

2.4.1 语法要点

表 2-1 语法要点

内 容	语 法	备 注

类的定义	class 类名
	{
	成员访问限定符:
	　　数据成员;
	成员访问限定符:
	　　成员函数;
	};
		class Car
		{
		public:
		　　void drive();
		private:
		　　int m_nWheels;
		};

内　容	语　法	备　注

成员函数实现	函数返回值类型 类名::成员函数名称（参数表）
	{
	　　函数体
	}
		void Car::disp_welcomemsg()
		{
		　　cout<<"Welcome to the
		　　　car world!"<<endl;
		}

访问对象成员	对象名.数据成员名 对象名.成员函数名	Car mycar; mycar.disp_welcomemsg();

2.4.2　常见错误

（1）类的定义结束时忘记加分号。

（2）声明成员时忘记写成员访问限定符，对于类中的成员，默认的访问限定符是 private，而 private 修饰的成员在类外是不能被访问的。

（3）声明成员变量时不能对类的成员变量进行初始化，请注意成员变量不能脱离对象而独立存在。

（4）不允许在类外通过对象访问类的非 public 成员。

习　题

一、选择题

1. 数据封装就是将一组数据和与这组数据有关操作组装在一起，形成一个实体，这实体也就是_____。

A. 类　　　B. 对象　　　C. 函数体　　　D. 数据块

2. 类的实例化是指_____。

A. 定义类　B. 创建类的对象　C. 指明具体类　D. 调用类的成员

3. 下列说法中正确的是_____。

A. 类定义中只能说明函数成员的函数头，不能定义函数体

B. 类中的函数成员可以在类体中定义，也可以在类体之外定义

C. 类中的函数成员在类体之外定义时必须要与类声明在同一文件中

D. 在类体之外定义的函数成员不能操作该类的私有数据成员

4. 下列各项中不能用于声明类的成员访问控制权限的关键字是_____。

A. private　B. protected　C. public　　　D. static

5. 有如下类声明：

```
class student
{
    int age;
    char * name;
};
```
则 student 类的成员 age 是_____。
A. 公有数据成员　　　B. 私有数据成员
C. 保护数据成员　　　D. 私有成员函数

二、程序分析题

1. 下列程序实现了类 Point 的定义以及对类内成员函数的调用，读程序按照提示将以下语句补充完整。

```
#include <iostream>
using namespace std;
class Point
{
    ____【1】____              //访问控制符
    void Init(int initX, int initY)
    {   X=initX;
        Y=initY;
    }
    int GetX() {return X;}
    int GetY() {return Y;}
private:
    int X, Y;
};
int main()
{
    Point A;
        ____【2】____           //把点 A 赋值为 X=1, Y=2
    A.GetX();
    A.GetY();
    return 0;
}
```

2. 下列程序为类 circle 的定义语句
```
class circle
{
    double r=3;
public:
```

```
        void setr (double i)
        {
            r=i;
        }
        double area();//面积
        double prm();//周长
        void printarea(double);
        void printprm(double);
    }
    //成员函数的实现省略
```
读以上程序,将有错的行号指出,并将正确程序写在旁边。

三、编程题

1. 自定义一个正方体类,它具有私有成员 x,表示正方体的每个面的边长。试编写函数计算正方体的体积和表面积,并在主函数中说明正方体类对象,输入棱长,计算其体积和表面积并显示结果。

2. 设计一个日期类 Date,包括 3 个年、月、日 3 个数据成员,设置成员函数用于设置和读取日期,并在主函数中进行测试。

第二部分　基础篇

【本篇内容】

本篇主要介绍C++程序设计的基本要素，包括：顺序、选择、循环3种流程控制结构，函数和指针概念，数组、字符串以及结构体的应用。本篇是学习C++程序设计的重要基础。因C++是由C语言发展而来，这些基本要素的阐释用C语言方法将更加的直接和易于理解，为了减少不必要的学习壁垒，本篇采用C语言结构化方法讲解这些基本要求。

本篇包括7章。第3、4章介绍选择和循环控制结构；第5、6章介绍函数及指针的概念；第7、8、9章介绍了数组、字符串以及结构体3种集合类型数据的定义及应用。

【重点与难点】

重点是掌握选择和循环等流程控制，掌握函数、数组和结构体的概念，并能灵活运用。难点是指针、引用和函数重载的概念。

【知识图谱】

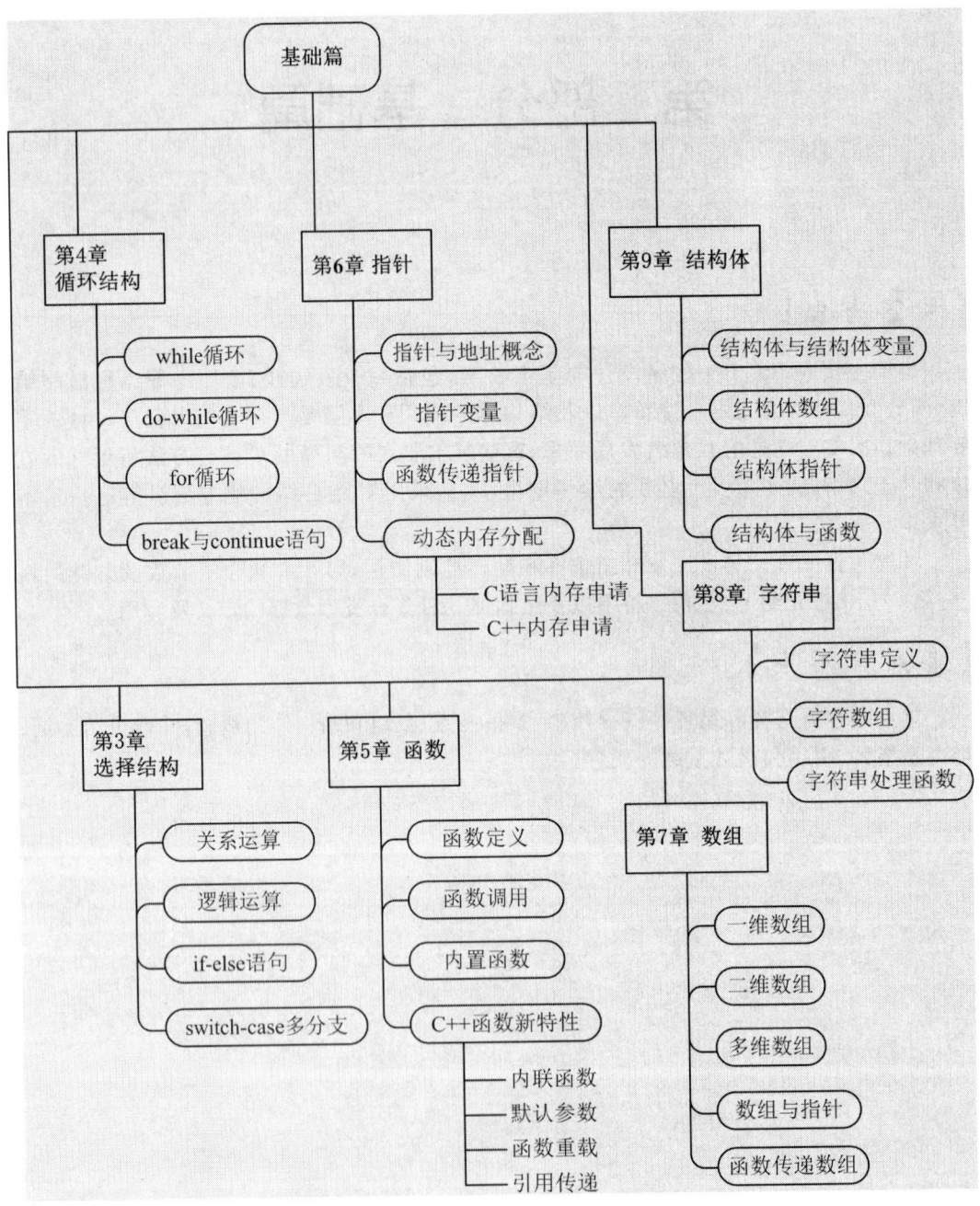

第 3 章　选择结构

 学习目标

- 熟悉选择结构程序设计方法
- 掌握关系运算符和关系表达式
- 掌握逻辑运算符和逻辑表达式
- 掌握 if 语句的三种形式
- 掌握 switch－case 多分支语句

从执行方式上看,顺序结构中的语句是按照书写的先后次序顺序执行的,而且每个语句都会执行,这种结构逻辑关系简单,但是在实际应用中,它不能用来处理复杂的问题。因为在数据处理过程中,经常需要根据不同的条件,选择不同的处理方式。例如:输出 a、b 两个数中的较大数。当 a 大于 b 时,输出 a;否则,输出 b。处理这样的问题时,需要让计算机按照给定的条件进行判断,根据判断的结果选择相应的处理方式。选择结构正是为了解决这类问题而设定。

选择结构的基本特点是:程序的流程由多路分支组成,在程序的一次执行过程中,根据给定的条件进行判断,只有一条支路被选中执行,而其它分支上的语句被直接跳过。C++语言的选择分支结构语句有两类:一类是 if 语句,另一类是 switch 分支语句。

使用 if 条件分支语句时,需要根据给定的条件进行判断,如果这个条件为真(true:非0),那么程序就执行该语句中的代码;否则(false:0),程序就会执行 else 分支语句中的代码(若 else 分支存在)。当使用 switch 分支语句时,如果给定条件等于某一特定情况(case)的值时,就执行相应 case 分支的代码,否则执行 default 分支中的代码(若 default 存在)。在判断过程中,需要用到关系运算符和逻辑运算符。因此,本章首先介绍这两种运算符及其对应的表达式。

3.1 关系运算符和表达式

在程序中经常需要比较两个量之间的关系,以决定程序下一步的处理方式。比较两个量的运算符称为关系运算符,常用于比较运算。

3.1.1 关系运算符

在 C/C++语言中,有以下关系运算符:
- ＜ 小于
- ＜＝ 小于或等于
- ＞ 大于
- ＞＝ 大于或等于

- == 等于
- != 不等于

关系运算符都是双目运算符,其结合性均为左结合性。

例如:6<3>=4　　　　/* 先计算 6<3,结果是 0,再计算 0>=4,结果是 0 */

关系运算符的优先级低于算术运算符,高于赋值运算符。在六个关系运算符中<,<=,>,>=的优先级相同,高于==和!=,==和!=的优先级相同。

例如:a+b<=c+d　　　　/* 等价于(a+b)<=(c+d) */
(4+a)==(c-b)　　　/* 等价于 4+a==c-b　　*/

3.1.2 关系表达式

用关系运算符将两个表达式连接起来,进行关系运算,称为关系表达式,被连接的表达式可以是算术表达式、关系表达式和逻辑表达式。

用关系运算符连接关系表达式的一般形式为:

<表达式> <关系运算符> <表达式>

例如:

a+b>c-d　　　　　/* 比较两个算术表达式的值 */
x>3*2　　　　　　/* 等价于 x>(3*2),比较变量 x 与算术表达式 3*2 的值 */
'a'<c+1　　　　　/* 比较字符 a 的 ASCII 码值与算术表达式 c+1 的值 */
-i-5*j==k+1　　　/* 比较两个算术表达式的值是否相等 */

以上都是合法的关系表达式。由于表达式还可以是关系表达式。因此C++语言允许出现嵌套。例如:

a>(b>c)
a!=(c==d)

关系表达式的值是逻辑值"真"和"假",分别用"1"和"0"表示。

例如:

5>2 的值为"真",即为 1。

(a=3)>(b=5)由于 3>5 不成立,故其值为假,即为 0。

【例 3-1】计算并输出下列关系表达式的值。

```
#include <iostream>
using namespace std;
int main()
{
    char c='k';
    int i=1,j=2,k=3;
    float x=3e+5,y=0.85;

    cout<<'a'+5<c<<","<<-i-2*j>=k+1<<endl;
    cout<<1<j<5<<","<<x-5.25<=x+y<<endl;
```

```
cout<<i+j+k==-2*j<<","<<k==j==i+5<<endl;
return 0;
}
```

在本例中求出了各种关系运算表达式的值。字符变量是以其对应的 ASCII 码参与运算,对于含多个关系运算符的表达式,如 k==j==i+5,根据运算符的结合性,先计算 k==j,该式不成立,其值为 0,再计算 0==i+5,也不成立,故表达式值为 0。

3.2 逻辑运算符和表达式

3.2.1 逻辑运算符

逻辑运算符用于逻辑运算,C/C++语言中提供了三种逻辑运算符:
- &&：与运算
- ||：或运算
- !：非运算

与运算符 && 和或运算符 || 均为双目运算符,具有左结合性。非运算符! 为单目运算符,具有右结合性。逻辑运算符和其他运算符优先级的关系可表示如图 3-1 所示。

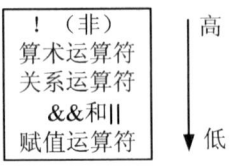

图 3-1 运算符的优先级

三种逻辑运算符的优先次序说明如下:
"&&"和"||"低于关系运算符,"!"高于算术运算符,即"!"最高,"&&"中间,"||"最低。

例如:
```
a>b && c>d              /* 等价于 (a>b)&&(c>d) */
!b==c||d<a              /* 等价于((!b)==c)||(d<a) */
a+b>c&&x+y<b            /* 等价于((a+b)>c)&&((x+y)<b) */
```

逻辑运算的结果只有"逻辑真"和"逻辑假"两种,当进行逻辑判断时,如果数据的值为非 0,则为"逻辑真",用 1 表示;如果数据的值为 0,则为"逻辑假",用 0 表示。其求值规则如下:

1. &&(逻辑与)

逻辑与是二元运算,参与运算的两个量都为真时,结果才为真,否则为假。
例如:
```
5>0 && 4>2              /* 由于 5>0 为真,4>2 也为真,相与的结果也为真 */
```

```
3<2 && 4>=2          /* 由于3<2为假,4>=2为真,相与的结果也为假 */
```
2. ||（逻辑或）

逻辑或也是二元运算,参与运算的两个量只要有一个为真,结果就为真,两个量都为假时,结果为假。

例如：
```
5>0||5>8             /* 由于5>0为真,相或的结果也就为真 */
4>5||5>8             /* 由于4>5、5>8均为假,相或的结果也就为假 */
```
3. !（逻辑非）

逻辑非是一元运算符,参与运算的量为真时,结果为假;参与运算的量为假时,结果为真。

例如：
```
!(5>0)               /* 由于5>0为真,非的结果为假 */
!(4>5)               /* 由于4>5为假,非的结果为真 */
```
具体的逻辑运算真值表如表 3-1 所示。

表 3-1 逻辑运算真值表

a	b	! a	! b	a&&b	a||b
真	真	假	假	真	真
真	假	假	真	假	真
假	真	真	假	假	真
假	假	真	真	假	假

虽然 C++ 编译器在进行逻辑运算时,以"1"代表"真",以"0"代表"假"。但反过来在判断一个量是"真"还是"假"时,以"0"代表"假",以非"0"代表"真"。例如：

由于 5 和 3 均为非"0",因此 5&&3 的值为"真",即为 1。

3.2.2 逻辑表达式

用逻辑运算符将两个表达式连接起来,进行逻辑运算,称为逻辑表达式,逻辑表达式的一般形式为：

<表达式>　<逻辑运算符>　<表达式>

其中的表达式还可以是逻辑表达式,从而形成嵌套。

例如：
```
(a&&b)&&c
```
根据逻辑运算符的结合性,上式也可写为：
```
a&&b&&c
```
逻辑表达式的值为式中各逻辑运算的最后结果,以"1"和"0"分别代表"真"和"假"。

【例 3-2】计算并输出下列逻辑表达式的值。
```
#include <iostream>
using namespace std;
int main()
```

```
{
    char c='k';
    int i=1,j=2,k=3;
    float x=3e+5,y=0.85;
    cout<<!x*!y<<','<<!!!x<<endl;
    cout<<x||i&&j-3<<","<<i<j&&x<y<<endl;
    cout<<i==5&&c&&(j=8)<<","<<x+y||i+j+k<<endl;
    return 0;
}
```

本例中！x 和！y 分别为 0，！x*！y 也为 0，故其输出值为 0。由于 x 为非 0，故！！！x 的逻辑值为 0。对 x||i&&j-3 式，先计算 j-3 的值为非 0，再求 i&&j-3 的逻辑值为 1，故 x||i&&j-3 的逻辑值为 1。对 i<j&&x<y 式，由于 i<j 的值为 1，而 x<y 为 0，故表达式的值为 1 和 0 相与，结果为 0，对 i==5&&c&&(j=8)式，由于 i==5 为假，值为 0，该表达式由两个与运算组成，所以整个表达式的值为 0。对于式 x+y||i+j+k 由于 x+y 的值为非 0，故整个表达式的值为 1。

3.3 基本选择结构

if 语句是选择结构的一种基本形式，它是根据给定的条件进行判断，以决定是否执行某个分支程序代码。

3.3.1 if 语句的三种形式

1. 第一种形式：if

if(表达式) 语句

其语义是：如果表达式的值为真，则执行其后的语句，否则不执行该语句，其过程如图 3-2 所示。

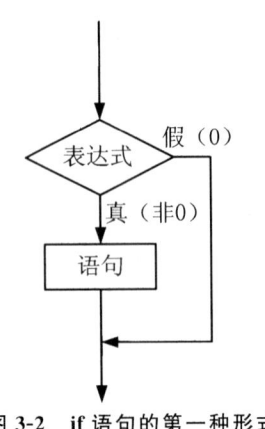

图 3-2 if 语句的第一种形式

【例 3-3】 输入两个数 a、b,请输出最大值。

```
#include <iostream>
using namespace std;
int main()
{
    int a,b,max;
    cout<<"input two numbers:   "<<endl;
    cin>>a>>b;
    max=a;
    if (max<b) max=b;
        cout<<"max="<<max;
    return 0;
}
```

运行结果:
Please input two numbers:
15 9↙
max=15

本例中,输入两个数 a、b。先把 a 赋予变量 max,再用 if 语句判别 max 和 b 的大小,如 max 小于 b,则把 b 赋予 max。因此 max 中存放的总是大数,最后输出 max 的值。

2. 第二种形式:if—else

if(表达式)
　　语句 1;
else
　　语句 2;

其语义是:当表达式为真时,执行语句 1,表达式为假时,执行语句 2。无论如何,语句 1 与语句 2 每次只能有一个被执行。其执行过程如图 3-3 所示。

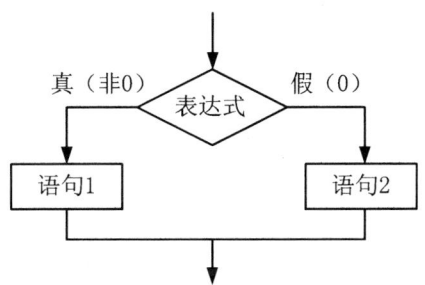

图 3-3　if 语句的第二种形式

 温馨提示

(1) if—else 结构中的"表达式"一般为关系表达式或逻辑表达式,也可以是任意数值类型的表达式;

(2) if—else 结构中"语句 1"和"语句 2"可以是简单语句,也可以是复合语句;

(3) 要注意 if—else 结构中分号的使用位置。

【例 3-4】 输入两个整数 a、b,输出其中的最大值。

```
#include <iostream>
using namespace std;
int main()
{
    int a, b;
    cout<<"input two numbers:    "<<endl;
    cin>>a>>b;
    if(a>b)
        cout<<"max="<<a<<endl;
    else
        cout<<"max="<<b<<endl;
    return 0;
}
```

运行结果:

Please input two numbers:

15 9↙

max=15

本例程序中,输入两个数 a,b。改用 if—else 语句判别 a,b 的大小,若 a 大,则输出 a,否则输出 b。

特别注意

if 或 if…else 以及后面要介绍的 if 嵌套(即 if…else if…)均被看成是一条语句,即使其中的语句是包含多条语句的复合语句,仍然如此。

【例 3-5】 输入三个数,输出其中最小数。

问题分析:

设三个数为 a、b、c,由键盘读入,我们用一个变量 min 来标识最小数,a、b、c 与 min 皆定义为 int 型变量。

每次比较两个数,首先比较 a 和 b,将较小的一个值赋给 min,再把第三个数 c 与 min 比较,再将较小的一个值赋给 min,则最后 min 即为 a、b、c 中最小数。

算法如下:

(1) 输入 a、b、c。

(2) 将 a 与 b 中较小的一个赋给 min。

(3) 将 min 与 c 中较小的一个赋给 min。

(4) 输出 min 将第(2)步细化为:若 a < b,则将 A 赋给 min,否则将 b 赋给 min;第

(3)步细化为:若 c < min,则将 c 赋给 min。

程序清单如下:

```cpp
#include <iostream>
using namespace std;
int main()
{
    int a,b,c,min;
    cout<<"input a,b,c :";
    cin>>a>>b>>c;
    if (a<b)
        min = a;
    else
        min = b;
    if (c<min)
        min = c;
    cout<<"The result is "<<min<<endl;
    return 0;
}
```

运行结果:

input a,b,c: 3 5 2↙

The result is : 2

特别注意

书写 C/C++语言程序时,需要注意程序书写的缩进排版。所谓缩进,就是下一行与上一行相比,行首向右缩进若干字符,如上例的 min = a、min = b 等。适当的缩进能使程序的结构和层次清晰,一目了然,增加程序的可读性。应该从一开始就养成一个好的书写习惯,包括必要的注释、适当的空行以及缩进排版。

3. 第三种形式:if—else if—else

前二种形式的 if 语句一般都用于两个分支的情况,当有多分支选择时,可采用 if—else—if 语句,其一般形式为:

if(表达式 1)
　　语句 1;
else if(表达式 2)
　　语句 2;
else if(表达式 3)
　　语句 3;
　　…

else if(表达式 m)
　　语句 m;
else
　　语句 n;

其语义是:依次判断表达式的值,当出现某个值为真时,则执行其对应的语句。然后跳到整个 if 语句之外继续执行程序。如果所有的表达式均为假,则执行语句 n。然后继续执行后续程序。if—else if—else 语句的执行过程如图 3-4 所示。

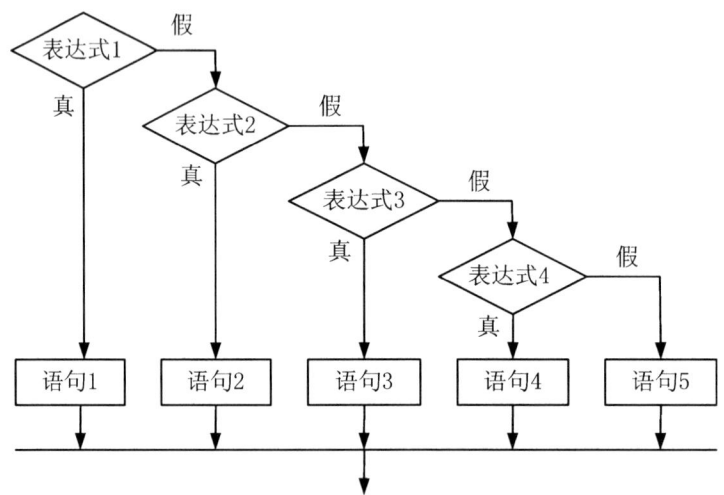

图 3-4　if—else if—else 语句的执行过程

【例 3-6】请判别键盘输入字符的类型。

```
#include <iostream>
using namespace std;
int main()
{
    char c;
    cout<<"input a character:    ";
    c=getchar();
    if(c<32)
        cout<<"This is a control character"<<endl;
    else if(c>='0'&&c<='9')
        cout<<"This is a digit"<<endl;
    else if(c>='A'&&c<='Z')
        cout<<"This is a capital letter"<<endl;
    else if(c>='a'&&c<='z')
        cout<<"This is a small letter"<<endl;
    else
        cout<<"This is an other character"<<endl;
```

        return 0;
}

运行结果：

第一次运行：

input a character: K↙

This is a capital letter

第二次运行：

input a character: c↙

This is asmall letter

本例要求判别键盘输入字符的类型。可以根据输入字符的 ASCII 码来判别类型。由 ASCII 码表可知 ASCII 值小于 32 的为控制字符。在"0"和"9"之间的为数字,在"A"和"Z"之间为大写字母,在"a"和"z"之间为小写字母,其余则为其它字符。这是一个多分支选择问题,用 if−else−if 语句编写,判断输入字符 ASCII 码所在的范围,分别给出不同的输出。例如输入为"g",输出显示它为小写字母。

【例 3-7】货物征税问题,价格在 1 万元以上的征 5%,5000 元以上 1 万元以下的征 3%,1000 元以上 5000 以下的征 2%,1000 元以下的免税,读入货物价格,计算并输出税金。

问题分析：

读入 price,计算 tax,这是一个较复杂的分支结构程序设计(应注意避免重复征税)。假定货物的价格在 1 万元以上,征税应分段累计,各段采用不同税率进行征收。

  算法：若 price >= 10000

    则 tax = 0.05 * (price− 10000); price=10000;

    否则,若 price >= 5000

    则 tax = 0.03 * (price−5000)+tax; price=5000;

    否则,若 price >= 1000

    则 tax= 0.02 * (price−1000)+tax; price=1000;

程序清单如下：

```cpp
# include <iostream>
using namespace std;
int main()
{
    float price,tax=0;
    cout<<"input price:";
    cin>>price ;
    if(price>=10000.0)
    {
        tax=0.05 * (price−10000)+tax; price=10000;
    }
    if(price>=5000.0)
```

```
        {
            tax=0.03*(price-5000)+tax;price=5000;
        }
        if(price>=1000.00)
        {
            tax=0.02*(price-1000)+tax; price=1000
        }
        cout<<"the tax="<<tax;
        return 0;
}
```
运行结果：
15000↙

the tax=480.000

在使用 if 语句时，还应注意以下几个问题：

（1）在三种形式的 if 语句中，if 关键字之后均为表达式。该表达式通常是逻辑表达式或关系表达式，但也可以是其它表达式，如赋值表达式等，甚至还可以是一个变量。

例如：

if(a=5) 语句；

if(b) 语句；

都是允许的。只要表达式的值为非 0，即为"真"。

如在：

if(a=5)…；中表达式的值永远为非 0，所以其后的语句总是要执行的，这种情况虽然在语法上是合法的，但在实际应用中应该避免。

又如，有程序段：

if(a=b)

    cout<<a;

else

    cout<<"a=0";

本语句的语义是把 b 赋给 a，如为非 0 则输出该值，否则输出"a=0"字符串，这种似是而非的用法，在实际应用中也应该避免。

（2）在 if 语句中，条件判断表达式必须用括号括起来，在语句之后必须加分号。

（3）在 if 语句的三种形式中，所有的语句应为单个语句，如果要想在满足条件时执行多个语句，则必须把这一组语句用{}括起来构成一个复合语句。但要注意的是在}之后不能再加分号。

例如：

if(a>b)

{

    a++;

```
        b++;
}
else
{
    a=0;
    b=10;
}
```

3.3.2　if 语句的嵌套

所谓 if 语句的嵌套,是指在 if 和 else 的分支中又包含另外的 if 语句,if 语句嵌套的目的是为了解决多路分支问题。

其一般形式可表示如下：

```
    if(表达式)
        if 语句;
```

或者为：

```
    if(表达式)
        if 语句;
    else
        if 语句;
```

嵌套的 if 语句还可能是 if—else 型,这将出现多个 if 和多个 else 重叠,这时要特别注意 if 和 else 的配对问题。

例如：

```
if(表达式 1)
{
    if(表达式 2)
        语句 1;
    else
        语句 2;
}
else
{
    if(表达式 3)
        语句 3;
    else
        语句 4;
}
```

if 语句嵌套在实际应用中,形式非常灵活,如上述描述中,内、外层嵌套都可以是不含 else 的 if 形式。为了避免歧义,C/C++语言规定,else 总是与它前面最近的尚且没有与其它 else 匹配的 if 配对,为了明确匹配关系,一般将内嵌的 if 语句结构用花括号括起来。

【例 3-8】分析两个数的大小关系。

```
#include <iostream>
using namespace std;
int main()
{
    int a,b;
    cout<<"please input A,B:    ";
    cin>>a>>b;
    if(a!=b)
        if(a>b)
            cout<<"A>B"<<endl;
        else
            cout<<"A<B"<<endl;
    else
        cout<<"A=B"<<endl;
    return 0;
}
```

运行结果:
Please input A,B: 3 6↙
A<B

采用嵌套结构是为了进行多分支选择。本例中使用了 if 语句的嵌套结构实现了三种选择:A>B、A<B 和 A=B。这类问题用 if-else-if 语句也可以完成,而且程序更加清晰。因此,在一般情况下较少使用 if 语句的嵌套结构以使程序便于阅读。

【例 3-9】输入三个整数,输出最大数和最小数。

```
#include <iostream>
using namespace std;
int main()
{
    int a,b,c,max,min;
    cout<<"input three numbers: "<<endl;
    cin>>a>>b>>c;
    if(a>b)
    {
        max=a;min=b;
    }
    else
    {
```

```
                max=b;
                min=a;
            }
        if(max<c)
                max=c;
        else
            if(min>c)
                min=c;
        cout<<"max="<<max<<" "<<"min="<<min<<endl;
        return 0;
}
```
运行结果:
input three numbers: 3 6 9↙
max=9
min=3

本例中,首先比较 a,b 大小,并把大数赋予 max,小数赋予 min,然后再与 c 比较,若 max 大于 c,则把 c 赋予 max;如果 c 小于 min,则把 c 赋予 min。因此 max 总是最大数,而 min 总是最小数。最后输出 max 和 min 的值。

【例 3-10】解一元二次方程 $ax^2+bx+c=0$,a、b、c 由键盘输入。

问题分析:

对系数 a、b、c 考虑以下情形:

(1) 若 a = 0:

①b ≠ 0,则 x=-c/b;

②b = 0,则:若 c = 0,则 x 无定根;

若 c ≠ 0,则 x 无解。

(2) 若 a ≠ 0:

①$b^2-4ac>0$,有两个不等的实根;

②$b^2-4ac=0$,有两个相等的实根;

③$b^2-4ac<0$,有两个共轭复根

用嵌套 if 语句实现,程序清单如下:

```
#include <iostream>
#include <stdio.h>
using namespace std;
int main()
{
    float a,b,c,s,x1,x2;
    double t;
    cout<<" please input a,b,c:"<<endl;
```

```cpp
        cin>>a>>b>>c;
    if(a==0.0)
        if(b!=0.0)
            cout<<"the root is:"<<-c/b<<endl;
        else if(c==0.0)
            cout<<"x is inexactive"<<endl;
        else
            cout<<"no root!"<<endl;
    else
    {
        s=b*b-4*a*c;
        if(s>=0.0)
            if(s>0.0)
            {
                t = sqrt(s);
                x1 =-0.5*(b+t)/a;
                x2 =-0.5*(b-t)/a;
                cout<<"There are two different roots:"<<x1<<"and"<<x2<<endl;
            }
            else
                cout<<"There are two equal roots:"<<-0.5*b/a<<endl;
        else
        {
            t = sqrt(-s);
            x1=-0.5*b/a;           //实部
            x2=abs(0.5*t/a);       //虚部的绝对值
            printf("There are two virtual roots:");
            cout<<x1<<"+"<<x2<<"  "<<x1<<"-"<<x2<<endl;
        }
    }
    return 0;
}
```

运行结果：

第一次运行：

Please input a,b,c: 1 2 3↵

There are two virtual roots:

$-1.000000 + 1.000000 i \quad -1.000000 - 1.000000 i$

第二次运行：

Please input a,b,c: 2 5 3↙
There are two different roots: −1.500000 and −1.000000
第三次运行:
Please input a,b,c : 0 0 3↙
No root!

> **特别注意:实数与 0 的比较**
>
> 不能简单地写(a==0)或(b==0)或(d==0)进行判断,因为计算机表示实数是近似的。因此一般让实数的绝对值与一个很小的正数去比较,如(fabs(a)<1e−6)或(fabs(b)<1e−6)或(fabs(d)<1e−6),若成立则认为该实数的值等于 0。

3.4 多分支选择结构

在 if 语句中,我们学习了 if−else 结构,这种结构需要使用较多的 else if 语句,因此相对来说就比较复杂。为了简化这种结构,在本节将要学习多分支结构。switch−case 语句是实现多分支结构的有效方法,它是将一个变量的输入值与几个常量值进行比较("常量值"都是一些简单的值,如整数、字符常量)。

3.4.1 switch−case 语法结构

当问题需要多分支来处理且情况较为复杂时(一般大于三种),在 C/C++语言中,通常使用 switch−case 语句代替条件语句来简化程序的设计,例如学生成绩的分类、人口统计、工资分类、菜单等程序的设计。switch−case 相当于一系列的 if−else 语句,被测试表达式写在关键字 switch 后面的圆括号内,表达式只能用 char 型或 int 型。switch−case 语句的目的是为了避免程序冗长而降低程序的可读性,提高程序的可维护性。

【例 3-11】按照考试成绩的等级输出相应的百分制分数段,A 等为 90～100 分,B 等为 80～89 分,C 等为 70～79 分,D 等为 60～69 分,E 等为 60 分以下,成绩的等级由键盘输入。

问题分析:

这是一个多分支选择问题,根据学生成绩分为 5 个等级,如果用 if 语句至少需要四层嵌套,进行四次检查。如果使用 switch−case 语句,进行一次检查即可得到结果。

```
#include <iostream>
#include <math.h>
using namespace std;
int main()
{
    char grade;
```

```
        cin>>grade;
        cout<<"Your score: "<<endl;
        switch(grade)
        {
            case 'A': cout<<"90-100 "<<endl; break;        /*A 等成绩*/
            case 'B': cout<<"80-89 "<<endl; break;         /*B 等成绩*/
            case 'C': cout<<"70-79"<<endl; break;          /*C 等成绩*/
            case 'D': cout<< "60-69"<<endl; break;         /*D 等成绩*/
            case 'E': cout<<"60 分以下"<<endl; break;       /*E 等成绩*/
            default: cout<<"enter data error!"<<endl;      /*无匹配选项*/
        }
        return 0;
}
```

运行结果:

A↙

Your score:90-100

当从键盘输入大写字母 A 时,按回车键,程序输出对应的分数段.

特别注意

case 语句与其后的常量中间至少要有一个空格,常量后面是冒号,常量的类型与 switch 后括号内表达式的类型保持一致。

程序分析:grade 变量定义为字符型,当从键盘输入一个大写字母时,程序将值赋给 grade,switch 得到值后与 case 语句中的给定值进行比较,如果与哪一个相同,则执行该 case 语句后的语句,当执行到 break 语句时,直接跳转至 switch 语句的最后。如果没有与 case 语句相符合的字母,直接执行 default 语句,输出"enter data error!",其流程图如图 3-5 所示。

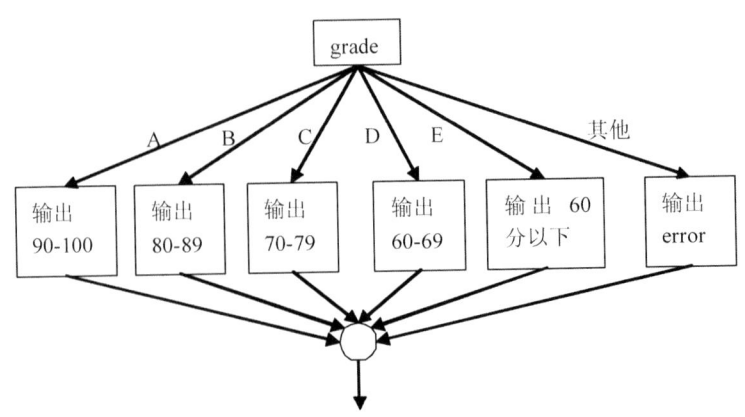

图 3-5　例 3-11 流程示意图

从图 3-5 可以看出,switch－case 可以快速实现程序的多分支选择,C/C++语言提供的 switch－case 语句,其语法形式为:
switch(表达式)
{
  case 常量 1: 语句 1;break;
  case 常量 2: 语句 2;break;
  …
  case 常量 n: 语句 n;break;
  default:语句 n+1;
}

其语义是:在 switch－case 语句中,switch 语句的条件是一个值,而 case 语句则表明如果它后面的常量与 switch 语句中的值相等,那么该 case 语句后面的语句将开始执行。在每一个 case 语句中,还包含一个 break 语句,这个 break 语句的作用是用来退出当前这个 case 语句,也就是跳出这个 switch－case 语句。如果表达式的值与所有 case 后的常量表达式均不相同时,则执行 default 后面的语句。

说明:

(1) switch 后面括弧内的"表达式",C++语言规定为整型或者字符型。

(2) 当表达式的值与某一个 case 后面的常量表达式的值相等时,就执行此 case 后面的语句,若所有 case 中的常量表达式的值都没有与表达式的值匹配,则执行 default 后面语句。

(3) 每一个 case 常量表达式的值必须互不相同,否则就会出现矛盾(表达式的同一个值有两种或多种执行方案)。

(4) 各个 case 和 default 的出现次序不影响执行结果。例如,可以先出现"default:…",再出现"case 'D':…",然后是"case 'A':…"。

(5) 执行完 case 后面的语句后,流程控制转移到下一个 case 继续执行。"case 常量表达式"只是起语句标号作用,并不是在该处进行条件判断。在执行 switch 语句时,根据 switch 后面表达式的值找到匹配的入口标号,就从此标号开始执行下去,不再进行判断。因此,应该在每一个 case 分支后,用一个 break 语句来终止 switch 语句的执行。

(6) 多个 case 可以共用一组执行语句。

3.4.2 switch－case 结构应用举例

上一节已经介绍了 switch－case 语句的语法结构,这一节将给出几个关于 switch－case 语句的重要应用。

【例 3-12】编程实现简单的计算器功能,要求用户按如下格式从键盘输入算式:
操作数 1 运算符 op 操作数 2
计算并输出表达式的值,其中算术运算符包括:加(+)、减(-)、乘(*)、除(/)。

问题分析：

将运算符 op 设为字符类型，从键盘输入，当 switch 获得 op 的值后，与 case 语句后的常量进行比较，并执行 case 语句后面的语句。

```cpp
#include <iostream>
#include <math.h>
using namespace std;
int main()
{
    int data1, data2;
    char op;
    cout<<"Please enter an expression: " <<endl;
    cin>> data1>>op>>data2;
    switch(op)              /*根据输入的运算符确定要执行的运算*/
    {
        case '+':           /*加法运算*/
            cout<< data1+data2<<endl;
            break;
        case '-':           /*减法运算*/
            cout<< data1-data2<<endl;
            break;
        case '*':           /*乘法运算*/
            cout<< data1*data2<<endl;
            break;
        case '/':           /*除法运算*/
            if(data2 == 0)
            {
                cout<<"Division by zero!"<<endl;
            }
            else
                cout<< data1/data2<<endl;
            break;
        default:            /* 处理非法运算符 */
            cout<<"Invalid operator!"<<endl;
    }
}
```

程序的 6 次运行结果：

1. Please enter an expression :12+6↵

   12 + 6 =18

2. Please enter an expression :12−6↵
12 − 6 = 6
3. Please enter an expression :12*6↵
12 * 6 = 72
4. Please enter an expression :12/6↵
12 / 6 = 2
5. Please enter an expression :12/0↵
Division by zero!
6. Please enter an expression :12\\6↵
Invalid operator!

在这个程序中,通过 switch−case 语句可以实现不同运算符的计算。当输入运算符后,与 switch 后括号内表达式的值进行匹配,自上而下寻找与表达式相匹配的 case 常量,找到后执行此 case 语句后所有的语句,如果没有与 case 语句相匹配的语句,则执行 default 后面的语句。

在例 3-12 中,程序不仅对用户正确输入数据进行运算,还对错误输入数据进行处理,这对保证程序健壮性是非常必要的,该程序通过 default 后的语句来处理非法运算符的输入。

由于乘法可以有多种书写方式,因此,可以使用多个 case 语句的并列,实现多个 case 语句执行相同代码。例如,在例 3−12 中,程序可以书写成如下形式,以表示字符 *、x 和 X 均可作为乘号使用:

```
case '*':           /*在输入的乘法算式中,可以使用 * 作为乘法运算符*/
case 'x':           /*在输入的乘法算式中,可以使用 x 作为乘法运算符*/
case 'X':           /*在输入的乘法算式中,可以使用 X 作为乘法运算符*/
    cout<< data1 * data2<<endl;
    break;
```

在下面的例 3-13 实现版本中,无论用户输入的运算符为 *、x 或 X,都将执行乘法运算。

【例 3-13】修改例 3-12 程序,使其能够进行浮点数的运算,同时允许使用字符 *、x 或 X 作为乘号,并且允许输入的算术表达式中操作数和运算符之间可以加入任意多个空格符。

```
#include <iostream>
#include <math.h>
using namespace std;
int main()
{
    float data1, data2;
    char op;
    cout<<"Please enter an expression: " <<endl;
```

```cpp
        cin>> data1>>op>>data2;           /* op 前有一个空格 */
        switch(op)                        /* 根据输入的运算符确定要执行的运算 */
        {
            case '+':                     /* 加法运算 */
                cout<< data1+data2<<endl;
                break;
            case '-':                     /* 减法运算 */
                cout<< data1-data2<<endl;
                break;
            case '*':                     /* 乘法运算 */
            case 'x':
            case 'X':
                cout<< data1 * data2<<endl;
                break;
            case '/':                     /* 除法运算 */
                if(fabs(data2) <= 1e-7)   /* 实数与 0 比较 */
                {
                    cout<<"Division by zero!"<<endl;
                }
                else
                    cout<< data1/data2<<endl;
                break;
            default:                      /* 处理非法运算符 */
                cout<<"Invalid operator!"<<endl;
        }
        return 0;
}
```

程序的 8 次运行结果：

1. Please enter an expression :12.0 +6.0↙
12.000000 + 6.000000 =18.000000
2. Please enter an expression :12.0 -6.0↙
12.000000 - 6.000000 =6.000000
3. Please enter an expression :12.0 *6.0↙
12.000000 * 6.000000 =72.000000
4. Please enter an expression :12.0 x6.0↙
12.000000 * 6.000000 =72.000000
5. Please enter an expression :12.0 X6.0↙
12.000000 * 6.000000 =72.000000

6. Please enter an expression :12.0／6.0↙
12.000000／6.000000＝2.000000
7. Please enter an expression :12.0/0↙
Division by zero!
8. Please enter an expression :12.0\\6.0↙
Invalid operator!

要实现浮点数的运算,需要将例 3-12 程序中操作数变量设为 float 类型,还需要修改实数与 0 的比较方式。

在例 3-13 中,使用了标准数学函数 fabs()来计算 data2 的绝对值,所以需要在程序开头包含头文件"math.h"。

3.5 要点回顾

3.5.1 语法要点

表 3-2 语法要点

内　　容	语　　法	备　　注
关系运算符	＞大于 ＜小于 ＞＝大于或等于 ＜＝小于或等于 ＝＝等于 !＝不等于	"＞,＜,＞＝,＜＝"优先级高于"＝＝,!＝",结合方向为"自左至右"。 关系运算符优先级低于算术运算符,高于赋值运算符。
逻辑运算符	&& 逻辑与 || 逻辑或 ! 逻辑非	"!"优先级高于"&&,||"。 "!"优先级高于算术运算符。 "&&,||"优先级低于关系运算符。 "!"结合方向为"自右至左"。 "&&,||"结合方向为"自左至右"。
if 条件语句	if (表达式) 语句	int a,b; if (a＜b) a＝b;

if－else 条件语句	if (表达式)
	　　语句 1;
	else
	　　语句 2;
		int a,b;
		if(a＞b)
		　　cout<<"max="<<a<<endl;
		else
		　　cout<<"max="<<b<<endl;

续表 3-2

内　　容	语　　法	备　　注

if－else－if 条件语句	if（表达式 1）
	　语句 1；
	else if(表达式 2)
	　语句 2；
	…
	else if(表达式 m)
	　语句 m；
	else
	　语句 n；
		char c；
		if(c＜32)
		　cout＜＜"a control character"＜＜endl；
		else if(c＞='0'&&c＜='9')
		　cout＜＜"a digit"＜＜endl；
		else if(c＞='A'&&c＜='Z')
		　cout＜＜"a capital letter"＜＜endl；
		else if(c＞='a'&&c＜='z')
		　cout＜＜"a small letter\\n"＜＜endl；
		else
		　cout＜＜"an other character"＜＜endl；

switch 语句	switch(表达式) { case 常量 1： 　语句 1； 　break； 　… case 常量 n： 　语句 n； 　break； default： 　语句 n+1；}	char grade； switch(grade) { 　case 'A'： 　　cout＜＜"90－100"＜＜endl； 　　break； 　… 　case 'E'： 　　cout＜＜"60 分以下"＜＜endl； 　　break； 　default： 　　cout＜＜"enter data error!"＜＜endl；}

3.5.2　常见错误

（1）将 C/C＋＋语言运算符与数学上的运算符相混淆，如"＝＝"和"＝""＞＝"和"≥"等。在 C/C＋＋语言中，"＝＝"表示相等关系，而"＝"表示赋值。为了避免相等关系的书写错误，程序员常将左右两侧进行交换，如判断 a 和 1 是否相等，写成 1＝＝a，这样写的好处是如果写成 1＝a，编译会报错，帮助我们检查。

（2）忽略了表达式中运算的优先级。与数学表达式类似，求值并不是简单地自左向右进行，而是按照运算符的优先级高低进行。如果想改变计算次序，可以通过加小括号（）来实现。例如：计算梯形的面积时，正确的表达为 s=((a+b)*h)/2。

（3）由两个字符构成的运算符中间不能有空格。如"＝＝"不能写成"＝ ＝"。

(4) if 语句或循环语句中逻辑表达式或关系表达式书写错误。一定要注意 C 语言的条件与数学表达式的区别,例如我们数学中经常写到的 0≤x≤9,在 C 语言中应该写成 x>=0&&x<=9。

(5) if-else 嵌套时不配对。最好在写每个条件时要用两个[ ]分别将两个分支先括起来,再添加其中的语句,以保证其配对不易错。

(6) 对于逻辑真假的判断容易搞混。在 C/C++语言中,条件成立用 1 表示,不成立用 0 表示。运算时,所有的非 0 表示真,0 表示假。

(7) 当存在多个条件时,需要用逻辑运算符将各个条件连接起来。例如,3>x>1 虽然在数学上是没有问题的,但在 C/C++语言中却不正确,若想表达 3>x 且 x>1,应该写为:3>x && x>1。

(8) switch 语句中,需要每个 case 分支单独处理时,不能缺少 break 语句。例如,下面的程序是不正确的,因为每个 case 语句后缺少 break 语句。

```
switch(mark)
{
    case 'A': cout<<"90-100"<<endl;
    case 'B': cout<<"80-89"<<endl;
    ...
}
```

(9) switch 语句中,case 语句和其后的数值常量中间不能缺少空格。例如:下面的程序是不正确的,因为 case 语句与后面的字符之间没有空格。

```
switch(grade)
{
    case'A': cout<<"90-100"<<endl; break;
    case'B': cout<<"80-89"<<endl; break;
    ...
}
```

(10) switch 语句中,case 语句后的常量用一个区间表示,或者出现了运算符,是不正确的,例如:

```
switch(mark)
{
    case 100:
    case 90~100: cout<<"90-100"<<endl; break;
    case mark<90: cout<<" mark<90"<<endl;
    ...
}
```

习 题

一、选择题

1. 已有定义:int x=3、y=4、z=5;则表达式!(x+y)+z-1 && y+z/2 的值是_____。
   A. 6   B. 0   C. 2   D. 1

2. 设 a=5、b=6、c=7、d=8、m=2、n=2,则执行(m=a>b)&&(n=c>d)后 n 的值为_____。
   A. 1   B. 2   C. 3   D. 4

3. 设 x、y 和 z 都是 int 类型变量,且 x=3、y=4、z=5,则下面的表达式中,值为 0 的表达式为_____。
   A. 'x' && 'y'   B. x<=y
   C. x||y+z && y-z   D. !((x<y)&&!z||1)

4. 为了避免嵌套的 if-else 语句的二义性,C/C++语言规定 else 总是与_____组成配对关系。
   A. 缩排位置相同的 if   B. 在其之前未配对的 if
   C. 在其之前未配对的最近的 if   D. 同一行上的 if

5. 逻辑运算符两侧运算对象的数据类型_____。
   A. 只能是 0 或 1   B. 只能是 0 或非 0 正数
   C. 只能是整型或字符型数据   D. 可以是任何类型的数据

6. 以下关于运算符优先顺序的描述中正确的是_____。
   A. 关系运算符<算术运算符<赋值运算符<逻辑与运算符
   B. 逻辑与运算符<关系运算符<算术运算符<赋值运算符
   C. 赋值运算符<逻辑与运算符<关系运算符<算术运算符
   D. 算术运算符<关系运算符<赋值运算符<逻辑与运算符

7. 下列运算符中优先级最高的是_____。
   A. <   B. &&   C. +   D. !=

8. 选择出合法的 if 语句(设 int x,a,b,c;)_____。
   A. if(a=b) c++;   B. if(a=<b) c++;
   C. if(a<>b) c++;   D. if(a=>b) c++;

9. 能正确表示"当 x 的取值在[-58,-40]和[40,58]范围内为真,否则为假"的表达式是_____。
   A. (x>=-58) && (x<=-40) && (x>=40) && (x<=58)
   B. (x>=-58) || (x<=-40) || (x>=40) || (x<=58)
   C. (x>=-58) && (x<=-40) || (x>=40) && (x<=58)
   D. (x>=-58) || (x<=-40) && (x>=40) || (x<=58)

10. C/C++语言中,关系表达式和逻辑表达式的值是_____。
A. 0 B. 0或1 C. 1 D. 'T'或'F'

11. 以下关于switch语句和break语句的描述中,只有_____是正确的。
A. 在switch语句中,必须使用break语句
B. break语句只能用于switch语句中
C. 在switch语句中,可以根据需要使用或不使用break语句
D. break语句是switch语句的一部分

12. 设有说明语句int a=1,b=0;,则执行以下语句后的输出为_____。
```
switch(a)
{
    case 1: switch(b)
    {
        case 0: cout<<"**0**"<<endl;break;
        case 1: cout<<"**1**"<<endl;break;
    }
    case 2: cout<<"**2**"<<endl;break;
}
```
A. **0** 　B. **0** 　C. **0** 　D. 有语法错误
　 1 　　 **2**
　 2

13. 若有定义:float w; int a,b;,则合法的switch语句是_____。
A. switch w   B. switch(a)
   {   {
       case 1.0: cout<<"*"<<endl;   case 1: cout<<"*"<<endl;
       case 2.0: cout<<"*"<<endl;   case 1: cout<<"*"<<endl;
   }   }
C. switch(a+b);   D. switch(a+b)
   {   {
       case 1: cout<<"*"<<endl;   case 2: cout<<"*"<<endl;
       case 2: cout<<"*"<<endl;   default: cout<<endl;
       default: cout<<endl;   case 1: cout<<"*"<<endl;
   }   }

14. 程序阅读:
```
int main()
{
    int x=1,y=0,a=0,b=0;
    switch(x)
    {
```

```
        case 1: switch(y)
            {
                case 0: a++; break;
                case 1: b++; break;
            }
        case 2: a++; b++;
    }
    cout<<a<<b<<endl;
}
```
则上面程序的输出结果是_____。
A. a=2,b=1　　　B. a=1,b=1　　　C. a=1,b=0　　　D. a=2,b=2

15. 程序阅读：
```
int main()
{
    int x;
    cout<<"Enter 1 or 0"<<endl;
    cin>>x;
    switch(x)
    {
        case 1: cout<<"TRUE"<<endl;
        case 0: cout<<"FALSE"<<endl;
    }
    return 0;
}
```
若运行时从键盘上输入：1↙,则上面程序的输出结果是_____。
A. TRUE　　　B. FALSE　　　C. TRUE　　　D. FALSE
　　　　　　　　　　　　　　　　FALSE　　　　TRUE

二、填空题

1. 若从键盘输入58,则输出结果是_____。
```
#include <iostream>
using namespace std;
int main()
{
    int a;
    cin>>a;
    if (a>50)   cout<<a<<endl;
        if (a>40)   cout<<a<<endl;
            if (a>30)   cout<<a;
```

return 0;
}

2. 设 int x=9,y=8；表达式 x==y+1 的结果是_____。

3. 定义 int x,y；执行 y=(x=1,++x,x+2);后，y 的值是_____。

4. 定义 int x=10,y,z；执行 y=z=x; x=y==z;后，x 的结果是_____。

5. 设 int a=1,b=2,c,d,e；执行
c=(-a++)+(++b);
d=(b--)+(++a)-a;
e=(a/(++b))-(a/(--a));
请问 a、b、c、d、e 的结果是：_____。

6. 设 int a=2,b=3,c,d,e,f；执行
c=(a++>= --b);
d=(a==++b);
e=(a--!=b);
f=(++a>b--);
请问 a、b、c、d、e、f 的结果是：_____。

7. 以下程序的运行结果是_____。
#include <iostream>
using namespace std;
int main()
{
        int a,b,c,s,w,t;
        s=w=t=0;
        a=-1; b=3; c=3;
        if (c>0) s=a+b;
        if (a<=0)
        {
            if (b>0)
            if (c<=0) w=a-b;
        }
            else if (c>0) w=a-b;
        else t=c;
    cout<<s<<" "<<w<<" "<<t<<endl;
    return 0;
}

8. 以下程序的运行结果是_____。
#include <iostream>
using namespace std;

```
int main()
{
    int a,b,c,d,e;
    a=c=1;
    b=20;
    d=100;
    if (!a) d=d++;
    else if (!b)
        if (d) d= --d;
        else   d= d--;
        cout<< d<<endl;
    return 0;
}
```

9. 以下程序的运行结果是_____。

```
#include <iostream>
using namespace std;
int main()
{
    int a, b= 250, c;
    if ((c=b)<0) a=4;
    else if (b=0) a=5;
    else a=6;
    cout<<" "<<a<<" "<<c<<endl;
    if (c=(b==0))
        a=5;
    cout<<" "<<a<<" "<<c<<endl;
    if (a=c=b) a=4;
    cout<<" "<<a<<" "<<c<<endl;
    return 0;
}
```

10. 下面程序根据以下函数关系,对输入的每个 x 值,计算出 y 值。请在【 】内填空。

x	y
2<x<=10	x(x+2)
−1<x<=2	1/x
x<=−1	x−1

```
#include <iostram>
using namespace std;
```

```
int main()
{
    int x,y;
    cin>>x;
    if (_____【1】_____) y=x*(x+2);
    else if (_____【2】_____) y=1/x;
    else if (x<=-1) y=x-1;
    else _____【3】_____;
    if (y!=-1)cout<<y<<endl;
    elsecout<<"error";
    return 0;
}
```

三、编程题

1. 求一个数的绝对值。

2. 判断某一年是否为闰年。要求:(1) 使用 if 语句实现,(2) 使用 switch 语句结构实现。

3. 让计算机随机产生 3 个整数,将它们从小到大排序输出。

4. 企业发放奖金根据利润提成。利润(I)低于或等于 10 万元时,奖金可提 10%;利润高于 10 万元,低于等于 20 万元时,低于 10 万元的部分按 10% 提成,高于 10 万元的部分,可提成 7.5%;20 万到 40 万之间时,高于 20 万元的部分,可提成 5%;40 万到 60 万之间时,高于 40 万元的部分,可提成 3%;60 万到 100 万之间时,高于 60 万元的部分,可提成 1.5%,高于 100 万元时,超过 100 万元的部分,按 1% 提成,从键盘输入当月利润 I,求应发放奖金总数?

要求:(1) 使用 if 语句实现;(2) 使用 switch 语句结构实现。

5. 输入一个不多于 5 位的正整数,(1) 求出它的位数并输出;(2) 按逆序输出它的每一位数码。例如,输入 6789,输出"输入的 6789 是 4 位数。逆序输出为 9876"。

6. 某个自动加油站有 a、b、c 三种汽油,单价分别为 1.50、1.35、1.18(元/千克),也提供了"自己加"或"协助加"两个服务等级,这样用户可以得到 5% 或 10% 的优惠。本程序针对用户输入加油量 a,汽油品种 b 和服务类型 c(f——自动,m——自己,e——协助),并输出应付款。

7. 输入一系列整数,分别统计其中的正数和负数的个数,当输入 0 时结束。

第 4 章　循环结构

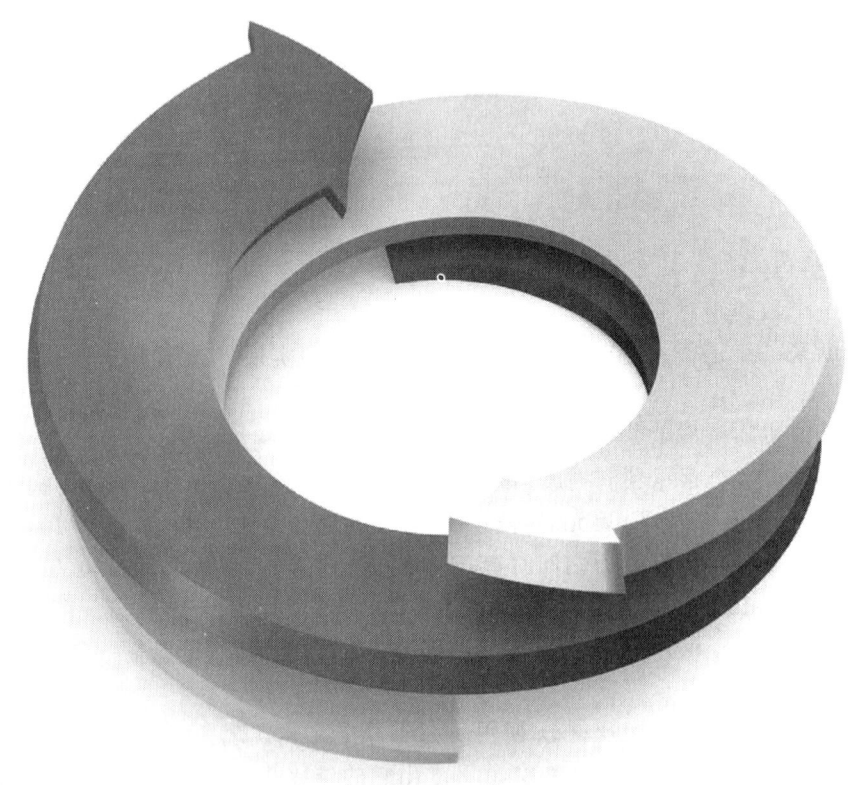

花谢花开，月圆月缺，都是循环无尽，这是很自然的事。

——巴金《秋》

 学习目标

- 掌握 while 循环的使用方法
- 掌握 do…while 循环的使用方法
- 掌握 for 循环的使用方法
- 掌握 break 语句、continue 语句
- 熟悉循环结构的嵌套。

在解决实际问题时,常常需要进行大量的重复处理、重复运算,这就需要寻求一种解决办法。在程序设计时,使用很少的语句,让计算机反复执行,从而完成大量类同的计算任务。一方面可以减少问题的复杂性,降低程序设计的难度;另一方面也可以充分发挥计算机运算速度快、自动执行的优势。

利用 C/C++语言中的循环结构可以实现重复性的操作。循环是指在满足给定条件时,反复执行某段程序代码,直到条件不成立为止。给定的条件称为循环条件,反复执行的程序代码称为循环体。C/C++语言提供了 3 种循环结构:while 循环、do-while 循环,以及 for 循环。

在使用循环结构时,需要注意循环控制问题,循环控制一般有两种方法:计数法与标志法。计数法先确定循环次数,然后逐次执行,直到完成循环次数为止;标志法先确定最终目标,达到该目标,循环结束。

顺序、选择和循环构成了程序流程的 3 种基本控制结构,也就是说,任何一个计算机程序都是由这 3 种基本结构组合而成。本章讨论最后一种:循环结构。

4.1 while 循环

while 语句的一般形式为:
while(表达式)
　　语句

其中表达式是循环条件,语句为循环体,当需要执行多条语句时,应使用复合语句。

在执行 while 语句时,首先计算表达式的值,当值为真(非0)时,执行循环体语句,然后重复上述过程,直到循环条件表达式的值为假(0)时,循环结束,其执行过程如图4-1所示。

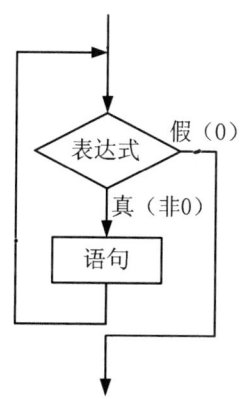

图 4-1　while 语句执行过程

特别注意

执行 while 语句时,应注意以下几个问题:

(1) while 语句的特点是"先判断,后执行",如果循环条件表达式的值一开始为 0,则循环条件不成立,循环体一次也不执行,但循环条件表达式是一定要执行的。

(2) while 语句中的循环条件表达式一般是关系表达式或逻辑表达式,但也可以是数值表达式或字符表达式,只要其值非 0,就可以执行循环体。

(3) 为了使循环最终能够结束,不产生"死循环",每执行一次循环体,循环条件表达式的值应向趋于 0 变化。

【例 4-1】用 while 语句计算 1+2+3+...+99+100 的值,用流程图表示算法,如图 4-2 所示。

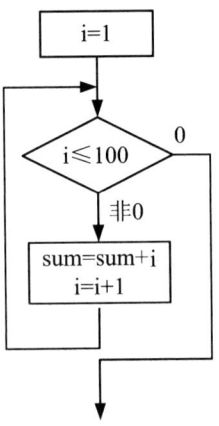

图 4-2 例 4-1 流程图

```cpp
#include <iostream>
using namesace std;
int main()
{
    int i,sum=0;
    i=1;
    while(i<=100)
    {
        sum=sum+i;
        i++;
    }
    cout<<sum<<endl;
    return 0;
}
```

运行结果：
5050

【例 4-2】 统计从键盘输入一行字符的个数。

问题分析：

本例程序中的循环条件为 getchar()!='\n'，其意义是，只要从键盘输入的字符不是回车就继续循环。循环体 n++ 完成对输入字符个数计数，从而实现对输入一行字符个数的统计。

```cpp
#include <iostream>
using namespace std;
int main()
{
    int n=0;
    cout<<"input a string:"<<endl;
    while(getchar()!='\n') n++;
    cout<<n<<endl;
    return 0;
}
```

运行结果：
input a string:
abcdefghijk↙
11

【例 4-3】 编写程序输出前 n 个偶数的值。

问题分析：

本例程序将执行 n 次循环，每执行一次，n 值减 1。在循环中，通过表达式 a++*2 计算偶数值，并使 a 加 1。

```cpp
#include <iostream>
using namespace std;
int main()
{
    int a=1,n;
    cout<<" input n: "<<endl;
    cin>>n;
    while (n--)
       cout<<a++*2;
    return 0;
}
```

运行结果：
input n: 4↙
2 4 6 8

【例 4-4】 求 n!

问题分析：

n! = n * (n - 1) * (n - 2) * ⋯ 2 * 1, 0! = 1。即 $S_0=1, S_n=S_{n-1}*n$。可以从 S_0 开始，依次求出 S_1、S_2 ⋯ S_n。

令变量 S 存放阶乘，S 的初值为 0! = 1；变量 i 为计数器，i 从 1 变化到 n，每一次令 S = S * i，则最终 S 的值就是 n!。

程序清单如下：

```cpp
#include <iostream>
using namespace std;
int main()
{
    int n,i;
    long int s;
    cout<<" please input n (n>=0) :";
    cin>>n;
    if(n>=0)
    {
        s=1;
        if(n>0)
        {
            i=1;
            while (i<=n)
            {
                s *= i;
                i=i+1;
            }
        }
        cout<<n<<"!="<<s<<endl;
    }
    else
        cout<<"Invalid input!"<<endl;
    return 0;
}
```

运行结果：

please input n(n>=0): 0 ↙
0! = 1
please input n(n>=0): 6 ↙
6! = 720

please input n(n>=0)：-2↙
Invalid input!

特别注意

由例 4-4 可以看出,在循环前各变量应有合适的值(s=1)。另外,控制循环结束的变量(此处为 i)必须在循环体中改变,否则,循环将无法结束,成为死循环。

4.2 do-while 循环

do-while 语句的一般形式为：
do
{
    语句；
}while(表达式)；

其中表达式为循环条件,语句为循环体,这个循环与 while 循环的不同在于：它先执行循环中的语句,然后再判断表达式是否为真,如果为真则继续循环；否则,终止循环。因此,do-while 循环至少要执行一次循环语句。其执行过程如图 4-3 所示。

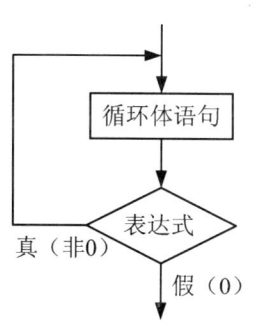

图 4-3 do-while 循环结构流程图

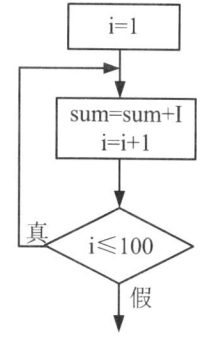

图 4-4 例 4-5 流程图

【例 4-5】用 do-while 语句计算 1+2+3+...+99+100 的值,用流程图表示算法,如图 4-4 所示。

```
#include <iostream>
using namespace std;
int main()
{
    int i,sum=0;
    i=1;
    do
```

```
    {
        sum=sum+i;
        i++;
    }while(i<=100) ;
    cout<<sum<<endl;
    return 0;
}
```

运行结果：

5050

【例 4-6】 计算 $\sin(x) = x - x^3/3! + x^5/5! - x^7/7! + \ldots$
直到最后一项的绝对值小于 $1e-7$ 时为止。

问题分析：该题计算可使用递推方法完成。

观察发现，多项式的每一项都与一个奇数（1、3、5、7,...）对应，令变量 n 存放某一项的奇数，这样，从多项式的前一项到后一项，只需将前一项乘一个因子：

$(-x^2)/((n-1)*n)$

令变量 s 存放多项式的值，令变量 t 表示每一项的值。

程序清单如下：

```
#include <iostream>
#include <stdio.h>
using namespace std;
int main()
{
    double s,t,x ;
    int n;
    cout<<"please input x:";
    cin>>x;
    t = x;
    n=1;
    s = x;
    do
    {
        n = n +2;
        t = t*(-x*x)/((float)(n)-1)/(float)(n);
        s =s+t ;
    }while (fabs(t)>=1e-7);
    cout<<"sin"<<x<<"="<<s<<endl ;
    return 0;
}
```

运行结果:
please input x:1.5753↙
sin（1.575300）= 0.999990
please input x:−0.65↙
sin（−0.650000）= −0.605186

4.3 for 循环

for 循环是循环控制结构中使用最广泛的一种循环控制语句,特别适合已知循环次数的情况,它的一般形式为:
for(表达式 1;表达式 2;表达式 3)
　　语句;
表达式 1:一般为赋值表达式,给控制变量赋初值,通常称为"初始化表达式";
表达式 2:关系表达式或逻辑表达式,循环控制条件,通常称为"条件表达式";
表达式 3:一般为赋值表达式,给控制变量增量或减量,通常称为"增量表达式";
语句:循环体,当有多条语句时,必须使用复合语句。
for 循环很好地体现了正确描述循环结构应注意的 3 个问题:
(1) 控制变量的初始化。
(2) 循环的条件。
(3) 循环控制变量的更新。
在循环体语句比较少的情况下,可以将其放在"表达式 3"之后,和原来的"表达式 3"一起组成一个逗号表达式,作为新的"表达式 3",循环体将变为一个空语句。
for 循环的流程图如图 4-5 所示,具体执行过程如下:

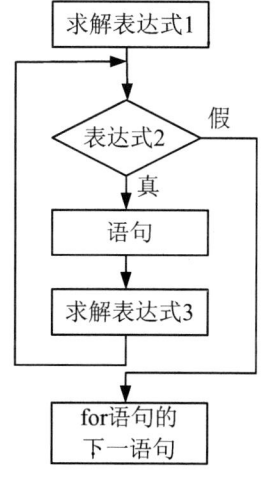

图 4-5　for 循环结构的流程图

(1) 先求解表达式 1。

(2) 求解表达式 2,若其值为真(非 0),则执行 for 循环中指定的循环体语句,然后执行下面第(3)步;其值为假(0),则结束循环,转到第(5)步。

(3) 求解表达式 3。

(4) 转回上面第(2)步继续执行。

(5) 循环结束,执行 for 语句下面一个语句。

例如:

for(i=1;i<=100;i++)sum=sum+i;

先给 i 赋初值 1,判断 i 是否小于等于 100,若是则执行循环语句,随后 i 的值加 1,再次判断,直到条件为假,即 i>100 时,循环结束。

相当于:

i=1;

while(i<=100)

{

    sum=sum+i;

    i++;

}

可以看出,for 循环可以改写为 while 循环,其一般形式如下:

表达式 1;

while(表达式 2)

{

    语句

    表达式 3;

}

for 循环书写应该注意的问题:

(1) for 循环中的"表达式 1(循环变量赋初值)"、"表达式 2(循环条件)"和"表达式 3(循环变量增量)"都是可选项,即可以省略,但";"不能省略。

(2) 省略了"表达式 1(循环变量赋初值)",表示不对循环控制变量赋初值。

(3) 省略了"表达式 2(循环条件)",则不做其它处理,也就是死循环。

例如:

for(i=1;;i++)sum=sum+i;

相当于:

i=1;

while(1)

{

    sum=sum+i;

    i++;

}

(4) 省略了"表达式 3(循环变量增量)",则不对循环控制变量进行操作,这时可在循环体中加入修改循环控制变量的语句。

例如：

```
for(i=1;i<=100;)
{
    sum=sum+i;
    i++;
}
```

(5) 省略了"表达式1(循环变量赋初值)"和"表达式3(循环变量增量)"。

例如：

```
for(;i<=100;)
{
    sum=sum+i;
    i++;
}
```

相当于：

```
while(i<=100)
{
    sum=sum+i;
    i++;
}
```

(6) 3个表达式都可以省略。

例如：

for(;;)语句

相当于：

while(1)语句

(7) 表达式1和表达式3可以是一个简单表达式，也可以是逗号表达式。

for(sum=0,i=1;i<=100;i++)sum=sum+i;

或：

for(i=0,j=100;i<=100;i++,j--)k=i+j;

(8) 表达式2一般是关系表达式或逻辑表达式，但也可是数值表达式或字符表达式。

例如：

for(i=0;(c=getchar())!='\n';i+=c);

又如：

```
for(;(c=getchar())!='\n';)
    cout<<c;
```

【例4-7】计算自然数1到n的平方和。

\#include <iostream>

\#include <math.h>

```
using namespace std;
int main()
{
    int i,n;
    float s = 0.0;
    cout<<"please input n:"<<endl;
    cin>>n;
    for (i=1; i<=n;i++)
        s=s+(float)(i)*(float)(i);
    cout<<"1*1+2*2+...+"<<n<<"*"<<n<<"="<<s<<endl ;
    return 0;
}
```

运行结果：

please input n : 5↙

1*1+2*2+...+5*5=55.000000

【例 4-8】 有数字 1、2、3、4，请问能组成多少个互不相同且无重复数字的三位数？

问题分析：可填在百位、十位、个位的数字都是 1、2、3、4。组成所有的排列后再去掉不满足条件的排列。

程序清单如下：

```
#include <iostream>
using namespace std;
int main()
{
    int i,j,k,n=0;
    cout<<endl;
    for(i=1;i<5;i++)              /* 以下为三重循环 */
        for(j=1;j<5;j++)
            for (k=1;k<5;k++)
            {
                if(i!=k&&i!=j&&j!=k)   /* 确保 i、j、k 三位互不相同 */
                {
                    n++;              /* 统计输出的数据个数 */
                    cout<<i<<","<<j<<","<<k<<";";
                    if(n%6==0)        /* 6 组数据输出一个换行 */
                        cout<<endl;
                }
            }
    return 0;
```

}
运行结果：

1,2,3;   1,2,4;   1,3,2;   1,3,4;   1,4,2;   1,4,3;
2,1,3;   2,1,4;   2,3,1;   2,3,4;   2,4,1;   2,4,3;
3,1,2;   3,1,4;   3,2,1;   3,2,4;   3,4,1;   3,4,2;
4,1,2;   4,1,3;   4,2,1;   4,2,3;   4,3,1;   4,3,2;

【例 4-9】 一个整数，它加上 100 后是一个完全平方数，再加上 168 又是一个完全平方数，请问该数是多少？

问题分析：

在 10 万以内判断，先将该数加上 100 后再开方，再将该数加上 268 后再开方，如果开方后的结果满足平方等于自身，则是所求的结果。

程序清单如下：

```cpp
#include <iostream>
#include <math.h>
using namespace std;
int main()
{
    long int i,x,y,z;
    for (i=1;i<100000;i++)
    {
        x=sqrt(i+100);    /* x 为加上 100 后开方后的结果 */
        y=sqrt(i+268);    /* y 为再加上 168 后开方后的结果 */
        /* 如果一个数的平方根的平方等于该数,这说明此数是完全平方数 */
        if(x*x==i+100&&y*y==i+268)
            cout<<i<<endl;
    }
    return 0;
}
```

运行结果：

21

261

1581

 温馨提示

1. 3 种循环（while 循环、do-while 循环、for 循环）都可以用来处理同一个问题，而且可以互相代替。

2. while 和 do-while 循环，循环体中应包括使循环趋于结束的语句。for 循环应用

最方便,所有功能在一条语句中完成。

3. 用 while 和 do-while 循环时,循环变量初始化的操作应在 while 和 do-while 语句之前完成,而 for 语句可以在表达式 1 中实现循环变量的初始化。

4.4　break 语句和 continue 语句

在执行程序时,除了根据事先指定的循环条件正常执行和终止循环外,有时也会出现某种特殊情况,需要提前结束正在执行的循环操作,在循环体中提前跳出循环,或者在满足某种条件下,不执行循环中剩下的语句而立即从头开始新的一轮循环,这时就要用到 break 和 continue 语句。

4.4.1　break 语句

在循环语句中,break 语句的作用是使控制立即跳出循环结构,转而执行循环语句后面的语句。

break 语句的一般形式为:
　　break;

> **特别注意**
>
> 在多重循环中,一个 break 语句只能结束本次循环,向外跳一层。

【例 4-10】打印半径为 1 到 10 的圆的面积,若面积超过 100,则不予打印。

```
#include <iostream>
#include <math.h>
using namespace std;
int main( )
{
    int r;
    float area;
    for ( r=1; r<=10;r++)
    {
        area = 3.141593 * r * r;
        if (area>100.0)
            break;
        cout<<"square = "<<area<<endl;
    }
    cout<<"now r="<<r<<endl;
    return 0;
```

}
运行结果：
square = 3.141593
square = 12.566373
square = 28.274338
square = 50.265488
square = 78.539825
now r=6

4.4.2 continue 语句

continue 语句的作用是跳过循环体中剩余的语句,进而执行下一次循环。continue 语句只用在 for、while、do-while 等循环体中,常与 if 条件语句一起使用,用来提前结束本次循环。

continue 语句的一般形式为
  continue;
例如：
while(表达式 1)
{
  … …
  if(表达式 2)continue;
  … …
}

 **温馨提示 break 语句与 continue 语句的区别**

break 语句是结束整个循环过程,不再判断执行循环的条件是否成立；continue 语句则只是结束本次循环,进入下一次循环,而不是终止整个循环体的执行。

【例 4-11】计算半径为 1 到 15 圆的面积,仅打印出超过 50 的圆面积。

```
#include<iostream>
using namespace std;
int main( )
{
    int r;
    float area;
    for (r=1; r<=5; r++)
    {
        area = 3.141593 * r * r;
        if(area<50.0)
```

```
            continue;
        cout<<"square=" <<area<<endl;
    }
}
```

运行结果：

square=50.265488

square=78.539825

同 break 一样，continue 语句也仅仅影响该语句本身所处的循环层，而对外层循环没有影响。

【例 4-12】相传汉高祖刘邦问大将军韩信统御兵士多少，韩信答说，不足 1000 人，每 3 人一列余 1 人、5 人一列余 2 人、7 人一列余 4 人、13 人一列余 6 人。刘邦茫然而不知其数。你能算出具体有多少个士兵吗？

问题分析：本题目提供了两个条件：

(1) 总人数只可能是 1—1000 中除了 1000 的任意一个整数。

(2) 总人数须满足(总人数%5==2)&&(总人数%7==4)&&(总人数%13==6)条件。

从(1)可以知道本项目的数据规模在 1000 以内，可以通过穷举逐个判断，如果发现符合条件的人数，则输出结果，并且跳出循环。

程序清单如下：

```cpp
#include<iostream>
using namespace std;
int main( )
{
    int i;
    for(i=1;i<1000;i++)
    {
        if(i%3==1&&i%5==2&&i%7==4&&i%13==6)
        {
            cout<<i;
            break;
        }
    }
    return 0;
}
```

运行结果：

487

应用扩展

对于例 4-12,假如汉高祖刘邦要韩信的士兵按每 7 人一排,挑出每排排尾的士兵当队长。假设韩信的士兵一共有 487 名士兵,每名士兵都有特定的编号,按排队从 1~487 编号,你能设计出程序快速算出第几个士兵是队长吗?并依次输出他们的编号。

思考:可否将 continue 换成 break,如果将 continue 换成 break,输出的结果是什么?

4.5 循环的嵌套

一个循环体内又包含另一个完整的循环结构,称为循环的嵌套。嵌套在循环结构内的循环结构称为内循环,外面的循环结构称为外循环。内嵌的循环中还可以嵌套循环,这就是多重循环。

3 种循环(while 循环、do—while 循环、for 循环)还可以互相嵌套。例如,以下形式是合法的形式:

```
while( )
{
    for( )
    { …… }
}
```

但需要注意的是,各循环结构必须完整包含,相互之间不允许相互交叉。例如下面这种形式是不允许的,请自行分析错误的原因。

```
do
{
    ……
    for (; ;)
    {
        …… .
    }
    while( );
}
```

【例 4-13】编写程序输出如下图形。

```
        *
       * *
      * * *
     * * * *
    * * * * *
```

问题分析：
(1) 用循环控制变量 i(1<=i<=5)控制输出行.
for(i=1;i<=5;i++)
　　输出第 i 行；
(2) 每行上的"*"个数是随着行控制变量 i 的变化而变化的.
i=1 时,执行 8 次的 putchar(' ');执行 1 次的 putchar('*'); putchar(' ');
i=2 时,执行 6 次的 putchar(' ');执行 2 次的 putchar('*'); putchar(' ');
i=3 时,执行 4 次的 putchar(' ');执行 3 次的 putchar('*'); putchar(' ');
i=4 时,执行 2 次的 putchar(' ');执行 4 次的 putchar('*'); putchar(' ');
i=5 时,执行 0 次的 putchar(' ');执行 5 次的 putchar('*'); putchar(' ');

程序清单如下：

```c
#include <stdio.h>
int main()
{
int i, j;
for (i=1;i<=5;i++)
{
   for(j=1;j<=2*(5-i);j++)
        putchar(' ');
    for(j=1;j<=i;j++)
    {
        putchar('*');
        putchar(' ');
    }
    printf("\n");            /* 每一行后换行 */
}
return 0;
}
```

运行结果：
```
        *
       * *
      * * *
     * * * *
    * * * * *
```

【例 4-14】将一个正整数分解质因数。例如：输入 90,打印出 90=2*3*3*5.
问题分析：
对 n 进行分解质因数,应先找到一个最小的质数 k,然后按下述步骤完成：
(1) 如果这个质数恰等于 n,则说明分解质因数的过程已经结束,打印出即可。

(2) 如果 n≠k,但 n 能被 k 整除,则应打印出 k 的值,并用 n 除以 k 的商,作为新的正整数 n,重复执行第一步。

(3) 如果 n 不能被 k 整除,则用 k+1 作为 k 的值,重复执行第一步。

程序清单如下:

```
#include <iostream>
#include <math.h>
using namespace std;
int main()
{
    int n,i;
    cout<<"please input a number"<<endl;
    cin>>n;
    cout<<n<<"="<<endl;
    for(i=2;i<=n;i++)
    {
        while(n!=i)
        {
            if(n%i==0)
            {
                cout<<i<<" * "<<endl;
                n=n/i;
            }
            else
                break;
        }
    }
    cout<<n<<endl;
    return 0;
}
```

运行结果:

please input a number:

20

20=2 * 2 * 5

【例 4-15】 找出 100～200 内的全部素数。

问题分析:

(1) 对 100～200 内的每一个数 i 进行测试,测试 i 是否为素数,若 i 为素数,输出 i。

(2) 测试数 i 是否为素数的方法是,用 2、3…i−1 这些数逐个去除 i,只要被其中的一个数整除,则 i 就不是素数。数学上已证明,对于自然数 i 只需用 2、3…$\sqrt{i}$ 测试即可。

程序清单如下：
```cpp
#include<stdio.h>
#include<math.h>
#include<iostream>
using namespace std;
int main()
{
    int i,j,k,count=0;
    for(i=100;i<=200;i++)
    {
        k=(int)sqrt(i);
        for(j=2;j<=k;j++)
        {
            if(i%j==0)
            {
                break;
            }
        }
        if(j>k)
        {
            cout<<setw(5)<<i;
            count++;
        }
        if(count%10==0)
        {
            cout<<endl;
        }
    }
    cout<<endl;
    return 0;
}
```
运行结果：

101 103 107 109 113 127 131 137 139 149
151 157 163 167 173 179 181 191 193 197
199

循环嵌套中的 break 语句和 continue 语句只影响包含它的最内层循环，对外层循环没有影响，如例 4-15 中，当 i%j==0 条件成立时，将执行 break 语句结束循环，此时结束的是内循环，而对外循环没有影响。

特别注意

（1）多重循环的循环变量不能重名。

（2）在循环语句中，使用 break 语句和 continue 语句时，可以从循环体内跳转到循环体外，但不允许从循环体外跳转到循环体内。如果是在多重循环中，一个 break 语句只能结束本次循环，向外跳一层，同样，只允许从内循环跳转到外循环，不允许从外循环跳转到内循环。

（3）当有多重循环时，break 语句和 continue 语句只对最接近它的那个循环结构起作用。

（4）break 语句不能用在循环语句和 switch 语句之外的任何其他语句中。continue 语句只能用在循环语句中。

4.6 要点回顾

4.6.1 语法要点

表 4-1 语法要点

内　　容	语　　法	备　　注

while 语句	while(表达式)
	{
	　　语句；
	}
		int i,sum=0;
		i=1;while(i<=100)
		{
		　　sum=sum+i;
		　　i++;
		}

do—while 语句	do
	{
	　　语句；
	}
	while(表达式);
		int i,sum=0;
		i=1;
		do
		{
		　　sum=sum+i;
		　　i++;
		}while(i<=100);

for 语句	for(表达式1;表达式2;表达式3)
	{
	　　语句；
	}
		int i,sum=0;
		for(i=1;i<=100;i++)
		{
		　　sum=sum+i;
		}

4.5.2 常见错误

(1) for 循环以及 while 循环的行末不应该加";",因为循环还未结束,其后面紧接着的是循环体,否则";"或者说空语句成了循环体,造成不必要的逻辑错误。

(2) 随意修改循环控制变量 i 的值,导致循环次数的改变,尤其是当循环有嵌套时。在循环体中,改变循环控制变量时要特别小心。

(3) 分不清何时用双重循环,何时用两个变量去控制一重循环。当 i 不变,j 又循环一遍时,用双重循环。当 i,j 同时变化时,用一重循环,此时,循环控制变量有两个。

习 题

一、选择题

1. 在 C/C++语言的 while 循环语句中,用作条件的表达式为_____。
   A. 任意表达式　　B. 算术表达式　　C. 赋值表达式　　D. 逗号表达式
2. 已知:int i,x;下列 for 循环的循环次数是_____。
   for (i=0, x=0;!x&&i<=5;i++) x++;
   A. 5 次　　　　　B. 6 次　　　　　C. 1 次　　　　　D. 无限
3. 已知:int i=5;下述 while 循环执行_____次。
   while (i=0) i--;
   A. 0　　　　　　B. 1　　　　　　C. 5　　　　　　D. 无限
4. 已知:int i=5;下述 do-while 循环执行_____次。
   do {cout<<i--<<endl;
       i--;
   } while (i!=0);
   A. 0　　　　　　B. 1　　　　　　C. 5　　　　　　D. 无限
5. 已知 int i;下列 for 循环执行循环体_____次。
   for(i=0, j=10; i=j=10; i++, j--)
       cout<<"OK";
   A. 0　　　　　　B. 1　　　　　　C. 10　　　　　　D. 无限
6. 用_____语句退出循环体是错误的。
   A. return　　　　B. goto　　　　　C. break　　　　　D. continue
7. 下列关于循环条件的描述中,_____是错的。
   A. 常量和变量都可以作为循环条件。
   B. 逗号表达式可作为循环条件。
   C. 关系表达式和关系表达式语句都可作为循环条件。
   D. while 循环条件不能省略。

8. 以下程序的输出结果是_____。
int main()
{
    int n=4;
    while (n--)
    cout<<--n<<endl;
    return 0;
}
A. 20   B. 31   C. 321   D. 210

9. 当执行以下程序段时。
x=-1;
do
{
    x=x*x;
} while (!x);
A. 循环体将执行一次   B. 循环体将执行两次
C. 循环体将执行无数多次   D. 系统将提示有语法错误

10. 若i,j已定义为int类型,则以下程序段中内循环的总的执行次数是_____。
for (i=5;i;i--)
for (j=0;j<4;j++)
{}
A. 20   B. 24   C. 25   D. 30

二、分析下列程序并写出输出结果

1. #include <iostream>
   using namespace std;
   int main()
   {
       int i, j;
       for (i = j = 0 ; i <= 5 , j <= 3 ; i++ , j++)
           cout<<"OK";
       cout<<"OK"<<endl;
       return 0;
   }

2. #include <iostream>
   using namespace std;
   int main()
   {
       int i=0, s=0;

```
        do
        {
            if(i%2)
            {
                i++;
                continue;
            }
            i++;
            s+=i;
        }while(i<7);
        cout<<s;
    }
```

三、编程题

1. 编写程序,输出 1!,2!,3!,…,10!。
2. 欧几里德算法:求两个非负整数 u 和 v 的最大公约数。
3. 用循环语句编写程序输出以下图案:

```
      *
     * * *
    * * * * *
   * * * * * * *
    * * * * *
     * * *
      *
```

4. 输入 6 名学生 5 门课程的成绩,分别统计出每个学生 5 门课程的平均成绩。
5. 一球从 100 米高度自由落下,每次落地后反跳回原高度的一半再落下,求它在第 10 次落地时,共经过多少米?第 10 次反弹多高?

第 5 章 函 数

函数犹如魔方中屈指可数的模块,然而正是这些模块可以变幻出成千上万的功能。

学习目标

- 理解函数的概念
- 掌握自定义函数的定义和引用
- 掌握库函数的定义和引用
- 掌握函数的调用方法及相关概念
- 了解函数的应用

在前面章节已经学习了变量、循环语句和条件语句，本章开始学习函数的内容。函数，大家并不陌生，如 main、getchar 等都是函数。一般来说，函数是一个代码块，这个代码块可以通过执行先前已经定义好的一些命令来实现某项功能。那么，什么是函数？在 C＋＋语言中，程序员可以使用内置库函数，也可以自己定义函数。

知识库

模块化程序设计即模块化设计，是一种以功能块为单位进行程序设计，实现问题求解的方法。其具体过程是：程序设计不是从逐条代码的录入开始，而是首先用主程序、子程序、子过程等框架把软件的主要结构和流程描述出来，并定义和调试好各个框架之间的输入、输出链接关系，然后逐步求精得到一系列以功能块为单位的算法描述。模块化的目的是为了降低程序复杂度，使程序设计、调试和维护等操作简单化。

函数是 C＋＋语言中模块化设计的最小单位，可以把每个函数看作一个模块，也可以将多个函数组成一个模块。如果把程序比作机器，那么函数就是机器上的各个零件，它们可以进行单独设计、调试、测试和维护，大大提高了软件的可维护性。

温馨提示

函数就是功能，每个函数用来实现一个特定的功能，函数的名字反映其代表的功能。
"函数"的英文名字为 function，它的含义为"功能"，所以从本质上讲，函数就是为了实现一定的功能。在 C＋＋语言中，根据使用角度的不同，函数可分为自定义函数和标准库函数。

5.1　自定义函数

5.1.1　为什么要自定义函数

根据求解问题需要，编写用来完成特定功能的函数，这类函数被称为自定义函数。在程序设计中,不仅可以使用自己定义的函数,也可以使用他人编写好的自定义函数,这为程序设计带来了极大便利。在实际程序编写过程中,要善于利用自定义函数,以提高程序的重用性,减少代码编写的工作量,也便于实现模块化的程序设计。

例如,如果要实现求解一个整数的绝对值,既可以在主函数中完成,也可以通过自定义函数实现。

【例 5-1】 从键盘输入一个整数,输出其绝对值。

问题分析:

通过 main 函数输入一个整数,用一个 Fabs 函数来实现函数绝对值的求解,再用 main 函数调用该函数。

```
#include <iostream>
using namespace std;
int main()
{
    int Fabs(int n);                          /*声明 Fabs 函数*/
    int i, result;
    cout<<"Please input a number:"<<endl;
    cin>>i;                                   /*从键盘读取一个整数*/
    result=Fabs(i);                           /*调用 Fabs 函数*/
    cout<<"result="<<result<<endl;            /*将结果打印输出*/
    return 0;
}
int Fabs(int n)                               /*定义 Fabs 函数*/
{
    int res;
    if(n>=0)   res = n;                       /*判读 n 的正负值,若 n 为正,则原样输出*/
    else res = -n;                            /*若 n 为负,则输出其相反数*/
    return res;                               /*返回结果*/
}
```
运行结果:
Please input a number:
3↙
result=3
-3↙
result=3

Fabs 函数是用户自定义的函数名,用来实现所输入数据的绝对值求解。自定义函数的类型是使用 int 型,因为程序需要返回一个整型数值,并将该数值返回给 main 函数中的 result 变量。

在例 5-1 程序中,Fabs 函数的定义是在 main 函数的后面,所以在 main 函数之前或者 main 函数内部的开始部分应该对 Fabs 函数进行"声明"。声明的目的是将函数的相关信息告知 C 语言编译系统。

5.1.2 自定义函数的方法

函数定义的语法形式如下：
类型名　函数名(arg_type arg1,…,arg_type argN)
{
　　声明部分；
　　语句部分；
}

通常函数的定义包括两部分：函数头和函数体。函数头是指包括类型名、函数名及小括号中的内容(参数列表)三部分，也就是函数定义的第一行代码。函数体是指函数定义中花括号中的内容，通常包括声明和语句两部分内容。

下面对函数定义的示例语法进行说明：

arg_type 表示每一个参数的类型，如整型、浮点型、字符型等。函数的参数可以是一个、多个，当然，也可以没有参数，括号内为空，或者用 void 来代替函数头部的形参表。这里，参数表里列出的变量，称为形式参数(Formal Parameter)，简称形参。

类型名指函数的返回值类型。函数既可以有返回值，也可以没有。如果函数没有返回值，需要将函数的返回值类型定义为 void 类型。

【例 5-2】从键盘输入两个整数，并求出两数的乘积。

```cpp
#include <iostream>
using namespace std;
int mult ( int x, int y );
int main()
{
    int x;
    int y;
    cout<<"Please input two numbers to be multiplied:"<<endl;
    cin>>x;
    cin>>y;
    cout<<"The product of your two numbers is "<<mult( x, y )<<endl;
    getchar();
    return 0;
}
int mult (int x, int y)
{
    return x * y;            /*将 x,y 的乘积作为函数的返回值*/
}
```

运行结果：

Please input two numbers to be multiplied:
2↙
3↙
The product of your two numbers is
6

特别注意：教材关于 main 函数定义的约定

为了保证示例程序的通用性，教材示例中所有 main 函数均指定为返回一个整数。

5.2 内置库函数

上一节讲到绝对值求解问题，我们使用了自定义函数的方法，其实，还有更为简单高效的方法，就是使用C++语言提供的标准内置库函数 abs() 来完成。

内置库函数，顾名思义就是把函数放到库里，人们把一些常用的函数集成到C++语言开发环境中，供程序员直接使用。此时，程序员只需把它所在的头文件用♯include 包含进来，就可以直接调用了，在程序中，如果用到数学函数（如 sqrt，sin，cos，abs，rand 等），就必须在文件开头包含 math.h 头文件：

♯include<math.h>

特别注意

不要错误地以为头文件就是函数库，内置函数库实际上包含了经过编译的函数的目标代码，而标准头文件仅仅包含函数的声明，并不包含已经编译的目标代码。

为了进一步说明如何使用内置库函数，下面给出绝对值求解问题的库函数实现。

【例 5-3】从键盘输入一个整数，输出其绝对值（使用库函数来求解）。

```
♯include <iostream>
♯include <math.h>
using namespace std;

int main()
{
    int num, result;
    cout<<"Enter a negative number:"<<endl;
    cin>>num;
    result = abs(num);
    cout<<"the absolute value:"<<result<<endl;
```

```
        return 0;
}
```
运行结果:
Enter a negative number:
—6↙
the absolute value:6

在这个程序中,为了求输入数据的绝对值,直接调用 abs 库函数来实现,很显然,使用库函数,程序更为简洁。再次强调,在使用库函数时,需要将该函数所在的头文件包含进来,关于每个函数所在的头文件,可参阅C++语言编译器的在线帮助。

5.3 函数调用

C++语言程序是由一个或多个函数组成的,程序总是从 main()开始,当遇到一个函数名时,该函数就被调用。这时,程序的控制就会转移到被调函数,当该函数功能完成之后,程序控制又返回到 main()函数中。调用其他函数的函数称为主调函数,被调用的函数称为被调函数。

不论是自定义函数还是库函数,最终目的都是为了实现调用该函数,以完成预期的功能,因此,掌握函数调用的方法就相当重要。

5.3.1 函数调用的方法

根据例 5-1、5-2 所示,函数调用的方法其实很简单,具体如下:
result=Fabs(i);   /*调用有参函数*/
cout<<"The product of your two numbers is "<<mult(x, y)<<endl;/*调用两个参数的函数*/

在主调函数中调用被调函数时,有时需要提供具体的数据,这些数据被称为实际参数(Actual Argument),简称实参,如 result=Fabs(i)中的 i 就是实际参数。主调函数将实参值赋值给被调函数形参的过程,称为参数传递。

调用函数的一般形式:
函数名(参数 1,参数 2,……,参数 n);

NOTICE BOARD 特别注意

(1)当函数定义在函数调用之后时,必须在调用之前对函数进行声明,声明的语法是:
类型名   函数名(arg_type arg1,…,arg_type argN);
也就是函数头加一个分号";"。
(2)调用函数不必包括分号(如 Fabs(i);),只有作为函数的调用语句时才需要加分号,而作为函数表达式进行调用时,则不需要加分号。例如,

cout<<"The product of your two numbers is "<<mult(x, y);<<endl; 中 mult(x, y)后的分号则是多余。

在程序中,根据函数调用出现的形式和位置分为以下三种方式。

1. 函数调用语句

函数调用只是作为一个语句来使用,完成一定的功能,此时,不需要有返回值。如 printf 按照指定的格式输出相关的数据,不需要有返回值。

2. 函数表达式

函数调用出现在另一个表达式中,这时函数需要有一个返回值,以参加表达式运算。例如,例 5-1 中"result=Fabs(i);"表示一次函数调用,而且也是赋值语句的一部分。

3. 函数参数

函数调用作为另一个函数调用时的参数。例如,

result = mult(x, mult(x, y));

知识点——函数调用过程

(1) 定义函数中指定的形参,在未调用函数前,它们并不占用内存单元。只有发生函数调用时,函数 max 中的形参才被分配内存单元。在调用结束后,形参所占的内存单元也被释放。

(2) 实参可以是常量、变量或表达式。例如,

max(3 ,a+b);

但要求它们有确定的值。

(3) 在被定义的函数中,必须指定形参的类型。

(4) 实参与形参的类型应该相同。

(5) 在 C 语言中,实参向形参的数据传递是单向传递,也就是值传递。通常,只能由实参传给形参,而不能由形参传回给实参。因为,在内存中,实参单元与形参单元是不同的单元。

5.3.2 函数调用的应用

前一节介绍了如何进行函数的定义和函数的调用,本节通过一个实例,进一步介绍函数调用的具体应用。

【例 5-4】编写 main 函数,调用函数 Fact()来计算 n!(其中 n 的值由用户从键盘输入)。

问题分析:

在 main 函数中输入一个整数,用一个 Fact 函数来实现输入数值阶乘的求解,并把结果返回,在 main 函数中调用该函数,并输出结果。

```
#include<iostream>
using namespace std;
long Fact(int m)              /*定义函数*/
```

```cpp
{
    int i;
    long ret = 1;
    for( i =2; i<=m ; i++)
    {
        ret *=i;
    }
    return ret;                    /*将 ret 的值作为函数的返回值返回*/
}
int main()
{
    int n;
    long result;
    cout<<"Input a number: ";
    cin>>n;
    result = Fact(n);    /*调用 Fact 函数,并将函数的返回值保存到 result 中*/
    cout<<n<<"!="<<result<<endl;
    return 0;
}
```

在这个程序中,main()函数是主调函数,Fact()函数为被调函数。Fact()函数实现的功能就是计算 n 的阶乘 n!。该函数参数为整型,返回值类型为长整型,因为阶乘的值可能非常大,会超出 int 的范围。最后,返回值通过 return 语句返回。

main()函数的主要功能是调用 Fact()函数,实现参数传递,将实参 n 的值传递给 Fact()函数,并将 Fact()函数的返回值赋给 result,最后,将 result 输出到屏幕。

下面分析函数调用过程中参数的传递情况:首先执行主程序,当执行 Fact()函数时,将实参 n(假设输入为 4)的值赋给形参 m,然后转入 Fact()函数开始执行。在 Fact()函数内部,首先将 ret 的值赋为 1,再通过 for 循环求得 ret 的值为 24,并由 return 语句将计算的值返回到主函数。回到主函数后,继续向下执行输出语句。

特别注意

函数可以有多个 return 语句,表示该函数可以从多个路径返回,并不表示该函数有多个返回值,每次执行的返回值只有一个,而且它的类型可以是除数组外的任何类型。

在函数设计过程中,会遇到函数的类型和返回值类型不一致,此时,以函数类型为准,对于数值类型数据,自动进行类型转换。

【例 5-5】输入两个整数,要求输出其中较大者。要求:编写 max 函数,求最大值,函数类型为 int,返回值类型为 float。

问题分析:

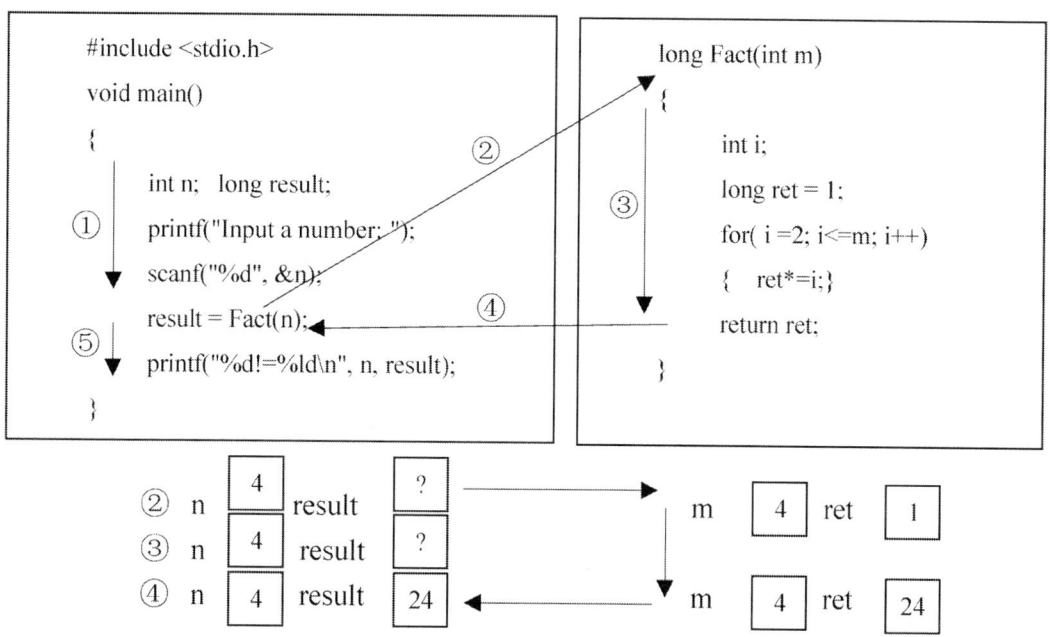

图 5-1 例 5-4 的函数调用过程

当函数返回值类型与函数类型不一致时,按照类型转换规则处理。

```
#include<iostream>
using namespace std;

int main( )
{
    int max(float x , float y );          /*定义函数*/
    float a , b ;
    int c;
    cin>>a>>b;
    c = max(a , b );
    cout<<"max is "<<c<<endl;
    return 0;
}

int max(float x , float y)
{
    float z ;
    z = x>y?x:y;
    return(z);
}
```

运行结果：
3.7,9.8↙
max is 9

max 函数的形参是 float 型，实参也是 float 型，在 main 函数中输入 a，b 的值：3.7 和 9.8。再调用 max(a, b)时，把 a,b 的值传递给形参 x 和 y。执行函数 max( )中的语句："z = x＞y? x:y"，使得变量 z 的值变为 9.8。此时出现一个矛盾，return 语句中返回值类型为 float，但函数的类型为 int，二者不一致，按照类型转换规则，先将 z 转换为 int 型，得到值 9，此时 9 作为函数的返回值。

知识点——函数设计原则

（1）函数的规模要小，尽量控制在 50 行以内的代码，因为这样的函数更容易维护，出错的几率小。

（2）函数功能要单一，不要设计具有多种用途的函数。

（3）每一个函数只有一个入口和一个出口。尽量不要使用全局变量向函数传递信息。

（4）每个函数原型中清楚地定义函数的行为，包括入口参数、出口参数、返回状态等，使调用者清楚函数所能进行的操作以及操作是否成功，应尽可能多地考虑一些可能出错的情况。定义好函数原型后，轻易不要改动。

（5）在函数开始部分，对参数的有效性进行检查。

（6）在执行某些敏感操作（如执行除法、开方、取对数、赋值、函数参数传递等）之前，应检查操作数及其类型的合法性，以避免发生除零、数据溢出、类型转换、类型不匹配等因思维不缜密而引起的错误。

（7）不能认为调用一个函数总会成功，要考虑到如果调用失败，应该如何处理。

（8）对于与屏幕显示无关的函数，通常通过返回值来报告错误，因此调用函数时要检验函数的返回值，以判断函数调用是否成功。对于与屏幕显示相关的函数，函数要负责相应的错误处理。错误处理代码一般放在函数末尾，对于某些错误，还要设计专门的错误处理函数。

（9）由于并非所有的编译器都能捕获实参与形参类型不匹配的错误，因此程序设计人员在函数调用时应确保函数的参数类型与形参类型相匹配。在程序的开头进行原形声明，并将函数参数的类型书写完整（没有参数时用 void 声明），有助于编译器进行类型匹配检查。

（10）当函数需要返回值时，应确保函数中的所有控制分支都有返回值。函数没有返回值时应用 void 声明。

 **扩展阅读：类型转换**

类型转换就是将一种类型的数据（如 int）转换成另一种类型的数据（如 char）。实现类型转换就是在要转换的数据（变量、常量或者表达式）前面加上要转换的目标类型，并用小括号括起来。例如，(char)a 就是将 a 的值转换为 char 类型。

下面给出一个例子：
```
#include <stdio.h>
int main()
{
    /* printf 函数的格式控制字符串是%c,就是要将 65 转换成一个与之等价的一
        个字符,即'A'. */
    printf( "%c\n", (char)65 );
    getchar();
}
```

当使用 ASCII 码表示字符时,就会用到类型转换。例如,创建一个有 128 个 ASCII 字符的表,就要使用类型转换来将整数转换成等价的字符并输出。
```
#include <stdio.h>
int main()
{
    for (int x = 0; x < 128; x++)
    {
        /* 首先,得到 int 型的变量 x 的值;然后,再将 x 转换成 char 型;最后,输出
            与这个 char 类型的字符等价的数,并输出这个数. */
        printf("%d = %c\n", x, (char)x );
    }
    getchar();
}
```

在 printf 函数中,我们将格式控制字符串写为"%c",就是要把 int 类型的变量 x 的值转换成与该数值等价的字符,并将该字符输出。因为 char 类型是一个 small integer,所以使用类型转换并不会改变变量的值(0 到 255)。

如果要将一种类型强制转换成另一种类型,就要使用类型转换。在 C 语言中,两个整数相除的结果仍然是一个整数,如 3/5 = 0。

两个浮点数相除,或者是浮点型与整型相除,系统自动将类型全部转换成精度高的浮点型,然后相除。上面的例子中,如果想得到 3/5 的真实值 0.6,就需要使用类型转换,如 (float)3/5,结果为 0.6。

5.4 C++函数增强特性

5.4.1 内联函数

函数的调用、参数传递和从函数返回一个值都需要一些执行效率的开销,对于一个规

模很小但调用频繁的函数,相对于执行函数内的少量语句所需的开销,这些开销就相对较大了。这时使用内联函数来解决这一问题。

在函数原型前加上 inline 关键字,即把函数设计成内联函数。当程序使用内联函数时,编译器将每一个函数调用都用函数内的语句进行替代,这样就省去了函数调用的开销。一般情况下,内联函数必须足够小,不能含有 switch-case 和循环等比较复杂的结构,而且必须在函数调用之前的定义中说明。

【例 5-6】产生 10 组[0,99]之间的两个随机数字,并用内联函数计算其中的较小者。

```cpp
#include <iostream>
#include <cstdlib>
#include <ctime>
using namespace std;
inline int mininum(int x, int y)
{
    if(x <= y)
        return x;
    else
        return y;
}
int main()
{
    int i, x, y;
    srand(time(NULL));          //用当前时间作为随机数种子
    for(i = 0; i < 10; i++)
    {
        //产生随机数
        x = rand()%100;
        y = rand()%100;
        cout<<"Generate two random numbers:"<<x<<','<<y<<endl;
        cout<<"The smaller one is"<<mininum(x, y)<<endl;
    }
    return 0;
}
```

5.4.2 默认参数值

在函数调用时,函数的部分或者全部实参可以省略,省略的参数采用默认值,实现将一个默认值赋值给被省略的实参所对应的形参。这个默认值需要在函数原型中指定。

如果一个函数形参被指定了默认值,那么位于它右侧的所有形参必须有指定的默认值,可以在不同作用域中对同一个函数声明不同的默认形参值。

【例 5-7】用默认参数计算两个数的和。

```cpp
#include <iostream>
using namespace std;
int add(int x=8, int y=3)
{
    return x+y;
}
int main()
{
    cout<<add(20,15)<<endl;//35
    cout<<add(10)<<endl;//13
    cout<<add()<<endl;//11
    return 0;
}
```

5.4.3 参数的引用传递

C 和 C++ 的默认函数调用中,将实参值的一个副本传递给函数的形参,这就是所谓的按值传递参数,此时不能改变实参值的。C++ 中引入了另外一种参数传递的方法:引用参数传递。所谓引用就是变量的同义词或者别名,变量的引用是通过在变量的数据类型后面加上"&"符号来定义的。下面的代码就为给变量 n 定义了一个引用 r:

```cpp
int n=1;
int &r = n;
```

> **特别注意**
>
> 定义引用变量必须对其进行初始化,在定义时若引用变量没有指向任何变量,则错误,如:
>
> int &r;

【例 5-8】函数的引用参数举例。

```cpp
#include<iostream>
using namespace std ;

void any_function(int& p);

int main ()
{
```

```
    int a =1;
    cout<<"a is"<< a<<endl;
    any_function(a);
    cout<<"a is now"<< a<<endl;
    return 0;
}

void any_function(int& p)
{
    cout<<"p is"<<p<<endl;
    p=2;
}
```

程序运行结果是：
a is 1
p is 1
a is now 2

局部变量仅能够在定义它的函数内部使用。如果在另外一个函数（可能是主函数）中定义了一个同名变量，C++将其视为两个不同的变量，它们之间没有任何关系。

5.4.4 函数重载

函数重载通常用在两个或多个函数执行相同功能，而每个函数的参数类型或个数不同。

在一个程序中使用具有相同函数名但函数参数不同，这样的多个函数被称为重载函数。函数重载具有三个要素：

（1）同一作用域；（2）函数名字相同；（3）参数列表不同。

参数列表不同是指参数的个数不同，或者形参类型不同。

【例 5-9】下面程序利用重载函数分别输出两个整数的和、两个浮点数的和以及三个浮点数的和。

```
#include <iostream>
using namespace std;

int Add(int x, int y);
double Add(double x, double y);
double Add(double x, double y, double z);


int Add(int x, int y)
{
    return x+y;
```

}

double Add(double x, double y)
{
    return x+y;
}

double Add(double x, double y, double z)
{
    return x+y+z;
}

int main()
{
    cout<<Add(2, 3)<<endl;   //调用 int Add(int x, int y);
    cout<<Add(3.0, 4.5)<<endl;   //调用 double Add(double x, double y);
    cout<<Add(1.0, 2.0, 3.0)<<endl; //调用 double Add(double x, double y, double z);
    return 0;
}
```

## 5.5　程序调试技术

在开发程序的过程中，经常需要查找程序中的错误，这就需要利用调试工具来帮助我们进行程序的调试。下面我们以 Dev-C++ 5 为例介绍程序调试技术和方法（不同版本界面和快捷键会有不同）。在 Dev-C++ 中建立工程，系统在编译时，根据计算机配置不同，可生成 32 位和 64 位的 Release 和 Debug 多个版本，Release 版本不包含调试信息，不能进行调试。因此，在调试程序时，请选择 Debug 版本。

调试就是在程序运行过程的某一时刻，观测程序的运行状态，其目的是发现程序中存在的错误。一般情况下，程序是连续运行的，无法查看状态，所以需要使程序运行到某一位置暂停下来，以便观察程序运行状态。调试最重要的一个方法就是设置断点，所谓断点是指程序运行到断点处会停下来，这时我们就可以利用相关工具观察程序的运行状态。下面介绍程序调试的基本过程。

### 5.5.1　设置断点

将光标移到需要设置断点的代码行，然后单击代码行左侧的状态条或按快捷键 F4，在屏幕上会看到该行代码的左侧出现一个红色的圆点，并且该行代码以红色显示，表示该
```

行设置了断点。若该行已经设置了断点,再次按 F4 键则可取消该行的断点,如图 5-2 第 9 行所示。

```
main.cpp
 1  #include <iostream>
 2  using namespace std;
 3
 4  int main()
 5  {
 6      int i, j, k;
 7      cout<<"Please input two numbers:"<<endl;
 8      cin >> i >> j;
 9      k = i + j;
10      cout<<"k="<<k<<endl;
11      return 0;
12  }
13
14
```

图 5-2　设置断点

5.5.2　调试工具

单击工具栏上的 Debug 按钮或按快捷键 F5,程序在 Debug 状态下开始运行,此时界面会出现调试工具栏,如果调试工具栏没有出现,请点击状态栏上方的 Debug 工具栏按键,如图 5-3 所示。调试工具栏集中所有的调试命令按钮,可以用这些命令来控制程序的运行。基本的调试命令有 3 个,分别是 Debug、Next line、Into function,对应的快捷键分别为 F5、F7、F8。

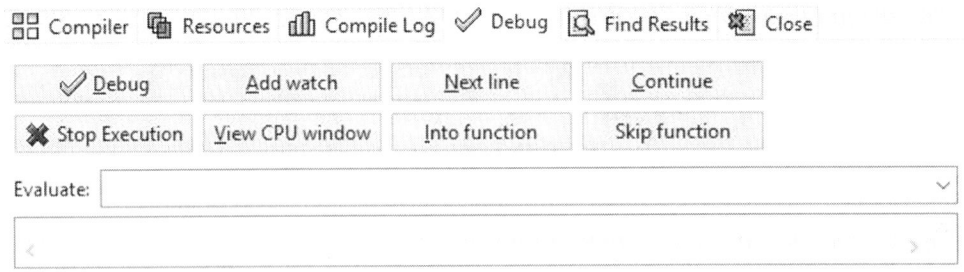

图 5-3　调试工具栏

(1) Next line:运行当前箭头所指向的代码行(只运行一行代码)。

(2) Into function:如果当前箭头所指的代码行是一个函数调用,该命令将进入该函数内部进行单步执行。

(3) Skip function:如当前箭头所指向的代码行是在某一函数内,使用它将使程序运行至函数返回处。

(4) Run to Cursor:使程序运行至光标所在的代码行。(该功能只存在于 Dev－C++4.9 以前版本)。

5.5.3 查看工具

调试过程中最重要的是要观察程序在运行过程中的状态,根据这些状态,才能找出程序的错误之处。为此,需要利用查看工具查看程序的运行状态,常用的查看工具是变量窗口,如图 5-4 左侧所示。

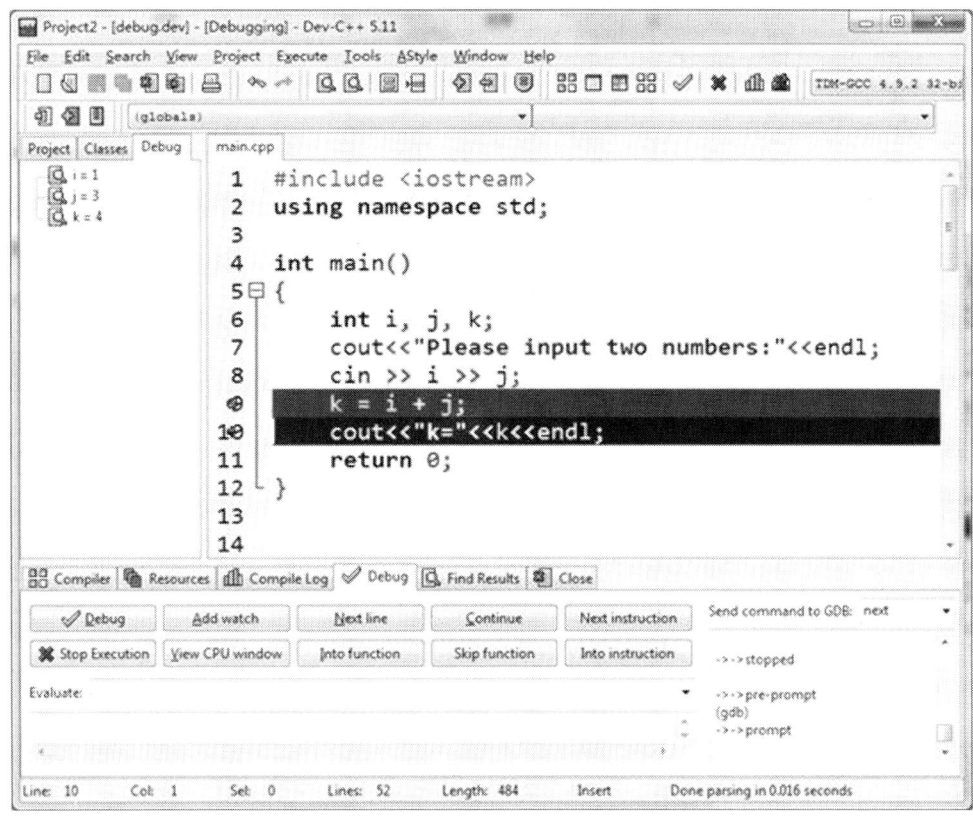

图 5-4 查看工具的使用

变量窗口(Variables Window):在该窗口中显示所有当前执行上下文中可见的变量的值。随着程序的运行,这个窗口所显示的内容会跟着变化,可以通过这个窗口观察程序中有关变量的值。

Tips: 小技巧

在调试过程中,可以直接将鼠标指向代码行中的变量,编译器会自动显示当前变量的值。

5.5.4 函数调试方法

下面通过一个简单的例子介绍程序调试的基本方法,该程序包含 add() 和 main() 两个函数,它的功能是从键盘输入两个整数,计算两数的和,并显示输出。这段程序中存在错误,我们要通过调试的方法找到并改正存在的错误。

【例 5-10】程序调试方法示例,计算两个整数的和。

程序代码:

```cpp
#include <iostream>
using namespace std;

int add(int a, int b);
int main()
{
    int a,b,sum;
    cout<<"Please input two numbers: "<<endl;
    cin>>a;
    cin>>b;

    sum=add(a,b);

    cout<<"The result is "<<sum<<endl;

    return 0;
}

int add(int a,int b)
{
    int sum;
    sum=a*b;
    return sum;
}
```

运行结果:

Please input two numbers:
4↙
5↙
The result is20

程序结果分析与调试过程:

(1) 程序的运行结果分析。程序运行后并没有输出预期的结果,程序存在错误,需要通过调试的手段来找出错误,并加以改正。

(2) 设置断点。在本例中,由于无法从程序运行结果得知程序错误所在的位置,因此将断点设置在程序的开始,这里,我们将断点设置在 main 函数中的 cin>>a 上。

(3) 调试过程:

① 按 F5 键运行程序,在 cin>>a 停下来,对该程序进行跟踪时,发现从键盘输入的值 10 正确地赋给了相应的变量 a。

② 按 F7 键,程序执行到 cin>>b,发现从键盘输入的值 20 正确地赋给了相应的变量 b。

③ 按 F8 键,程序执行到 add 函数内部。

④ 按 F7 键,程序执行到 sum=a*b,再按 F7 键,sum 的值在执行完 sum=a*b 后变为 20,如图 5-5 所示。

(4) 分析观察结果。变量 sum 用于保存变量 a、b 的求和结果,而程序预期求和结果应该为 30,因此可以断定程序错误出在 sum=a*b 上。

(5) 改正错误。检查语句 sum=a*b 可以看到程序出错是将求和运算符错误写成求乘积运算符,因此将语句修改为 sum=a+b 再运行程序,就能获得正确结果 sum=30。

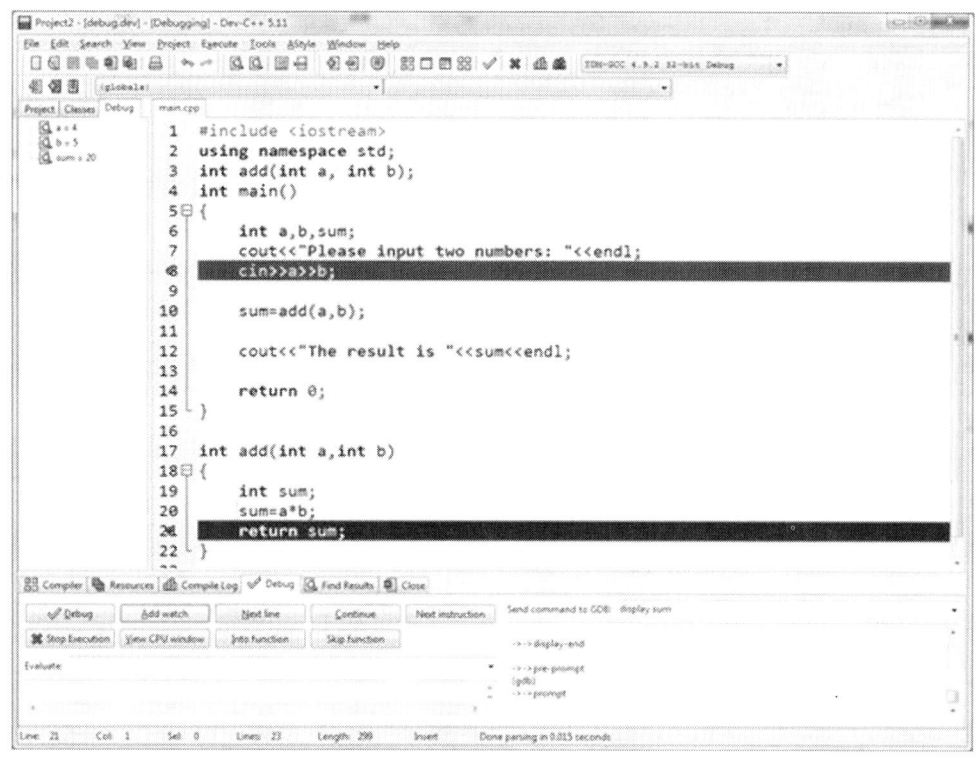

图 5-5　函数应用程序调试

修改后的程序如下:
＃include <iostream>
int add(int a, int b);
int main()
{
　　int a,b,sum;
　　cout<<"Please input two numbers: "<<endl;

```
    cin>>a>>b;

    sum=add(a,b);

    cout<<"The result is "<<sum<<endl;

    return 0;
}

int add(int a,int b)
{
    int sum;
    sum=a+b;
    return sum;
}
```

5.5 要点回顾

5.5.1 语法要点

表 5-1 语法要点

内　　容	语　　法	备　　注
函数原型	类型名 函数名 (arg_type arg1, 　…, 　arg_type argN);	int Fabs(int n);

函数定义	类型名 函数名
	(arg_type arg1,
	　…,
	　arg_type argN)
	{
	　声明部分;
	　语句部分;
	}
		int Fabs(int n)
		{
		　int res;
		　if(n>=0) res = n;
		　else res = －n;
		　return res;
		}

续表 5-1

内容	语法	备注

函数调用	函数名(参数 1,参数 2,……,
	参数 n);
		int i, result;
		printf("Please input a number:\\n");
		scanf("%d",&i);
		result=Fabs(i);

内联函数	inline 类型名 函数名
	(arg_type arg1,
	…,
	arg_type argN);
		inline int minimum(int x, int y)
		{
		  if(x <= y)
		    return x;
		  else
		    return y;
		}

函数重载	类型名 函数名
	(arg_type arg1,arg_type arg2);
	类型名 函数名
	(arg_type arg1, arg_type arg2, arg
	_type arg3);
	类型名 函数名
	(arg_type1 arg1,
	arg_type1 arg2);
		float Add(float x, float y);
		float Add(float x, float y, float z);
		int Add(int x, int y);

5.5.2 常见错误

(1) 函数调用与函数定义不一致。
函数定义:int add(int a,int b);
函数调用却写成:add("123",456);
(2) 在调用函数之前没有声明函数原型。
int main()
{
    int a;
    a=add(1,2);
    cout<<a;
    return 0;
}

int add(int a,int b)
{
    return a+b;

}

(3) 定义函数时()后面多了";"。

初学者在定义函数时,常常不经意地在()后面多了一个分号。例如,
int add(int a,int b);/* 多了个分号 */
{
    return a+b;
}

(4) 调用函数时,在实参前面多了类型标识符。例如,
int add(int a,int b)
{
    return a+b;
}

正确的调用是 a=add(1,2);但当实参是变量时,初学者很容易犯这样的错误:
int x1=,y=2;
int z;
z=add(int x,int y);/* 正确的调用形式应是 z=add(x,y); */

(5) 函数的局部变量与参数重名。

函数的局部变量和参数的作用域都局部于函数内部,在同一个作用域内的任何变量或参数都不能重名,否则无法分辨是对哪个变量或参数进行操作。

(6) 函数原型与函数的定义不一致。

为函数增加原型声明的好方法是在定义完函数后,将定义函数的第一行,即包括函数返回值类型、函数名的那一行复制到原型声明处并在行尾加上分号。

(7) 内联函数体不能有复杂的语句,如 switch case、循环语句等。

(8) 默认参数值的右侧不能有非默认形参值出现。

(9) 函数返回值类型不能作为重载依据。

习　　题

一、选择题

1. 一个C++语言程序总是从_____开始执行
   A. 主过程　　　B. 主函数　　　C. 子序　　　D. 主程序

2. C语言中函数返回值的类型是由_____决定的。
   A. return 语句中的表达式类型　　B. 调用该函数的主调用函数类型
   C. 调用函数时临时指定　　　　　D. 定义函数时所指定的函数类型

3. C++语言规定,调用一个函数时,实参变量和形参变量之间的数据传递是_____。
   A. 地址传递

B. 值传递

C. 由实参传递给形参,并由形参传回给实参

D. 由用户指定传递方式

4. 在C++语言程序中,若对函数类型未加说明,则函数的隐含类型为_____。

A. void   B. double   C. int   D. char

5. 下列说法不正确的是_____。

A. 主函数 main 中定义的变量在整个文件或程序中有效

B. 不同函数中,可以使用相同名字的变量

C. 形式参数是局部变量

D. 在函数内部,可在复合语句中定义变量,这些变量只在本复合语句中有效

6. 下列说法不正确的是_____。

A. 在函数中,通过 return 语句传回函数值

B. 在函数中,可以有多条 return 语句

C. 在C++语言中,主函数名 main 后的一对圆括号中也可以带有形参

D. 在C++语言中,调用函数必须在一条独立的语句中完成

二、程序分析题

1. 阅读下列程序,分析并写出程序的运行结果 ____【1】____ 。

```
#include<iostream>
using namespace std;
int square(int n)
{
return n * n;
}

int main()
{
    int i = 0;
    i = square(i);
    for(;i<3 ;i++)
    {
        static int i = 1;
        i+=square(i);
        cout<< i;
    }
    cout<< i<<endl;
    return 0;
}
```

2. 写出下面程序的输出结果____【2】____

```
#include<iostream>
#include <string.h>
using namespace std;
int d = 1;
fun(int p )
{
    int d = 5;
    d+ = p++;
    cout<<d;
}

int main( )
{
    int a = 3;
    fun (a);
    d+ = a++;
    cout<<d<<endl;
    return 0;
}
```

3. 写出下面程序的运行结果 ___【3】___

```
int main( )
{
int i , a= 3;
for( i =0 ; i<3; i++)
    cout<<i<<f(a);
}

f (int a)
{
    auto int b = 0 ;
    static int c = 3;
    b++ ;
    C++;
    return(a + b +c);
}
```

4. 理解下面程序,填空完善程序。

```
#include<iostream>
using namespace std;
```

```
int main( )
{
    int a , b , c ;
    cout<<  【4】  ;
    c =  【5】  (a , b );
    cout<<"a = "<<a <<" b ="<<b <<" max = "<< c <<endl;
    return 0 ;
}
int max(  【6】  )
{
    int z;
    if(x>y) z = x ;
    else z = y;
      【7】   ;
}
```

5. 分别计算 1！, 2！, 3！, 4！, 5！.

```
int main( )
{
    int i ;
    for( i = 1; i<=5 ; i++ )
        cout<<i<<"! ="<<  【8】  <<endl;
}

int fac(int n)
{
      【9】   f = 1;
    f *= n;
    return f ;
}
```

三、编程题

1. 用函数编程实现计算两个整数的最大值,在主函数中调用该函数计算并输出从键盘任意输入两个数的最大值。

2. 参考例 5-4,利用求阶乘函数,编程计算从 1 到 n 之间的所有数的阶乘。

3. 参考例 5-4,利用求阶乘函数,编程计算并输出 1！+2！+…+n！ 的值。

4. 编写求最大公约数的函数 fun()。编写主函数调用它,求任意两个整数的最大公约数和最小公倍数。

5. 编写函数 prime(),功能是判断 m 是否为素数。在主函数中调用它,求出 10 到 50 之间的素数的个数。

第6章 指 针

Ideal is the beacon. Without ideal, there is no secure direction; without direction, there is no life

——Leo Tolstory

"找准位置、定好目标"是人生成功的途径！

第 6 章 指 针

学习目标

- 理解指针与地址的关系
- 掌握指针、指针变量的概念
- 掌握指针变量的定义、引用
- 掌握指针变量作为函数参数
- 掌握动态内存分配

指针是C++语言中广泛使用的一种数据类型，是C++语言的一个重要特色。它提供了一种较为直观的地址操作方式，如果能够正确灵活地使用指针，可以有效地表示各种复杂的数据结构，从而使程序简洁、紧凑、高效。

指针是一个特殊的变量，它里面存储的数值被解释成为内存里的一个地址。要搞清一个指针需要搞清指针的四方面的内容：指针的类型、指针所指向的类型、指针的值即指针所指向的内存区、指针本身所占据的内存区。

6.1 指针与地址

一个变量实际上代表了"内存中的某个存储单元"。在C++语言中，怎么存取这个存储单元的内容，一种方式是通过变量的名字，另一种方式是通过变量的地址。下面来讨论一下这两种方式如何存取数据。

计算机的内存是以字节为单位的一片连续的存储空间，每一个字节都有一个存储单元编号，这个编号就是存储单元的"内存地址"。就像宾馆的每个房间都有一个房间号一样，如果没有房间号，工作人员就无法进行管理；同样的道理，没有内存字节的编号，系统就无法对内存进行管理。内存的存储空间是连续的，内存中的地址号也是连续的且不能相同。所以，存储单元用一个唯一的地址编号来标识。

如果在程序中定义了一个变量，对其进行编译时，系统就会根据所定义的变量类型给这个变量分配一定长度的内存单元。例如，Visual C++为整型变量分配4个字节，为字符型变量分配1个字节等。变量地址就是系统分配给变量的内存单元的起始地址，通过该地址找到以它为地址的变量的内存单元及内容，从而对其进行存取。打个比方，一个房间的门牌号为2000，这个2000就是房间的地址，可以通过2000这个门牌号找到该房间的人。

特别注意

内存单元的地址与内存单元中的数据是两个完全不同的概念。例如，
int a;

在程序编译时,系统为 a 分配了 4 个字节的存储单元。如图 6-1 所示,图中的数字只是示意的字节地址(实际在内存中是以二进制来表示的)。每个变量的地址是指该变量所占存储单元的起始地址。

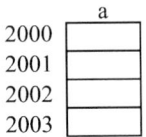

图 6-1　变量 a 的存储单元

在程序中一般是通过变量名 a 来引用变量的值。例如,

cout<<a;

实际上,是通过变量名 a 找到存储单元的地址,从而对变量进行存取操作。程序经过编译后已经将变量名转换为变量的地址,对变量值的存取实际上是通过地址进行的。例如,

cin >> a;

在执行时,把键盘输入的值送到地址为 2000 开始的整型存储单元中,其中 &a 代表 a 的地址,"&"为取地址运算符。例如,

a=3;

把 3 存到 2000 开始的整型存储单元中,占 4 个字节。

这种直接按变量名进行的访问,称为"直接访问"方式。

还可以采用"间接访问"方式,即将变量 a 的地址存放在另一变量中,然后通过该变量来找到变量 a 的地址,从而访问变量 a。

在C++语言中,可以定义一种特殊的变量,用它存放内存的地址。如图 6-2 所示,定义一个变量 a_pointer,它也有自己的地址(1000);若将变量 a 的内存地址(2000)存放到变量 a_pointer 中,这时要访问变量 a 所代表的存储单元,可以先找到变量 a_pointer 的地址,从中取出 a 的地址(2000),然后再去访问以 2000 为首地址的存储单元。这种通过变量 a_pointer 间接得到变量 a 的地址,然后再存取变量 a 的值的方式称为"间接访问"方式。

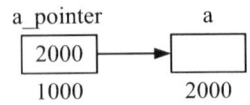

图 6-2　指针变量 a_pointer 与变量 a 的关系

在上述情况下,通常称变量 a_pointer 指向了变量 a,变量 a 是变量 a_pointer 所指向的对象,它们之间的关系用图 6-2 表示。这种"指向"关系是通过地址建立的,图中的"箭头"只是一种示意,形似"指针"。

用来存放另一个变量的地址的变量称为"指针变量"。上述变量 a_pointer 就是一个指针变量,"变量 a_pointer 指向了变量 a"的含义就是指针变量 a_pointer 中存放了变量 a 的地址。指针变量就是地址变量,用来存放地址,指针变量的值是地址(即指针),可以通

过指针变量的值找到以它为地址的内存单元及内存单元的内容。

6.2 指针变量

存放变量的地址需要一种特殊类型的变量,这种特殊的类型就是指针(Pointer)。具有指针类型的变量,称为指针变量,它是专门用于存储变量的地址值的变量,可用来指向另一个数据对象(如变量、函数等),下面来讨论一下如何定义和使用指针变量。

6.2.1 指针变量的定义

指针变量也遵循先定义、后使用的原则。定义指针变量的形式是:
　　数据类型 * 指针变量名;
其中,"*"表示后面定义的变量是指针类型的变量;"数据类型"可以是任意类型,代表指针变量要指向变量的数据类型,即指针变量的基类型,说明了指针所指向的内存单元可以用于存放什么类型的数据。例如,
　　int * p; /* p一个指针变量,它指向一个整型变量,即 p 存放的是 int 型数据的地址 */。

> **特别注意**
>
> 定义两个具有相同基类型的指针变量可以使用:
> int * pa, * pb;   /* 定义了可以指向整型数据的指针变量 pa 和 pb */
> 而不能使用:
> int * pa,pb;   /* 定义了可以指向整型数据的指针变量 pa 和整型变量 pb */

指针变量的定义只是定义了指针变量的名字和其所指向的变量的数据类型,并没有说明指针变量指向了哪里,请理解例 6-1。

【例 6-1】请分析下面的程序,理解其运行结果。
```
#include <iostream>
using namespace std;
int main()
{
    int a = 3, b = 4;
    char c = 'A';
    int * pa, * pb;     /* 定义了指向整型数据的指针变量 pa,pb */
    char * pc;          /* 定义了指向字符型数据的指针变量 pc */
    cout << "a is " << a << ", &a is " <<&a << ", pa is " << pa << endl;
    cout << "b is " << b << ", &b is " <<&b << ", pb is " << pb << endl;
    cout << "c is " << c << ", &c is " <<&c << ", pc is " << pc << endl;
```

```
        return 0;
}
```
运行结果:
a is 3,&a is 1245052, pa is −858993460
b is 4,&b is 1245048,pb is −858993460
c is A,&c is 1245044, pc is −858993460

程序在编译时,结果出现了三个 warning 提示:
warning C4700: local variable 'pa' used without having been initialized
warning C4700: local variable 'pb' used without having been initialized
warning C4700: local variable 'pc' used without having been initialized

这些警告信息的含义是,指针变量 pa,pb,pc 未被初始化,就是指针没有指向,所以打印出来的 pa,pb,pc 的值是一个随机值。

特别注意

在不确定指针变量究竟指向哪里的情况下,就对指针变量所指内存单元进行读写操作,将会给系统带来潜在的危险,严重时还会导致系统崩溃。

为避免所定义的指针没有指向,习惯上在定义指针变量的同时将其初始化为 NULL。例如,
    int * pa=NULL, * pb=NULL;
    char * pc=NULL;
此时如果打印 pa,pb,pc 的值,它们都是 0。

6.2.2 指针变量的引用

1. 指针的赋值运算

指针变量使用之前必须将其指向确定的内存单元,即给指针变量赋值。指针变量赋值的形式为:
    指针变量名=变量的地址;
例如:
int a=3;
int * pa;
pa=&a;/* 把 a 的地址赋给指针变量 pa */
还可以在定义指针变量的同时给其进行赋值,即指针变量的初始化。指针变量初始化的形式为:
    数据类型 * 指针变量名=变量的地址;
int * pa=&a;   /* 定义指针变量 pa 的同时让其指向变量 a */

【例 6-2】请分析下面程序中三个指针变量的指向,理解其运行结果。
#include <iostream>

```
using namespace std;
int main()
{
    int a=3,b=4;
    char c='A';
    int *pa,*pb;      /*定义了指向整型数据的指针变量pa,pb*/
    char *pc;         /*定义了指向字符型数据的指针变量pc*/
    pa=&a;            /*使指针变量pa指向变量a,pa存的是a的地址*/
    pb=&b;            /*使指针变量pb指向变量b,pb存的是b的地址*/
    pc=&c;            /*使指针变量pc指向变量c,pc存的是c的地址*/
    cout << "a is "<<a<<",&a is "<<&a<<",pa is "<<pa<<endl;
    cout << "b is "<<b<<",&b is "<<&b<<",pb is "<<pb<<endl;
    cout << "c is "<<c<<",&c is "<<&c<<",pc is "<<pc<<endl;
    return 0;
}
```

运行结果：

a is 3, &a is 1245052, pa is 1245052

b is 4, &b is 1245048, pb is 1245048

c is A, &c is 1245044, pc is 1245044

指针变量是用于存放变量的地址值,在内存中也占 4 个字节的存储单元(可用 sizeof(pa)来验证),且它又有自已的地址。变量 a,b,c 和指针变量 pa,pb,pc 在内存中的存储示意图如图 6-3 所示。

图 6-3 变量 a,b,c 和指针变量 pa,pb,pc 在内存中的存储示意图

特别注意

(1) 指针变量只能指向和基类型具有相同类型的变量。

下面的语句是错误的：

pc=&b;   /*pc 的基类型为 char,而 b 的类型为 int*/

(2) 指针变量中只能存放地址,不要将一个整型数赋给一个指针变量。下面的语句是错误的:

pa=100;   /* pa 是一个指针变量,100 是整数,不合法 */

(3) 指针变量可以改变其指向,而且可以将一个指针变量的值赋给同基类型的另一个指针变量。例如,

pb=pa;   等价于 pb=&a;   /* 此语句是正确的 */

2. 取指针所指向的内容运算

"*"是取指针所指向内容运算符,表示取指针所指向的变量的值。例如,

若已执行"p=&a;",即指针变量 p 指向了整型变量 a,则:

Cout << *p<<endl;   /* 输出指针变量 p 所指向的变量的值,即变量 a 的值   */

如果有以下赋值语句:

p=1;   / 将整数 1 赋给 p 当前所指向的变量,若 p 指向 a,则相当于把 1 赋给 a */

等价于:

a=1;

【例 6-3】使用指针变量,通过"*"运算符输出变量的值。

```cpp
#include <iostream>
using namespace std;
int main()
{
    int a=3,b=4;
    char c='A';
    int *pa,*pb;        /* 定义了指向整型数据的指针变量 pa,pb */
    char *pc;           /* 定义了指向字符型数据的指针变量 pc */
    pa=&a;              /* 使指针变量 pa 指向变量 a,pa 存的是 a 的地址 */
    pb=&b;              /* 使指针变量 pb 指向变量 b,pb 存的是 b 的地址 */
    pc=&c;              /* 使指针变量 pc 指向变量 c,pc 存的是 c 的地址 */
    cout << "a is "<<a<<", &a is "<<&a<<", *pa is "<< *pa<<endl;
    cout << "b is "<<b<<", &b is "<<&b<<", *pb is "<< *pb<<endl;
    cout << "c is "<<c<<", &c is "<<&c<<", *pc is "<< *pc<<endl;
    *pa=5;              /* 修改指针变量 pa 所指向的变量 a 的值,即 a 的值变为 5 */
    cout << "a is "<<a<<", &a is "<<&a<<", *pa is "<< *pa<<endl;
    return 0;
}
```

运行结果:

a is 3, &a is 1245052, pa is 3

b is 4, &b is 1245048, pb is 4

c is A, &c is 1245044, pc is A

a is 5, &a is 1245052, pa is 5

> **特别注意**
>
> 指针运算符"*"和指针定义中的指针说明符"*"不同,在指针变量定义中,"*"类型说明符,表示其后的变量是指针类型;而*p=a;这条语句中出现的"*"运算符,用以表示指针变量所指的变量。

3. 指针的算术运算

当指针指向一串连续的存储单元时,可以对指针变量进行加上或减去一个整数运算,也可以对指向同一连续存储单元的两个指针进行相减的运算,除此之外,不可以对指针进行任何其他的算术运算。例如,

在内存中开辟五个连续的、存放 int 类型的存储单元,且把 1,2,3,4,5 这五个值放到这些存储单元中,同时还假设已定义了 p 是指向整型变量的指针,且 p 已指向相应的存储单元,如图 6-4 所示。

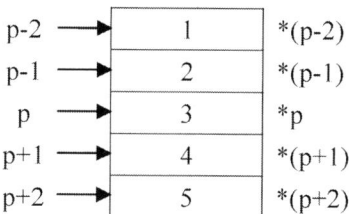

图 6-4 指针变量 p 的算术运算

p+n 表示指针 p 指向当前所指位置后面第 n 个数据的地址;
p-n 表示指针 p 指向当前所指位置前面第 n 个数据的地址;
p++或 p--表示指针 p 指向当前所指位置下一个或前一个数据的地址;
假设执行下面语句(q 和 p 是基类型相同的指针):
q=p+2;   /*使 q 指向 p+2 的存储单元,即 q 里面存放是 p+2 的地址*/

> **特别注意**
>
> 在对指针进行加、减运算中,数字"1"不再代表十进制整数"1",而是指 1 个存储单元长度;至于 1 个长度占多少存储单元,则取决于指针的基类型。

4. 指针的关系运算

指针的关系运算指的是基类型相同且都指向了同一连续的存储单元的不同指针之间进行的关系运算,可做"=="、">"、"<"、"!="运算。如果两个相同基类型的指针相等,就表示这两个指针指向同一个地址。例如,

假设 p 和 q 是两个基类型相同的指针变量,则:
p==q 若为真,则说明这两个指针指向同一个地址.
p<q 若为真,则说明 p 所指数据在 q 所指数据之前.

6.3 指针变量作为函数参数

函数的参数不仅可以是基本类型(整型、浮点型等),也可以是指针类型。若函数的形参为指针变量,则调用该函数时,对应的实参必须是基类型相同的变量的地址或者是已指向某个存储单元的指针变量。调用时将实参传递给形参,即实参和形参指向同一存储单元。

【例 6-4】编写函数,实现指针变量 p 和 q 所指的两个变量相加,在主函数输出两数之和。

```cpp
#include <iostream>
using namespace std;
int add(int *p, int *q)
{
    int sum;
    sum = *p + *q;
    return sum;
}
int main()
{
    int x,y,z;
    cout<<"Enter x,y:";
    cin>>x>>y;
    z=add(&x,&y);              /* 调用时向函数传递变量的地址 */
    cout<<x<<"+"<<y<<"="<<z<<endl;
    return 0;
}
```

运行结果:
Enter x,y:24 41↙
24+41=65

在此程序中,主函数调用 add 函数时,系统为 add 函数的形参 p,q 开辟两个基类型为 int 类型的临时指针变量,并通过实参 &x,&y 把 x 和 y 的地址传递给它们,参数之间的关系如图 6-5 所示。这时,指针变量 p 指向变量 x,指针变量 q 指向变量 y,然后执行 add 函数。

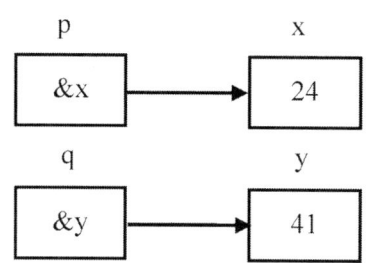

图 6-5 实参 &x,&y 与形参 p,q 之间的关系

在 add 函数中,语句"sum=*p+*q";含义是:分别取指针变量 p 和 q 所指向的存储单元中的内容,相加后存入变量 sum 中,实际上就是把主函数中变量 x 和变量 y 中的值相加存入变量 sum 中。add 函数返回的是 sum 的值。

该程序中实参为变量的地址,若在主函数中定义两个指向变量 x,y 的指针变量 px,py,在调用 add 函数传递 px,py 时,即 z=add(px,py);,则此结果与例 6-4 运行的结果是一样的。

【例 6-5】编写一个函数,从主函数接收两个数据,并使之交换。

```
#include <iostream>
using namespace std;

void swap(int *p,int *q)
{
    int *temp;

    temp = p;
    p = q;
    q = temp;
}

int main()
{
    int a,b;
    int *pa = &a, *pb = &b;

    cout <<"Enter a,b:";
    cin >> *pa >> *pb;          /* 通过 cin 向 pa 和 pb 指向的变量 a,b 进行赋值 */
    cout <<"before a="<<a<<", b="<<b<<endl;
    swap(pa,pb);                /* 调用 swap()函数实现变量 a,b 的数据交换 */
    cout <<"after a="<<a<<", b="<<b<<endl;
```

```
        return 0;
}
```
运行结果：
Enter a,b:4 5↙
before a=4, b=5
after a=4, b=5

从运行结果来看，与题意不符，调用 swap 函数并未实现两数交换。因为在 swap 函数中，只改变指针变量 p,q 的指向，变量 a,b 的值并未交换。函数调用参数之间的关系如图 6-6 所示。

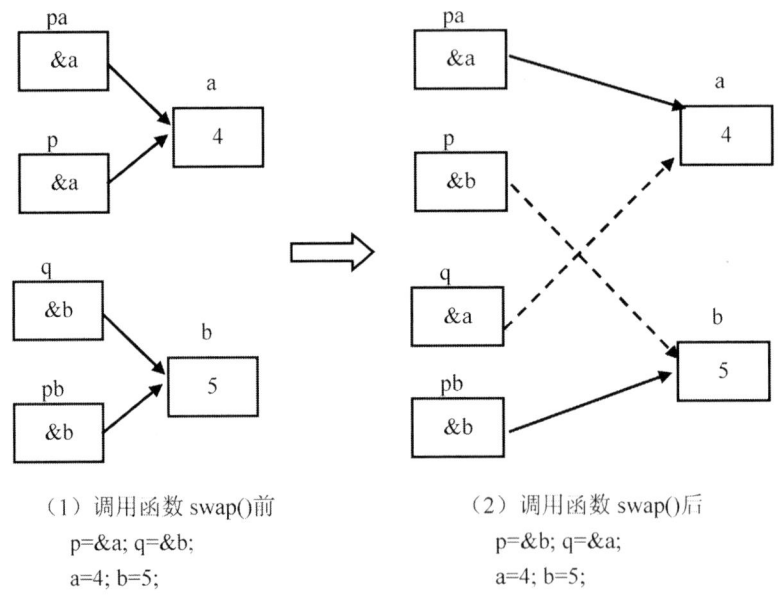

（1）调用函数 swap() 前　　　　　　（2）调用函数 swap() 后
　　p=&a; q=&b;　　　　　　　　　　p=&b; q=&a;
　　a=4; b=5;　　　　　　　　　　　a=4; b=5;

图 6-6　实参 pa,pb 和形参 p,q 的指针变化

用指针变量作函数参数时，实参和形参之间的数据传递是单向"值传递"方式，不可能通过执行调用函数来改变实参指针变量的值，但是可以改变实参指针变量所指向变量的值，如例 6-6 所示的程序。

【例 6-6】修改 swap 函数，从主函数接收两个数据，并使之交换。

```
void swap(int *p, int *q)
{
    int temp;

    temp = *p;
    *p = *q;
    *q = temp;
}
```
运行结果：

```
Enter a,b:4 5↙
before a=4, b=5
after a=5, b=4
```

该运行结果符合题意,调用 swap 函数从而实现变量 a,b 两数交换。因为在 swap 函数中,改变了指针变量 p,q 所指向的变量的值,即变量 a,b 的值进行了交换。函数调用时参数之间的关系如图 6-7 所示。

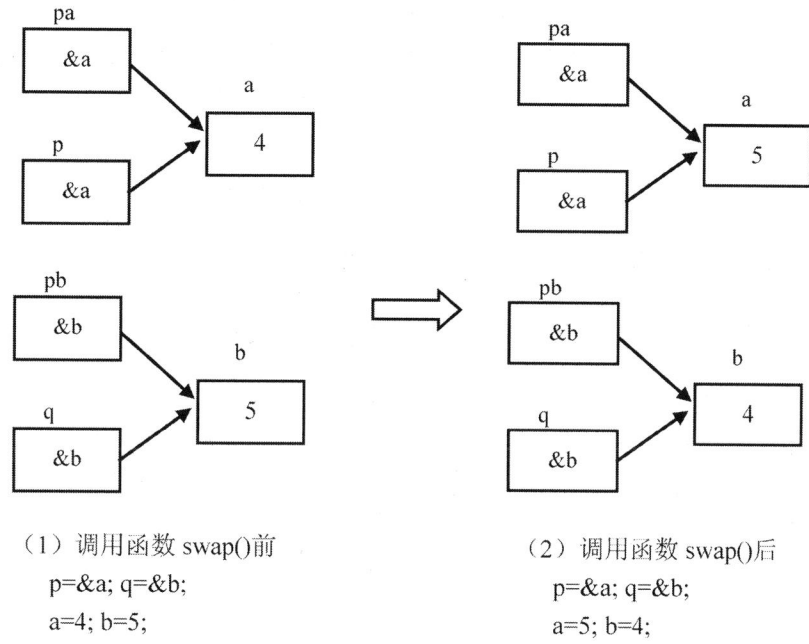

（1）调用函数 swap()前
　　p=&a; q=&b;
　　a=4; b=5;

（2）调用函数 swap()后
　　p=&a; q=&b;
　　a=5; b=4;

图 6-7　实参 pa,pb 和形参 p,q 所指向的变量 a,b 的变化

6.4　动态内存分配

在此之前,用于存储数据的变量在使用之前都必须先进行定义,C++编译程序通过定义语句为其分配存储空间,这些空间一经分配,在变量的生存期内是固定不变的。因此,这种分配方式称为"静态内存分配"。

C++语言中还有一种称作"动态内存分配"的内存空间分配方式:在程序执行期需要空间来存储数据时,通过"申请"分配指定的内存空间;当程序不再使用该空间时,可以随时将其释放,由系统另作它用。

6.4.1　C 语言内存的动态分配

内存的动态分配是指在程序运行时为程序分配内存的一种方式。即由系统根据程序的需要即时分配,且分配的大小就是程序要求的大小;当不需要此空间时,可以随时释放。用户可通过调用 C++语言提供的标准库函数来实现内存的动态分配,从而得到指定数目的内存空间或释放指定的内存空间。

有四个动态内存分配函数,它们是 malloc,free,calloc 和 realloc。使用这些函数时,必须在程序开头包含头文件 stdlib.h。下面介绍一下常用的 malloc 和 free 函数。

1. malloc 函数

函数 malloc()用于分配若干字节的内存空间,返回一个指向该内存空间首地址的指针。若没有足够的内存单元供分配,函数将返回空指针 NULL。

其函数原型为:

  void * malloc(unsigned int size);

其中,size 表示向系统申请空间的大小,void * 是一种指针类型,具有一般性,常用来说明其基类型未知的指针,即声明了一个指针变量,但未指定它可以指向哪一种基类型的数据。因此,若要将函数调用的返回值赋予某个指针,则应先根据该指针的基类型作强制转换,转换为所需的类型,再进行赋值操作。例如,

  int * pi;

  float * pf;

  pi=(int *)malloc(2);   /* pi 指向了用 malloc(2)申请的大小为 2 的存储单元的首地址 */

  pf=(float *)malloc(4);   /* pf 指向了用 malloc(4)申请的大小为 4 的存储单元的首地址 */

若有以下语句:

  if(pi!=NULL)

    * pi=6;

  if(pf!=NULL)

    * pf=3.8;

执行后数据的存储单元情况如图 6-8 所示。

图 6-8 动态内存分配后 pi,pf 存储单元的情况

由于动态分配得到的存储单元没有名字,只能依靠指针变量来引用它。所以一旦指针改变指向,原存储单元及所存储数据都将无法再引用。通过调用 malloc 函数所分配的动态存储单元中没有确定的初值。若不能确定数据类型所占字节数,则可以使用 sizeof 运算符来实现。例如,

  pi=(int *)malloc(sizeof(int));

这种形式比较常用,它由系统来计算指定类型的字节数。

2. free 函数

由于内存区域是有限的,不能无限制地分配下去,而且一个程序要尽量节省资源,所以当分配的内存区域不再使用时,就要释放它,以便其他的变量或者程序使用,这时要用到 free 函数。其功能是释放系统动态申请的由指针 p 指向的存储空间。

其函数原型为：
    void free(void * p);

该函数无返回值，指针变量 p 必须指向由动态分配函数 malloc 分配的地址。该函数执行后，将以前分配的由指针 p 指向的内存返还给系统，以便系统重新支配。例如，
    free(pi);   /* 释放由 pi 所指向的整型存储空间 */

6.4.2 C++内存的分配

每一个程序在执行时都占用一块可用的内存空间，用于存放动态分配的变量，此内存空间称为程序的自由存储区或堆。C 语言程序使用一对标准库函数 malloc 和 free 在自由存储区中分配存储空间，而C++语言则使用 new 和 delete 运算符实现相同的功能，new 的作用是申请内存，delete 则是释放内存。

1. 单个变量的内存分配

（1）使用 new 操作符动态创建变量。

用 new 动态申请内存时，只需指定数据类型，它会返回指向新内存空间指针，随后通过该指针来访问此空间的数据，相当于一个动态的整型变量，语法如下：
    int * p1 = new int;   // p 指向一个动态分配的整型变量
    int * p2 = new int(1024);   // p 指向动态整型变量，并初始化为:1024

特别说明

在C++中，变量也可采用如下方法进行初始化：
    int i(1024);   // 变量 i 的值是:1024

（2）用 delete 操作符销毁动态创建的变量。

尽管现代机器的内存容量越来越大，但是自由存储区总有可能被耗尽。如果程序用完了所有可用的内存，new 运算符就有可能失败。因此动态创建的变量用完后，程序员必须显式地将该变量占用的内存返回给自由存储区。C++提供了 delete 运算符用来释放指针所指向的内存空间，其语法如下：
    delete p1;

该命令释放 p1 指向的 int 型变量所占用的内存空间。在C++程序中，delete 和 new 是成对出现的。释放指针所指的空间后，该指针变成悬空指针，即它指向曾经存放变量的内存，但该变量已经不再存在了，这往往导致程序错误，而且很难检测出来。为此，一旦删除了指针所指向的变量，立即将指针置为 Null，明确表明该指针不再指向任何变量。

2. 多个变量的连续内存分配

（1）连续内存空间申请。

在动态分配多个连续内存空间时，只需指定类型和长度，new 运算符会返回指向新分配空间的第一个成员的指针，接着，程序员就可以通过这个指针间接地访问这些成员。具体语法如下：
    int * pia = new int[10];   // 申请存放 10 个整数的空间，没有初始化

```
string * psa = new string[10];        // 对于字符串会自动初始化为空串
int * pia2 = new int[10] ( );         // 申请存放 10 个整数的空间,强制初始化为 0
```
这里的 pia,psa,pia2 也称为动态数组,有关数组的概念,将在下一章学习。

(2) 释放动态分配的内存。

与动态申请单个变量类似,多个变量的连续内存的动态分配也需要释放,否则,内存最终将会耗尽。C++语言提供 delete[ ]用来释放指针所指向的多个变量的连续内存空间:

```
delete [ ]pia;
```

该语句回收了 pia 所指向的内存空间,把相应的内存返回给自由存储区。如果遗漏了方括号,编译器是无法发现这种错误的,但这将导致程序运行时出错。

6.4.3 应用举例

本节给出两个示例,分别说明在程序中如何运用C++和 C 语言动态内存分配进行灵活的程序设计。

【例 6-7】产生 10 个坐标范围在[10,10]和[100,100]之间的随机点,并寻找距离原点最近的点的坐标(请用 new 和 delete 进行动态内存分配)。

```cpp
#include <cstdlib>
#include <ctime>
#include <cmath>
#include <iostream>
using namespace std;

typedef struct Point
{
    unsigned int        x;// x 坐标
    unsigned int        y;// y 坐标
}Point;

// 计算一个点到原点的距离
inline double DistanceToOrigin(const Point &p)
{
    double r = p.x * p.x + p.y * p.y;
    return sqrt(r);
}

int main()
{
    int i, index;//index 用来存放最近点的下标
```

```cpp
    double dis, min = 0x7fffffff;

    Point *p = new Point[10];

    srand(time(NULL));
    for(i = 0; i < 10; i++)
    {
        p[i].x = rand()%90 + 10 + 1;
        p[i].y = rand()%90 + 10 + 1;
        cout<<"Generate random point:("<<p[i].x<<','<<p[i].y<<')'
            <<endl;
        dis = DistanceToOrigin(p[i]);
        if(dis < min)
        {
            index = i;
            min = dis;
        }
    }
    cout<<" The nearest Point to origin is ( "<<p[index].x<<','<<p
        [index].y<<')'<<endl;
    cout<<"The distance is"<<min<<endl;

    delete[] p;
    return 0;
}
```

【例6-8】 编程输入某班学生的某门课成绩,计算并输出其平均分(请用 malloc 和 free 进行动态内存分配)。

问题分析：

(1) 学生人数由键盘输入。

(2) 用 malloc 函数开辟一个动态存储空间,用来存学生的成绩(类型为 int 型)。

(3) 用一个基类型为 int 的指针变量 p 来指向 malloc 开辟的空间。

(4) 用指针变量 p 作算术运算及取指针所指向内容来计算学生的平均成绩。

(5) 释放 p 所指向的存储空间。

程序清单如下：

```cpp
#include <iostream>
#include <stdlib.h>
using namespace std;
void input_score(int *p, int n);
```

```
double average_score(int *p,int n);
int main()
{
    int *p,n;
    double aver;
    cout << "How many students? ";
    cin >> n;                              /*输入学生人数*/
    p=(int *)malloc(n*sizeof(int));        /*向系统申请内存*/
    if(p==NULL)/*检查是否成功分配内存*/
    {
        cout << "No enough memory!"<<endl;
        return 1;
    }
    cout <<"Input "<<n<<" score:";
    input_score(p,n);                      /*输入学生成绩*/
    aver=average_score(p,n);               /*计算平均分*/
    cout<<"aver="<<aver<<endl;             /*输出平均分*/
    free(p);/*释放向系统申请的内存*/
    return 0;
}

void input_score(int *p,int n)
{
    int i;
    for(i=0;i<n;i++)
    {
        cin >> *(p+i);   /*利用指针p的算术运算来取每个学生在内存中的地址*/
    }
}

double average_score(int *p,int n)
{
    int i,sum=0;
    for(i=0;i<n;i++)
    {
        sum=sum+*(p+i);  /*利用指针取内容运算符来取第个学生的成绩*/
    }
```

```
    return (double)sum/n;
}
```
运行结果:
How many students? 5↙
Input 5 score: 98 86 75 82 90↙
Aver=86.2

6.5 要点回顾

6.5.1 语法要点

表 6-1 语法要点

内　　容	语　　法	备　　注
指针变量定义	数据类型 * 指针变量名;	int * pa, * pb; char * pc;
指针变量赋值	数据类型 * 指针变量名＝变量的地址;	int a=3;int * pa; pa=&a;
取指针所指向内容	* 指针变量名	int * pa; printf("%d\n", * pa);
C语言动态内存分配	void * malloc(unsigned int size); void free(void * p);	int * p; p = (int *) malloc (sizeof (int)); free(p);
C++动态内存分配	new int delete p;	int * p;p=new int;deletep;

6.5.2 常见错误

(1) 在指针变量没有指向内存中某一个确定的存储单元的情况下,就利用这个指针变量去访问它所指向的存储单元,从而造成非法内存访问,会造成运行时错误。

假设有如下定义:

　　int * p;

下面赋值语句是不正确的:

　　cin >> * p;

　　* p=1;

(2) 在不同基类型的指针变量之间赋值,会造成编译错误。

假设有如下定义：
    int a;
    float b;
    int *pa=&a;
    float *pb=&b;
下面赋值语句是不正确的：
    pa=pb;

（3）将指针变量指向与基类型不同的变量，会提示 warning。
假设有如下定义：
    int i;
    float *p;
下面赋值语句是不正确的：
    p=&i;

（4）指针变量作为函数参数时，形参是指针变量，把变量的值而非变量的地址当作实参传递给了对应的形参，会造成运行时错误。
下面语句是不正确的：
    swap(a,b);
    void swap(int *x,int *y);

（5）内存分配未成功就使用它，将会导致非法内存访问错误，会造成运行时错误。在使用内存之前，检查指针是否为空指针，可避免该错误发生。

（6）向系统动态申请了一块内存，使用结束后，忘记释放内存，造成内存泄漏，会造成运行时错误。

（7）释放了内存，但却仍然继续使用它，导致产生"野指针"，会造成运行时错误。

习　　题

一、选择题

1. 变量的指针，其含义是指该变量的_____。
   A. 值　　　　　　B. 地址　　　　　　C. 名　　　　　　D. 一个标志

2. 若有定义"int *p,m=5,n;"，以下程序段正确的是_____。
   A. p=&n;　　　　　　　　　　　　B. p = &n;
      cin>>&p;　　　　　　　　　　　　　cin >> *p;
   C. cin>>n;　　　　　　　　　　　　D. p = &n;
      *p=n;　　　　　　　　　　　　　　*p=m;

3. 若有语句"int *p,a=4;"和"p=&a;"，下面均代表地址的一组选项是_____。
   A. a,p,*&a　　B. &*a,&a,*p　　C. &a,&*p,p　　D. *&p,*p,&a

4. 若有以下定义语句"int a,b，*p;float c,*q;"，则赋值正确的是_____。

A. p=NULL B. q=p C. p=&c D. q=new int

5. 已有变量定义和函数调用语句：
int a=25;
print_value(&a);
voidprint_value(int *x)
{
    cout<<++*x<<endl;
}
则函数的输出结果是_____。
A. 23 B. 24 C. 25 D. 26

二、程序分析题

1. 阅读下列程序，写出程序的输出结果。
#include <iosteam>
int main()
{
    int *var,ab;
    ab=100;
    var=&ab;
    ab=*var+10;
    cout << *ver;
    return 0;
}

2. 阅读下列程序，写出程序的输出结果。
#include <iostream>
void fun(int x,int y,int *cp,int *dp)
{
    *cp=x+y;
    *dp=x-y;
}
int main()
{
    int a,b,c,d;
    a=4,b=3;
    fun(a,b,&c,&d);
    cout <<"a="<<a<<",b="<<b<<",c="<<c<<",d="<<d<<endl;
    printf("a=%d,b=%d,c=%d,d=%d",a,b,c,d);
    return 0;
}

三、编程题

1. 编程定义一个整型、一个双精度型、一个字符型的指针，并赋初值。要求：

（1）显示各指针所指变量的值与地址。

（2）显示各指针的值与指针本身的地址。

（3）显示各指针所占字节数（长度）。

2. 输入 10 个整数，将其中最小的数与第一个数对换，把最大的数与最后一个数对换。要求：

（1）10 个整型用 malloc 申请的空间存放。

（2）写三个函数：输入函数、交换函数、输出函数。

（3）所有函数的参数均用指针变量。

第7章 数　　组

物以类聚，人以群分。

——《战国策齐策三》

相同类型的数据即可构成数组，或者说数组是相同类型数据的集合。

 学习目标

- 理解数组的概念
- 掌握一维数组的定义和使用
- 掌握二维数组的定义和使用
- 了解多维数组的定义和使用
- 掌握数组和指针的关系
- 掌握数组在函数中的使用

在前面章节中所用到的数据类型都是简单类型,每个变量只能存取一个值,然而,在处理实际问题时,经常需要处理成批的大量数据,它们由若干个相同类型的数据组成,这些数据之间存在着某种次序关系。例如,某班所有学生的姓名、某公司所有员工的工资等,所有这些同一类型的相关数据在C++语言中都可以用数组来表示和处理。

所谓数组是指由一组相同类型变量组成的有序集合,如 5 个整型变量、10 字符型变量、200 个浮点型变量。数组中所包含的变量,称为数组元素,这些元素的引用可以通过数组名以及元素相对于数组中第一个元素的位置进行访问。把元素在数组中的位置称为数组下标或者索引,数组中元素的个数,称为数组大小。

数组是一种用户自定义数据类型,根据下标数目不同,数组可分为一维数组、二维数组和多维数组,其中一维数组和二维数组最为常用。

 开心一刻

富翁子不识字,人劝以延师训之。先学"一"字是一画,次"二"字二画,次"三"字三画。其子便欣然投笔,告父曰:"儿已都晓字义,何用师为?"父喜之,乃谢去。一日,父欲招万姓者饮,命子晨起治状,至午不见写成。父往询之,子患曰:"姓亦多矣,如何偏姓万。自早至今,才得五百画着哩!"

教之以"数组",岂不易哉!

7.1 一维数组

一维数组是最简单的数组,它的元素只需要一个下标就可以确定,如 40 个学生的成绩就可表示成一个一维数组。在 C++语言中,下标就是数组元素在数组中相对于第一个元素的位置或者序号,第 1 个元素序号为 0,第 2 个元素序号为 1,依此类推,最后 1 个元素序号为元素个数减 1。下面讨论一维数组的定义和引用。

7.1.1 一维数组的声明和初始化

1. 一维数组声明

一维数组声明的语法形式是：

元素类型 数组名[常量表达式]；

其中，"元素类型"用于指定数组中元素的数据类型，"数组名"为数组指定一个名称，"常量表达式"用于指定数组的大小，也就是数组中元素的个数。

例如：

int scores[50]；   /*声明存放 50 个整型成绩的 scores 数组*/
char name[5]；   /*声明存放 5 个字符的 name 数组*/
#define MAX 20
double price[MAX]； /*用符号常量声明存放 20 个价格的双精度数组 price*/

> **特别注意**
>
> 在方括号中，不能使用变量声明一个数组，必须使用整型常量表达式。

2. 一维数组的内存分配

数组声明后，其元素在内存中是连续存放的，图 7-1 为 char name[5]的内存分配情况。

数组元素	地址	内存
		...
name[0]	2000	R
name[1]	2001	U
name[2]	2002	L
name[3]	2003	E
name[4]	2004	S
		...

图 7-1 一维数组的内存占用

数组名表示这一段内存起始地址，大小可通过 sizeof(数组名)计算，每个元素所占内存大小相同。这样，可以根据元素下标以及起始地址计算出某一个元素的内存地址，从而实现数组元素的随机访问，计算公式如下：

数组元素地址 = 数组起始地址 + 元素下标 * sizeof(数组类型)

假设 name 的起始地址为 2000，则 name[4]的地址为 2000+4*1=2004，如 7-1 所示。

3. 一维数组的初始化

与普通变量类似,数组在使用之前也需要对其元素进行赋值,然后才能引用。数组元素赋值的方法有两种:

(1) 在数组声明时,给数组中各元素指定初始值,这个过程叫作数组的初始化。

(2) 在程序代码中,通过赋值语句为数组中的各元素赋值。

特别注意

对于默认的 auto 存储数组,如果未赋初值时,各元素的值是不确定或者随机的。

数组初始化的基本语法形式为:

元素类型 数组名[常量表达式] = {Value1, Value2, …, ValueN};

这里,右边"{ }"中各数据项为数组中各元素的初始值,每个值之间用逗号分隔。例如:

int numbers[10] = {0, 1, 2, 3, 4, 5, 6, 7, 8, 9};
int a[ ] = {1,2,3,4,5};   /* 如果全部元素赋初值,则数组元素个数可以省略 */
static int star[10];   /* 静态存储数组,如果未指定初始值,各元素将为 0 */
int weight[6] = {0, 1, 2};   /* 左边部分元素赋初值,右边自动为 0,且个数不可省略 */

重要语法

在 C/C++语言中,数组只能单个元素引用和赋值,不能对数组进行整体赋值和引用。例如,给 10 个元素全部赋初值为 1,不能写成:int s[10] = 1;

7.1.2 一维数组元素的引用

数组元素引用是指使用数组中各元素的过程,其语法格式如下:

  数组名[下标]

这里下标是指所要访问的数组元素在数组中的位置,它可以是整型常量或者整型变量。C 语言规定数组下标从 0 开始编号,因此最后一个元素下标为数组长度减 1。

【例 7-1】从键盘输入 10 个整数,比较并输出最大者。

```
#include <iostream>
using namespace std;
int main()
{
    int i, max, a[10];
    cout << "Please input 10 numbers:"<<endl;
    for(i = 0; i < 10; i++)
        cin >> a[i];                  /* 从键盘读取 10 个整数 */
```

```
        max=a[0];
        for(i=1;i<10;i++)              /* 通过循环,找出最大者 */
            if(a[i]>max)
                max=a[i];
        cout<<"maxnum="<<max;
        return 0;
}
```

运行结果:
Please input 10 numbers:
9 8 10 3 2 1 7 6 12 15↙
maxmum=15

程序中第一个 for 循环用于向数组 a 中输入 10 个数,第二个 for 循环用于从数组 a 中找到最大者,最后是输出最大值 max。

【例 7-2】 从键盘输入 30 个整数,范围 1~10,统计每个整数出现的频率,并输出频率最高和最低者。

问题分析:

(1) 定义两个一维数组 dat 和 freq,分别存放 30 个整数以及相应的频率,并初始化为 0。
(2) 从键盘读取 30 个整数至数组 dat 中。
(3) 利用 for 循环统计 30 个数据出现的频率,并累计于 freq 中。
(4) 利用 for 循环查找频率最高者和最低者。
(5) 利用 for 循环输出 10 个数字出现的频率。

程序清单如下:

```
#include<iostream>
using namespace std;
int main()
{
    int dat[30] = {0};
    int freq[10] = {0};
    int max, min, rec_max, rec_min;
    int i;

    cout << "Please Input 30 numbers:"<<endl;
    for (i = 0; i < 30; i++)
    {
        cin>>dat[i];
    }

    for (i = 0; i < 30; i++)
```

```cpp
    {
        if (dat[i] < 0 || dat[i] > 9)
        {
            continue;
        }
        freq[ dat[i] ]++;
    }

    rec_max = rec_min = 0;
    max = min = freq[0];
    for (i = 1; i < 10; i++)
    {
        if (freq[i] > max)
        {
            max = freq[i];
            rec_max = i;
        }
        if (freq[i] < min)
        {
            min = freq[i];
            rec_min = i;
        }
    }

    for (i = 0; i < 10; i++)
    {
        cout <<"["<<i<<"]\'s frequency is: "<<freq[i]<<endl;
    }
    cout <<"Max ["<<rec_max<<"]\:"<<max<<endl;
    cout <<"Min ["<<rec_min<<"]:"<<min<<endl;
    return 0;
}
```

程序运行结果示例如下：
Please Input 30 numbers:
8 9 2 1 3 4 5 7 5 6↙
5 4 3 1 0 5 6 7 2 1↙
5 6 4 3 2 7 8 5 9 5↙
[0]'s frequency is: 1

```
[1]'s frequency is: 3
[2]'s frequency is: 3
[3]'s frequency is: 3
[4]'s frequency is: 3
[5]'s frequency is: 7
[6]'s frequency is: 3
[7]'s frequency is: 3
[8]'s frequency is: 2
[9]'s frequency is: 2
Max [5] : 7
Min [0] : 1
```

7.2 二维数组

在现实生活中,除了一维数组,很多问题所涉及的数据是二维的或者多维的,如数学上的矩阵、乘法表的存储等,都是二维的。因此,C++语言允许构造多维数组,多维数组元素有多个下标,以标识它在数组中的位置。若将一维数组看作是同一类型变量的一个线性排列,则二维数组就可以认为是同一类型变量的一个平面排列,即行和列。

二维数组可以看作是由一维数组嵌套而成,即一维数组的每个元素又是一个类型相同的一维数组。由此可见,一个二维数组可分解成多个一维数组,如二维数组 a[3][4]可分解为三个一维数组,其数组名分别为 a[0]、a[1]、a[2],而每个一维数组均有四个元素,分别是 a[x][0]、a[x][1]、a[x][2]、a[x][3],其中 x 分别为 0、1、2。

重要语法

二维数组 a[3][4]中所包含的三个一维数组 a[0]、a[1]、a[2],不可当作普通数组元素来使用,因为它们也是数组名。

7.2.1 二维数组的声明和初始化

1. 二维数组声明

二维数组声明的语法形式是:

   元素类型 数组名[常量表达式1][常量表达式2];

其中"常量表达式1"表示第一维下标的长度,"常量表达式2"表示第二维下标的长度。例如,

  int scores[50][4];　　/* 声明二维数组 scores,可存放 50 个学生 4 门课成绩 */

scores 二维数组可看作是一个一维数组,它包括 50 个元素,分别是 scores[0]、scores[1]、scores[2]、…、scores[49],每个元素又包含 4 个元素,如 scores[0]包括 scores[0]

[0]、scores[0][1]、scores[0][2]、scores[0][3]。

特别注意

二维数组声明不可写成如右格式：float table[9,5]；
"9,5"在C++语言中属于逗号表达式，相当于 float table[5]；

2. 二维数组的内存分配

二维数组在概念上是二维的，也就是说其下标在横向和纵向两个方向变化。但是，实际计算机存储器却是连续编址的，也就是说存储器单元是按一维线性排列的。

在一维存储器中存放二维数组，有两种方式。

（1）按行排列：存放完一行的数据之后顺次存入第二行、第三行等。

（2）按列排列：存放完一列数据之后再顺次存入第二列、第三列等。

在C++语言中，二维数组是按行排列的，即先变化第二维下标，再变化第一维下标。如图 7-2 表示二维数组 int matrix[3][4]的存放顺序。

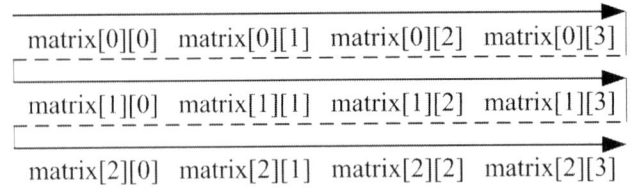

图 7-2 二维数组 matrix 的存放顺序

二维数组占用存储空间的大小可使用 sizeof() 计算得到，它返回的是整个数组所占用的存储空间。如上述 matrix 二维数组，sizeof(matrix)返回 48，因为整个数组有 3×4＝12 个元素，每个 int 元素占 4 个字节。sizeof(matrix[0])结果为 16，即长度为 4 的一维数组 matrix[0]的大小，如图 7-3 为二维数组的物理存储结构。

地址		内存
第0行	2000 →	matrix[0][0]
	2002 →	matrix[0][1]
	2004 →	matrix[0][2]
	2006 →	matrix[0][3]
第1行	2008 →	matrix[1][0]
	2010 →	matrix[1][1]
	2012 →	matrix[1][2]
	2014 →	matrix[1][3]
第2行	2016 →	matrix[2][0]
	2018 →	matrix[2][1]
	2020 →	matrix[2][2]
	2022 →	matrix[2][3]

图 7-3 二维数组 matrix 的物理存储结构

3. 二维数组初始化

二维数组初始化和一维数组初始化类似,也是在数组声明时给数组各元素赋以初始值。二维数组可按行分段赋值,也可按行连续赋值,为了清晰,建议采用分段赋值。例如,
　　int matrix[3][4]={{80,75,92,81},{61,65,71,92},{59,63,70,67}};　/* 按行分段赋值 */
　　int matrix[3][4]={80,75,92,81,61,65,71,92,59,63,70,67};　/* 按行连续赋值 */
　　intmat[2][3]={{2,-9},{8,2,-5}};　/* 每一行可部分元素初始化 */
　　static intdata[3][3]={{1},{2},{3}};　/* 每一行第1列元素赋值,未赋值元素取值0 */
　　static intdat[ ][3]={1,2,3,4,5,6,7,8,9};　/* 对全部元素赋初值,第一维长度可省略 */

重要语法

二维数组在内存中是连续存放的,因此也可用一维数组初始化的办法来初始化二维数组,也就是按行连续赋值。

7.2.2　二维数组元素的引用

二维数组元素引用的一般形式为:
　　　　数组名[下标][下标]
其中,下标可以是整型常量或者常量表达式。例如,
static int scores[4][4];
int x, y=2;
x = scores[3][0];
scores[1][y] = 60;

特别注意

在C++语言中,在引用数组元素时,其下标不可越界,也就是说,下标不可超过数组下标的范围(0~n-1),否则会产生无法预料的结果。

【例7-3】从键盘输入16个整数,保存在4×4的二维数组中,请输出数组偶数行和偶数列中的所有元素。

问题分析:

(1) 读取数据:定义一个整型二维数组mat,通过两重循环从键盘为每个元素读取数据。

(2) 偶数行:利用两重循环遍历每个元素,若行下标为偶数则输出。

(3) 偶数列:利用两重循环遍历每个元素,若列下标为偶数则输出。

程序清单如下：
```cpp
#include <iostream>
#define N 4
using namespace std;
int main()
{
    int mat[N][N];
    int i, j;
    cout <<"Please Input 16 number:"<<endl;
    for (i=0; i<N; i++)
    {
        for (j=0; j<N; j++)
        {
            cin >>mat[i][j];
        }
    }
    cout <<"偶数行:"<<endl;
    for (i=0; i<N; i++)
    {
        if (i%2==0)
        {
            continue;
        }
        for (j=0; j<N; j++)
        {
            cout <<mat[i][j]<<"\t";
        }
        cout <<endl;
    }
    cout <<"偶数列:"<<endl;
    for (j=0; j<N; j++)
    {
        if (j%2==0)
        {
            continue;
        }
        for (i=0; i<N; i++)
        {
```

```
            cout <<mat[i][j]<<"\t";
        }
        cout <<endl;
    }
    return 0;
}
```

运行结果示例如下：
Please Input 16 number：
1　2　3　4
5　6　7　8
9　10　11　12
13　14　15　16
偶数行：
5　6　7　8
13　14　15　16
偶数列：
2　6　10　14
4　8　12　16

【例 7-4】从键盘输入一个 3×4 的矩阵，请输出其最大的元素及所在位置。

问题分析：

(1) 定义三个整型变量 max、mx、my 分别存放最大元素和其所在位置，将数组第一个元素 matrix[0][0](位于第 0 行第 0 列)的值和位置分别赋给 max、mx、my。

(2) 接着对数组循环每一行，在每一行循环中，再对循环每一列，总计循环 3×4 次。

(3) 在每一列循环中，将 max 中的值与该行该列元素进行比较，若 max 中的值小，则将当前行列的值赋给 max，并将位置信息(即行和列值)赋给 mx 和 my。

(4) 整个循环结束，就可找到最大值及其位置。

程序清单如下：
```
#include <iostream>
#include <iomanip>              //流操纵符的头文件
using namespace std;
int main()
{
    int i,j,max,mx,my;
    static int matrix[3][4];
    for(i=0;i<3;i++)
    {
        for(j=0;j<4;j++)
            cin >> matrix[i][j];
```

```
        }
        cout <<"Current matrix is:"<<endl;
        cout <<"------------------------------"<<endl;
        max=matrix[0][0];
        mx=0;
        my=0;
        for(i=0;i<3;i++)
        {
            for(j=0;j<4;j++)
            {
                cout <<setw(5)<<matrix[i][j];
                if(max<matrix[i][j])
                {
                    max=matrix[i][j];
                    mx=i;
                    my=j;
                }
            }
            cout <<endl;
        }
}
cout <<"------------------------------"<<endl;
cout <<"The max number "<<max<<" is at ("<<mx<<","<<my<<")"<<endl;
return 0;
}
```

运行结果:

1 2 3 4↙
1 3 9 7↙
2 4 6 8↙
Current matrix is:
----
  1 2 3 4
  1 3 9 7
  2 4 6 8

The max number 9 is at (1,2)

7.3 多维数组

和前面二维数组类似,我们将含有三个及三个以上下标的数组,称为多维数组。多维数组的声明和引用与二维数组类似。如果将一维数组看作是一维线性空间,二维数组是二维平面空间,那么三维数组就是三维的立体空间。在C++语言中,三维数组在存储器中的存储顺序是按照面、行、列的顺序进行存放,下面三维 matrix 数组的存储结构如图 7-4 所示。

    int matrix[2][3][2];   /* 定义一个三维数据 matrix */

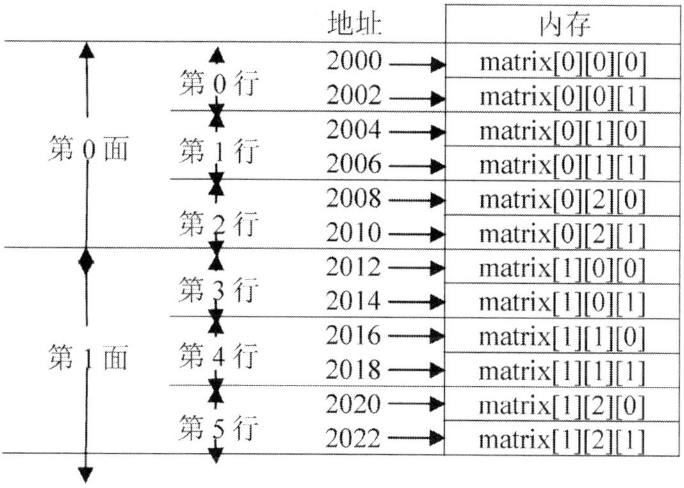

地址	内存
2000	matrix[0][0][0]
2002	matrix[0][0][1]
2004	matrix[0][1][0]
2006	matrix[0][1][1]
2008	matrix[0][2][0]
2010	matrix[0][2][1]
2012	matrix[1][0][0]
2014	matrix[1][0][1]
2016	matrix[1][1][0]
2018	matrix[1][1][1]
2020	matrix[1][2][0]
2022	matrix[1][2][1]

图 7-4 多维数组 matrix 的内存分配

【例 7-5】向一个三维数组输入值并输出全部元素。

问题分析:

通过三重 for 循环从键盘为三维数组各元素读取数据,再通过三重 for 循环输出各元素的值。

程序清单如下:

```
#include <iostream>
#include <iomanip>
using namespace std;
int main()
{
    int i,j,k,scores[2][3][2];
    cout<<"Please input scores[2][3][2]'s data:"<<endl;

    /* 输入 scores[2][3][2]的数据 */
```

```
        for(i=0;i<2;i++)
            for(j=0;j<3;j++)
                for(k=0;k<2;k++)
                    cin >> scores[i][j][k];

        /* 输出 scores[2][3][2]的数据 */
        cout <<"----------------------------------------"<<endl;
        for(i=0;i<2;i++)
        {
            for(j=0;j<3;j++)
            {
                for(k=0;k<2;k++)
                    cout <<setw(5)<<scores[i][j][k];
                cout <<"\n";
            }
            cout <<endl;
        }
        return 0;
}
```

运行结果：
Please input scores[2][3][2]'s data:
1 2 3 4 5 6 7 8 9 10 11 12 ↙
----
    1   2
    3   4
    5   6

    7   8
    9   10
   11   12

三维数组可看作是由一维数组和二维数组的嵌套而构成的，即一维数组的每个元素又是一个类型相同的两维数组。依次类推，n 维数组可以看作是由一维数组和 n－1 维数组的嵌套而成，即一维数组每个元素又是一个类型相同的 n－1 维数组。

7.4 数组和指针

指针变量不仅可以指向基本类型变量，而且还可以指向其他类型变量，最常用的是指向数组及其元素。指针加减运算特点使得指针特别适合处理存储在一段连续内存空间中的同类型数据,而数组恰好又是具有顺序关系的若干同类型变量的集合,数组元素在物理上的存储也是连续的,数组名就是数组存储的首地址。这样,便可以用指针对数组及其元素进行方便而快速的操作。

7.4.1 一维数组和指针

我们首先定义一维数组和指针变量。例如,
  int array[10]={1,2,3,4,5,6,7,8,9,10}, *p;
  p=array;
这使得 p 指向 array 数组第 1 个元素,那么 p 与数组 array 的关系如图 7-5 所示。

图 7-5 指针 p 与数组 array 的关系

数组名 array 是数组的首地址,则 array+1 是数组元素 array[1]的地址,与 &array[1]等价;同样,当 p 指向数组 array 的首地址后,p+1 代表 array[1]的地址。所以,&array[i]、array+i、p+i 都是数组元素 array[i]的地址。

特别注意 —— p 与 array 的区别

两者同样表示数组 array 的地址,表现形式上也可互换,如 array+i、p+i、*(array+i)、*(p+i)等,但它们本质不同,p 为指针变量,而 array 是数组名,是常量。

本例 array 是整型数组,每个元素占 4 个字节,则 &array[i]、array+i、p+i 的地址值为 array+i*4。

由此可见,以下对等关系成立:
  p == array == &array[0]   /* 表示数组元素的首地址 */
  p+i == array+i == &array[i]   /* 表示第 i 个数组元素地址 */
  *(p+i) == *(array+i) == array[i] /* 表示第 i 个数组元素 */

 温馨提示

在C++编译系统中,允许将*(p+i)直接以p[i]形式表示。所以,通常访问数组元素有三种方式:

下标法:数组名[下标]

首地址法:*(首地址+偏移量)

指针变量法:*指针变量

【例7-6】分别用三种方式访问数组中的所有元素。

```
#include<iostream>
using namespace std;
int main()
{
    int i,array[10]={1,2,3,4,5,6,7,8,9,10}, * p;
    cout<<"NO1: ";
    for(i=0;i<10;i++)
        cout<<"array["<<i<<"]="<<array[i];

    cout<<"\nNO2:\n";
    for(i=0;i<10;i++)
        cout<<" *(array+"<<i<<")="<< *(array+i);

    cout<<"\nNO3(1)\n";         /* 没有改变p的指向 */
    for(p=array,i=0;i<10;i++)
        cout<<" *(p+"<<i<<")="<< *(p+i);
    cout<<"\nNO3(2)\n";         /* 改变p的指向 */
    for(p=array;p<array+10;p++)
        cout<<" *p++="<< *p<<",";
    cout<<endl;
    return 0;
}
```

 温馨提示

1. 下标法引用数组元素

速度慢,直观。首先要计算出数组元素地址(a+i),再找到它指向的存储单元,读取或写入数据,存在越界问题。

2. 指针变量引用数组元素

速度快,不直观。不必每次计算数组元素地址,与当前指针位置有关,存在越界问题。

【例 7-7】 从 n 个数中找出其中最大值和最小值。

问题分析:

(1) 用一个一维数组来存放 n 个数据,不要求改变数组元素的值,只需得到最大值 max 和最小值 min,因此用两个全局变量来存放。

(2) 用一个函数求出最大值和最小值,把第一个元素首先赋值 max 值和 min,其中可以用指针变量快速访问数组的各个元素,逐一和当前最大值(最小值)比较,把较大值(较小值)赋给 max(min),这样直到数据访问结束,即可取得最大值和最小值。

程序清单如下:

```cpp
#include<iostream>
#define N 10
using namespace std;
int max0, min0;
void max_min(int a[], int n)
{
    int *p;
    max0=min0=a[0];          /* 把第一个元素首先赋值 max 和 min   */
    for(p=a+1;p<a+n;p++)/* 用指针变量逐个访问数组的各个元素 */
        if(*p>max0)
            max0= *p;
        else if(*p<min0)
            min0= *p;
    return;
}
int main()
{
    int i,num[N];
    cout <<"Enter integer number("<<N<<"):"<<endl;
    for(i=0;i<N;i++)
        cin >>num[i];
    max_min(num,N);
    cout <<"max0="<<max0<<"min0="<<min0<<endl;
    return 0;
}
```

运行结果:

7.4.2 二维数组和指针

1. 二维数组特点

根据数组定义,二维数组本质上是由若干个一维数组组成,其中每个元素不再是单一的数据,而是包含若干个相同元素个数的一维数组。例如,定义以下二维数组:

int mat[3][4];

该二维数组具有以下两个特点:

(1) mat 可看作是由 mat[0],mat[1],mat[2]构成的一维数组,而它的每个元素 mat[i]又是一个一维数组.

(2) mat[i]可以看成由 mat[i][0],mat[i][1],mat[i][2],mat[i][3]这 4 个元素(4 列)组成的一维数组,每个元素 mat[i]为指向该行这 4 个元素的首地址,可将 mat[i]这个特殊的数组名解释为指向 int 数组的简单指针常量.

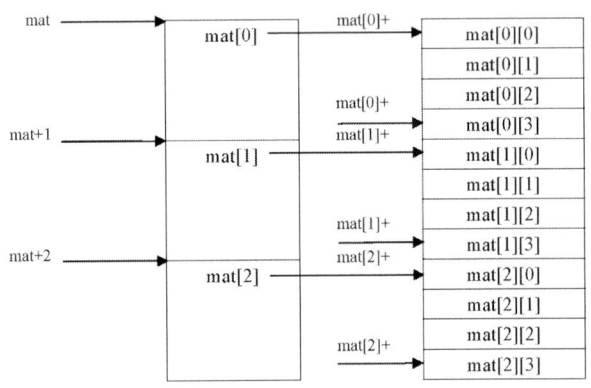

图 7-6　二维数组 mat 及其元素对应关系

2. 二维数组元素的引用

和一维数组类似,二维数组元素也可通过数组名和指针变量引用:

(1) 下标法:

第 i 行第 j 列的元素可表示为:

  mat[i][j]

(2) 数组名法:

因为二维数组名 mat 相当于二级指针,行元素 mat[i]或者 *(mat+i)相当于一级指针常量,则 mat[i]+j 是元素 mat[i][j]的地址.因此,第 i 行第 j 列元素可有以下 2 种等价表示法:

  *(mat[i]+j)

  ((mat+i)+j)

(3) 指针变量法:

使用指针变量引用二维数组元素通常有两种方式。

● 简单指针变量

与指针变量引用一维数组元素类似,可定义一个简单指针变量,让其指向数组的开始。

【例 7-8】二维数组元素简单指针变量引用。

#include<iostream>

```
#include<iomanip>
using namespace std;
int main()
{
    int m[3][4]={0, 1, 2, 3, 4, 5, 6, 7, 8, 9, 10, 11};
    int *p, i;

    for(i = 1, p = m[0]; p < m[0] + 12; p++, i++)
    {
        cout <<setw(4)<< *p;
        if(i % 4 == 0)
            cout <<endl;
    }
    return 0;
}
```

 温馨提示

本例中,p 的初值为 a[0],而非 a,因为 a 是二级指针常量,而 a[0]是一级指针常量。
● 指向一维数组的指针变量
【例 7-9】通过一维数组的指针变量引用二维数组元素。

```
#include<iostream>
#include<iomanip>
using namespace std;
int main()
{
    int m[3][4]={0,1,2,3,4,5,6,7,8,9,10,11};
    int (*p)[4], i, j;
    p=m;
    for(i=0; i<3; i++)
    {
        for(j=0;j<4;j++)
            cout <<setw(4)<<p[i][j];
        cout <<endl;
    }
    return 0;
}
```

语法扩展——数组指针与指针数组

上例程序中指针变量形式为：int(＊p)[4]，它表示 p 为指针类型变量，指向一个包含 4 个元素的一维整型数组。

（1）＊p 两侧括号不可少，它表示 p 是指针变量先与"＊"结合，然后再与[4]结合，即数组指针。

（2）如果没有括号，写成 int ＊p[4]，则表示指针数组。

在以上的二维数组和指针关系中，存在以下几个等价式：

（1）行元素地址：

　　m+i, p+i

（2）行元素：

　　m[i], p[i], ＊(m+i), ＊(p+i)

（3）元素地址：

　　m[i]+j, p[i]+j, ＊(m+i)+j, ＊(p+i)+j

（4）元素：

　　m[i][j], p[i][j], ＊(＊(m+i)+j), ＊(＊(p+i)+j), ＊(m[i]+j), ＊(p[i]+j)

7.5　数组作为函数参数

在函数之间经常要进行大量的数据交换，数组是同类型数据的简便表示，因此数组也是函数之间数据交换与传递的一种重要途径。数组作为函数参数主要有两种形式：

（1）数组元素作函数参数，这和普通变量作函数参数没有任何区别，属于值传递。

（2）数组名作函数参数，这种方法是将数组的起始地址传递给形参，属于地址传递。

7.5.1　数组元素作为函数参数

数组元素的使用和普通变量没有任何区别，因此数组元素作函数参数和简单变量作函数参数的用法完全相同，为单向值传送。

【例 7-10】统计 30 名学生成绩分布情况。大于等于 90 为优，大于等于 80 为良，大于等于 70 为中，大于等于 60 为及格，小于 60 为差。

问题分析：

（1）定义一个判断学生成绩等级的函数，该函数的功能是根据学生的成绩返回其等级，其实现是通过利用多个 if 语句进行多分支判断。

（2）在主函数中通过 for 循环读入学生成绩，调用等级函数判断其等级，对相应的等级进行累计，最后输出结果。

程序清单：

　　＃include <iostream>

```cpp
using namespace std;
/* 根据成绩判断学生等级 */
char grade(int sco)
{
    if(sco>=90)
        return 'A';
    if(sco>=80 && sco<90)
        return 'B';
    if(sco>=70 && sco<80)
        return 'C';
    if(sco>=60 && sco<70)
        return 'D';
    if(sco<60)
        return 'E';
    if(sco>100 || sco<0)
        return 'I';
}

/* 学生成绩 */
int main()
{
    int i;
    static int scos[30];
    int a=0,b=0,c=0,d=0,e=0;

    cout<<"Please enter students' scores:"<<endl;
    for(i=0; i<30; i++)
    {
        cin>>scos[i];
        switch(grade(scos[i]))
        {
            case 'A':
                a++;
                break;
            case 'B':
                b++;
                break;
            case 'C':
```

```
                C++;
                break;
            case 'D':
                d++;
                break;
            case 'E':
                e++;
                break;
            case 'I':
                cout<<"one score error!";
        }
    }
    cout<<"The A students:"<<a<<endl;
    cout<<"The B students:"<<b<<endl;
    cout<<"The C students:"<<c<<endl;
    cout<<"The D students:"<<d<<endl;
    cout<<"The E students:"<<e<<endl;
    return 0;
}
```

运行结果:
Please enter students' scores:
50 68 90 100 80 70 66 77 78 85 ↙
78 65 92 75 40 82 86 73 76 98 ↙
89 75 71 68 80 83 75 87 88 91 ↙

The A students: 5
The B students: 9
The C students: 10
The D students: 4
The E students: 2

7.5.2 数组名作为函数参数

数组名作函数参数时,需要分别在被调函数与主调函数中说明数组类型,并且要求实参与形参数组的类型相同,维数相同。在进行参数传递时,是"地址传递",也就是说是实参数组的起始地址传递给了形参数组,而不是将实参数组中的元素一一传递给形参数组元素。

1. 一维数组名作函数参数

一维数组名作函数参数时,函数声明的语法格式:

```
void disp(int a[10], int n);   /* 声明数组参数的函数 */
void disp(int a[]);            /* 数组的大小也可省略 */
```
函数调用的语法格式：
```
int sco[10];
disp(sco, 10);
```

2. 二维数组名作函数参数

二维数组名作函数参数时,函数声明的语法格式：
```
void disp(int a[4][3], int nx, int ny);   /* 声明数组参数的函数 */
void disp(int a[][3], int nx, int ny);    /* 数组只能省略第1个下标大小 */
```
函数调用的语法格式：
```
    int sco[4][3];
    disp(sco, 4, 3);
```

 温馨提示

由于数组传递的是首地址,为了方便访问,一般也将数据维数作为参数传递,如4和3。

【例7-11】编写程序完成对一个3×4矩阵的输入,并将该矩阵乘以2输出,要求输入和输出在不同的函数中进行。

问题分析：

将矩阵的输入和输出分别定义为两个函数,在矩阵的输入和输出函数中,通过两重for循环完成各数据的输入和输出,并且在输出函数中将矩阵的数据乘以2,完成题目要求。

程序清单如下：
```
#include <iostream>
#include <iomanip>
using namespace std;
/* 读取数据函数 */
int InData(int dt[3][4])
{
    int i, j;
    cout <<"Please Matrix data(3*4):"<<endl;
    for(i=0; i<3; i++)
        for(j=0; j<4; j++)
            cin >> dt[i][j];
}

/* 输出数据函数 */
```

```
int OutData(int dt[3][4])
{
int i,j;
cout<<"Please Matrix data(3*4):"<<endl;
for(i=0; i<3; i++)
{
    for(j=0; j<4; j++)
        cout<<setw(5)<<dt[i][j]*2;
        cout<<endl;
}
}

/* 主函数 */
int main()
{
    int mat[3][4];
    InData(mat);
    OutData(mat);
    return 0;
}
```

运行结果：
Please Matrix data(3*4):
　　3　5　6　7↙
　　1　2　3　0↙
　　4　5　5　2↙
Please Matrix data(3*4):
　　6　10　12　14
　　2　 4　 6　 0
　　8　10　10　 4

特别注意——数组名作参数

（1）实参和形实类型要一致，包括维数和元素类型。
（2）在形参中，任何数组只能省略最左边一个下标的大小，而且方括号要保留。
（3）数组名实际上传递的是数组首地址，实参和形参共享一段内存空间。

7.6 要点回顾

7.6.1 语法要点

表 7-1 语法要点

内　容	语　法	备　注
一维数组声明	元素类型 数组名[常量表达式];	int scores[50]; char name[5];
二维数组声明	元素类型 数组名[常量表达式1][常量表达式2];	int scores[50][4];
一维数组初始化	元素类型 数组名[常量表达式]={Value1,Value2,…,ValueN};	intnumbers[10] = {0, 1, 2, 3, 4, 5, 6, 7, 8, 9};
二维数组初始化	元素类型 数组名[常量表达式1][常量表达式2]={Value1,Value2,…,ValueN};	int matrix[3][4]={80,75,92,81,61,65,71,92,59,63,70,67}; int matrix[3][4]={{80,75,92,81},{61,65,71,92},{59,63,70,67}};
一维数组元素引用	数组名[下标]	int i,a[10]; cout＜＜" Please input ten numbers:"＜＜endl; for(i=0;i＜10;i++) cin ＞＞ a[i];

二维数组元素引用	数组名[下标][下标]	static int matrix[3][4];
		for(i=0;i＜3;i++)
		{
		　for(j=0;j＜4;j++)
		　cin ＞＞ matrix[i][j];
		}

7.6.2 常见错误

(1) 数组名不能与其他变量名或者标识符同名。例如，下面的数组声明是不正确的：

　　int score;
　　float score[10];

(2) 在方括号中不能使用变量声明一个数组,必须使用整型常量表达式.例如,利用常量表达式声明数组是正确的:

♯define MAX 10

int s[6+2],b[MAX−2];

下面数组声明是不正确的,因为在声明时使用了变量:

int n=5;

int score[n];

(3) 只能给元素逐个赋值,不能给数组整体赋值.例如,给 10 个元素全部赋初值为 1,其形式如下:

static intmat[10]={1,1,1,1,1,1,1,1,1,1};

下面赋初值的格式是错误的:

static int w[10]=1;

(4) 当数组长度与赋初值个数不相等时,在声明数组时,必须给出数组的长度.例如:

int a[5]={1,2,3},

(5) 极易混淆的两个表达式 *p++ 和 (*p)++.

*p++ 的 ++ 运算作用于指针变量,即先取指针变量所指向的值,然后指针变量进行 ++ 运算,改变指针变量的指向.

(*p)++ 的 ++ 运算作用于指针变量所指向的值,即指针变量所指变量的值自加 1.

习 题

一、选择题

1. 对于数组说法错误的是_____。

A. 必须先定义,后使用

B. 定义时数组的长度可以用一个已经赋值的变量表示

C. 数组元素引用时下标从 0 开始

D. 数组中的所有元素必须是同一种数据类型

2. 下面不可正确定义一维数组的是_____。

A. int n=5;int a[n];　　　　　　B. int a[5];

C. int a[ ]={1,2,3,4};　　　　　　D. int a[2*3];

3. 下面不可正确定义二维数组的是_____。

A. int a[2][ ]={{1,2},{2,4}}　　　B. int a[ ][2]={1,2,3,4}

C. int a[2][2]={{1},{2},{3}}　　　D. int a[2][ ]={{1,2},{3,4}}

4. 若有声明 "int a[ ][4]={1,2,3,4,5,6,7,8,9,10,11,12};",则数组第一维的大小为_____。

A. 2　　　　　B. 3　　　　　C. 4　　　　　D. 不能确定的值

5. 若有定义语句"int (*p)[M];",其中标识符 p 是_____。

A. M 个指向整型变量的指针

B. 指向 M 个整型变量的函数指针

C. 一个指向具有 M 个整型元素的一维数组指针

D. 具有 M 个指针元素的一维指针数组,每个元素都只是指向整型量

6. 若有定义"int a[]={2,4,6,8,10,12}, *p=a",则 p+1 和 *(p+1)的值分别是_____。

A. &a[0] 2   B. &a[0] 4   C. &a[1] 2   D. &a[1] 4

二、程序分析题

1. 阅读下列程序,写出程序的功能以及当输入以下数据

　　　　12,23,-1,5,8

　　　　-16,3,5,0,1

　　　　-8,4,3,10,11

　　　　-20,100,78,29,1

时的输出结果。

```
#include <iostream>
#include <iomanip>
#define MAX 20
using namespace std;
int main()
{
    int n[MAX];
    int i;
    cout <<"Please input 20 nubmers:\n";
    for(i=0;i<19;i++)
        cin >> n[i];
    for(i=0;i<19;i++)
        if(n[i]>=0)
            cout <<setw(6)<< n[i];
    return 0;
}
```

2. 以下 findmax 返回数组 s 中最大元素的下标,数组中元素的个数由 t 传入,请将标号【1】、【2】空白处补充完整。

```
#include <iostream>
#include <cstring>
using namespace std;
int findmax(int s[], int t)
{
    int k, p;
```

```
        for(p = 0, k = p; p < t; p++)
            if(s[p] > s[k])
                  【1】  ;
        return  【2】  ;
}
```

3. 下列程序是求矩阵 m[5][5]两条对角线元素值的和,请将标号【3】、【4】、【5】空白处补充完整。

```
#include <iostream>
using namespace std;
int main()
{
    int m[5][5];
    int sum1,sum2;
    int i,j;
    cout<<"Please elements:"<<endl;
    for(i=0;i<5;i++)
        for(j=0;j<5;j++)
            cin >>  【3】  ;
    cout<<"Enter:"<<endl;
    for(i=0;i<5;i++)
    {
        for(j=0;j<5;j++)
            cout << m[i][j];
        cout <<endl;
    }
    sum1=  【4】
    sum2=  【5】
    cout <<"The results:"<<sum1<<sum2<<endl;
    return 0;
}
```

4. 从终端读入数据到数组中,统计出正整数的个数,并求和,请将标号【6】、【7】空白处填写完整。

```
#include <stdio.h>
void main()
{
    int i,a[20],sum,count;
    sum=count=0;
    for(i=0;i<20;i++)
```

```
        cin>>  【6】  ;
    for(i=0;i<20;i++)
    {
        if(a[i]>0)
        {
            count++;
            sum+= 【7】  ;
        }
        Cout<<"sum="<<"count= "<<sum<<count;
    }
}
```

5. 下列程序是求出 M 行 N 列二维数组每列元素中的最小值,并计算它们的和,请将标号【8】、【9】、【10】空白处填写完整。

```
#include <stdio.h>
#define M 3
#define N 3
void columnmin(int str[M][N],int *sum)
{
    int i,j,k,s=0;
    for(i=0;i<N;i++)
    {
        k=0;
        for(j=1;j<M;j++)
            if(str[k][i]>str[j][i])
                k=j;
        s+= 【8】  ;
    }
     【9】 =s;
}
int main()
{
    int a[M][N]={1,2,3,4,5,6,7,8,9},s;
    columnmin( 【10】  );
    cout<<s<<endl;
    return 0;
}
```

三、编程题

1. 有一个数组,内放 10 个整数,要求找出最大数以及它的下标。
2. 求 Fibonacci 数列中前 20 个数。Fibonacci 数列的前两个数为 1,1,以后每个数都是其前面两个数之和。Fibonacci 数列前面 n 个数为:1,1,2,3,5,8,13,…。用数组存放数列的前 20 个数,并输出(一行 5 个数输出)。

3. 有一行文字,要求将其中的每个单词的首字母由小写改为大写,假定单词之间以空格来分隔。

4. 输出"魔方阵"。所谓魔方阵是指这样的方阵,它的每一行、第一列和对角线之和均相等。例如,三阶魔方阵为

$$
\begin{array}{ccc}
8 & 1 & 6 \\
3 & 5 & 7 \\
4 & 9 & 2
\end{array}
$$

要求输出 $1 \sim n^2$ 的自然数构成的魔方阵。

5. 有 n 个学生,每人考 m 门课,请编程计算每个学生的平均成绩,并统计输出有不及格科目的学生。

6. 从键盘中输入字符串,采用冒泡排序法对字符串中的字符从大到小进行排序。

7. 在主函数中输入一个字符串,定义一个函数将此字符串从第 m 个字符开始到第 n 个字符为止的全部字符复制成另一个字符串,并输出。要求:使用函数和指针。

8. 编程实现将一个整数字符串转换为一个整数,如"-6789"转换为-6789。要求:使用函数和指针。

9. 编写一个函数,完成将 n 个数按输入时顺序的逆序输出出来,即最后一个先输出,第一个最后输出,并编写主函数进行测试。

要求:

(1) 编写逆序函数,返回逆序的数值。

(2) 编写主函数,进行 n 个数的输入,调用逆序函数,完成输出。

10. 某班有 n 个学生,每个学生有 m 门成绩,请编写程序统计成绩位于前 5 名的学生。

要求:

(1) 编写排序函数,完成班级成绩的降序排列。

(2) 编写输入函数,完成 n 个学生 m 门成绩的输入。

(3) 编写输出函数,输出排序后的前 5 名学生。

(4) 编写主函数,调用程序中定义的其他函数。

第 8 章 字 符 串

If you wish to succeed, you should use persistence as your good friend experience as your reference, prudence as your brother and hope as your sentry.

——*Thomas Edison*

- 掌握字符串的概念
- 掌握字符数组的定义，以及字符串与字符数组的关系
- 掌握字符数组的赋值、输入输出方法
- 掌握常用的字符串处理函数
- 能够应用字符数组进行综合程序设计

在现实生活中，经常要遇到各种各样的字符串数据，如学生的姓名、家族地址等描述性信息，这些信息在编程语言中是可以用表示文本的数据类型来实现的，这种文本的数据类型就是字符串。在 C/C++ 中没有字符串类型，字符串是存放在字符型数组中，也就是将一个个的字符存入字符数组中，并在字符数组的结尾处，加上一个结束标志 '\\0'。每个字符串在内存中均占有一个连续的存储空间，一个字符占一个字节的存储单元，其中结束标记也要占用一个字节，而且该存储空间有唯一的起始地址。字符串的相关操作也就是对字符型数组的操作，一维字符数组可以处理一个字符串操作，二维字符数组可以处理多个字符串操作（每一行可表示一个字符串）。

8.1　字符串和字符串结束标志

字符串常量是由一对双引号括起来的一个字符序列，如"hello"、"C program"等都是字符串常量。无论双引号内是否包含字符，包含多少个字符，都代表一个字符串常量。

> **特别注意**
>
> 字符串常量不同于字符常量。例如，"a"是字符串常量，而'a'是字符常量。

C/C++ 没有提供字符串数据类型，不能像基本类型的变量那样进行存储、操作，但可以把字符串以字符为单位进行分隔，把这些字符用内存中相邻的位置进行存储，实际上就像前面所讲的数组存储一样，只不过，这里的每个数据元素的类型为字符类型。因此字符串的存取要用字符数组来实现。

例如，把字符串常量"I am a student."用字符数组存储如图 8-1 所示。

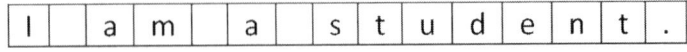

图 8-1　字符串常量存字符数组的存储结构（不带'\0'）

在该数组存储中，只是用字符数组把字符常量中的每一个字符进行存储，实际上在字符串的存储时，C/C++ 编译器会自动在字符串的末尾添加一个 ASCII 码值为 0 的空操作符'\0'作为字符串结束的标志（如图 8-2 所示），在字符串中可以不必显式地给出。

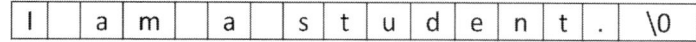

图 8-2　字符串常量存字符数组的存储结构（带'\0'）

C/C++系统在用字符数组存储字符串常量时会自动加一个'\0'作为结束符。例如"I am a student."共有 15 个字符。字符串是存放在一维数组中，在数组中它占 16 个字节，最后一个字节'\0'是由系统自动加上的。

在程序中判定字符串是否结束通过检测'\0'的位置，而计算字符串的长度也是寻找字符串结束标志'\0'，找到后，把'\0'以前的字符进行累加和计数，即字符串的实际长度（'\0'作为结束标志占有存储空间，但不计入串的实际长度），而不是根据数组的长度来决定字符串长度。

因此，字符串实际是由若干个有效字符构成且以字符'\0'作为结束的一个字符序列。

 扩展阅读：字符串常量在内存中的地址

每一个字符串常量都分别占用内存中一串连续的存储空间，这些连续的存储空间实际上就是字符型一维数组。这些数组虽然没有名字，但 C 编译系统却以字符串常量的形式给出存放每一字符串的存储空间的首地址，不同的字符串具有不同的起始地址。

8.2　字符数组

8.2.1　字符数组的定义和初始化

1. 字符数组的定义

用来存放字符串的数组称为字符数组，每个数组元素的类型为字符类型，可以像定义其他类型的数组一样定义一维、二维、多维字符数组。

一维字符数组的定义语法形式是：
　　char 数组名[常量表达式]；
二维字符数组的定义语法形式是：
　　char 数组名[常量表达式 1][常量表达式 2]；
例如，
char name[5];　　　　　　/*声明存放 5 个字符型数据的 name 数组　*/
char names[5][10];　　　　/* 声明二维数组 names,可存放 5 个人的姓名　*/

 温馨提示

char name[5];　/*存放字符的个数为 5,如果存放字符串,其最大长度为 4,特别注意要为字符串的结束标记预留一个字节的存储空间　*/

char names[5][10]; /* 每个人姓名为字符串,所以姓名的最大长度为 9 个字符 */

2. 字符数组的初始化

字符数组的初始化有以下两种方法。

(1) 用"初始化列表"把各个字符依次赋给数组中每个元素。这种初始化方式和数组的初始化方式一样,但是要注意它们之间的区别。

例如,

char c[5] = {'h','e','l','l','o'};

把 5 个字符依次分别赋给 c[0]~c[4]这 5 个元素如图 8-3 所示。

c[0]	c[1]	c[2]	c[3]	c[4]
h	e	l	l	o

图 8-3 字符数组 c 的存储结构(不带'\0')

上面的初始化方式没有考虑字符串结束标志,这是不安全的,应该按下面的语句进行初始化:

char c[6] = {'h','e','l','l','o','\0'};

把 6 个字符(带'\0')分别赋给 c[0]~c[5]这 6 个元素,如图 8-4 所示。

c[0]	c[1]	C[2]	c[3]	c[4]	c[5]
h	e	L	l	o	\0

图 8-4 字符数组 c 的存储结构(带'\0')

(2) 用字符串的方式对数组进行初始化赋值。

例如,

char c[6]= "hello";

把"hello"这个字符串常量存到 c 数组中,注意该字符串常量的字符个数为 5,但是字符串在字符数组中存储时还有一个字符串结束标记'\0'。

c[0]	c[1]	c[2]	c[3]	c[4]	c[5]
h	e	l	l	o	\0

图 8-5 字符串存字符数组 c 的存储结构

此定义也可写成:

char c[ ]= "hello";

其在内存中的存储结构和 char c[6]= "hello"一样,如图 8-5 所示。即如果给字符数组直接赋值一个字符串常量,字符数组的个数可以不写,编译器会根据字符串的实际字符个数加 1 来决定字符数组的大小。

对于二维字符数组,可以存放多个字符串,在初始化时,代表存储字符串个数的第 1 维下标可以省略,但表示字符串长度的第 2 维下标不能省略。

例如,

charstr[3][5]={ "A", "BB", "CCC"};

其中各元素在数组中的存储情况如图 8-6 所示。

此定义也可写成：
charstr[ ][5]={ "A"，"BB"，"CCC"}；

str[0]	A	\0	\0	\0	\0
str[1]	B	B	\0	\0	\0
str[2]	C	C	C	\0	\0

图 8-6　二维字符数组 str 的存储结构

数组元素按行连续占存储单元，如图 8-6 所示。有些存储单元是空闲的，各字符串并不一串紧挨着一串存放，总是从每行的第 0 个元素开始存放一个新的字符串。

特别注意

当用字符串来初始化字符数组时，应该注意以下问题：
(1) 字符数组的长度至少应该比实际存储的字符串的长度多 1。
(2) 一维字符数组若在声明时初始化赋值，则可以省略其长度，默认的长度为初始化字符串的长度加 1；若没有初始化赋值，则必须说明数组的长度。
(3) 若字符数组采用字符方式初始化，则应注意在字符串的结尾处，再加一个结束标志'\0'。
(4) 对于二维字符数组的初始化，注意只能省略一维下标，不可省略二维下标。

8.2.2　字符数组中元素的引用

与一般数组中元素的引用一样，引用字符数组中的一个元素，就可得到该字符数组中的一个字符。

【例 8-1】 输出一个已知的字符串。
问题分析：
(1) 定义一个字符数组，并用"初始化列表"对其赋初值。
(2) 用循环逐个输出此字符数组中的每个字符。
程序清单：

```
#include <iostream>
using namespace std;
int main()
{
    char c[6] = {'h', 'e', 'l', 'l', 'o', '\0'};   /*定义并初始化字符数组*/
    int i;
    for(i = 0; i < 6; i++)
        cout<<c[i];  /* 通过循环,输出每个元素 */
    cout<<endl;
    return 0;
```

}
运行结果:
hello

【例8-2】用二维字符数组输出一周的每一天。

问题分析:

(1)定义一个二维字符数组,并用"初始化列表"对其赋初值。

(2)用嵌套的for循环输出字符数组中的所有元素。

程序清单:

```cpp
#include <iostream>
using namespace std;
int main()
{
    char weekday[7][10] = { "Sunday", "Monday", "Tuesday", "Wednesday", "Thursday", "Friday", "Saturday"};      /*定义并初始化二维字符数组*/
    int i,j;
    for(i = 0; i < 7; i++)
    {
        for(j=0; j<10; j++)
            cout<<weekday[i][j];      /* 通过双重循环,输出每个元素*/
        cout<<" ";
    }
    cout<<endl;
    return 0;
}
```

运行结果:

Sunday Monday Tuesday Wednesday Thursday Friday Saturday

8.2.3 字符数组的输入输出

字符数组的输入输出有以下三种方法。

(1)按字符格式逐个字符的输入输出。

例如,

```cpp
for(i = 0; i<10; i++)
{
    cin>>c[i];                /* 字符数组的输入 */
}
for(i = 0; i<10; i++)
{
    cout<<c[i];               /* 字符数组的输出 */
```

}

 温馨提示

由于字符串的长度与字符数组的大小通常并不是完全一致的,因此很少使用上面输出字符数组方式,更常用的方式是借助字符串结束标志'\0'。即:

for(i = 0; c[i] != '\0'; i++)
{
    cout<<c[i];   /* 字符串的输出 */
}

该语句在输出时,依次检查数组中的每个元素 c[i]是否为'\0',若是,则停止输出,否则继续输出下一个字符。

(2) 数字符串格式将字符串作为一个整体输入/输出。

例如,

cin>>c;

表示读入一个字符串,直到遇到空白符(空格、回车或制表符)为止。

cout<<c;

表示输出一个字符串,直到遇到字符串结束标志为止。

特别注意

这里,由于字符数组名 c 本身代表该数组中存放的字符串的首地址,因此数组名 c 的前面不能再加取地址运算符。

【例 8-3】 从键盘输入一个人名,并把它显示在屏幕上。

```
#include <iostream>
using namespace std;
#define N 12
int main()
{
    char name[N];
    cout<<"Enter your name(maximum 12 characters:";
    cin>>name;
    cout<<"Hello"<<name;
    return 0;
}
```

运行结果:
Enter your name(maximum 12 characters):John↙
Hello John

> **特别注意**
>
> 例 8-3 运行结果测试为:Enter your name(maximum 12 characters):John Smith↙
> Hello John
> "Smith"为什么没有显示呢？原来 cin 函数读入字符遇到(但不包含)"John"之后的空格后就结束了读入字符的操作,余下的字符串"Smith"被留在输入缓冲区中。

【例 8-4】请理解此程序,分析程序的运行结果。

```cpp
#include <iostream>
using namespace std;
#define N 12
int main()
{
    char name[N];
    cout<<"Enter your name(maximum 12 characters:";
    cin>>name;
    cout<<"Hello"<<name;
    cin>>name;
    cout<<"Hello"<<name;
    return 0;
}
```

运行结果：
Enter your name(maximum 12 characters):John Smith↙
Hello John!
Hello Smith!

第一个 cin 语句将输入字符串空格前面的字符串读到数组 name 中,然后由第一个 cout 语句打印出"Hello John!"信息。第二个 cin 语句将输入缓冲区中余下的上次未被读走的空格后面的字符串重新读到数组 name 中,然后由第二个 cout 语句打印出"Hello Smith!"信息。

> **特别注意**
>
> 用 cin 不能输入带空白符的字符串。

(3) 使用 gets()、puts()函数输入输出字符串。

【例 8-5】使用函数 gets(),从键盘输入一个带空格的人名,并用 puts()函数把该字符串显示在屏幕上。

```cpp
#include <iostream>
using namespace std;
```

```
#define N 12
int main()
{
    char name[N];
    cout<<"Enter your name(maximum 12 characters:";
    gets(name);
    puts(name);
    return 0;
}
```

运行结果：

Enter your name(maximum 12 characters):John Smith↙

John Smith

 **重要语法**

(1) gets 函数一般形式为：gets(字符数组)，其作用是从终端输入一个字符串(包含空格符,直到遇到回车符作为输入结束标记)到字符数组,并且得到一个函数值。该函数值是字符数组的起始地址。

一般利用 gets 函数的目的是向字符数组输入一个字符串,而不大关心其函数值。

(2) puts 函数一般形式为：puts(字符数组)，其作用是将一个字符串(以'\0'结束的字符序列)输出到屏幕。

用 puts 函数输出的字符串可以包含转义字符。例如,

char str[]="China\nBeijing";

puts(str);

输出结果：

China

Beijing

注意：

(1) 用 gets()和 puts()只能输入或输出一个字符串,不能写成：

puts(str1,str2);

或者：

gets(str1,str2);

(2) gets()和 puts()是 C 语言的标准输入/输出库函数,因此,在使用时须在程序的开始将头文件<stdio.h>包含到源文件中即可。

8.3 字符串处理函数

C/C++语言中没有提供对字符串进行整体操作的运算符,但提供了很多有关字符串操作的库函数。例如,不能由运算符实现的字符串赋值、合并和比较运算,但可以通过调用库函数来实现这些运算。下面介绍几种常用的字符串处理函数。在使用这些函数时,必须在程序前面,用命令行指定包含标准头文件<string.h>。

1. 求字符串长度函数 strlen

调用形式如下:

  strlen(str);

功能:测字符串 str 的实际长度(不包括字符串结束标志'\0'),并返回字符串的长度。

例如:

char name1[ ]="China";

char name2[10]= "Beijing";

cout<<strlen(name1);

cout<<strlen(name2);

输出结果:

5

7

特别注意

sizeof(str):用来测试字符串 str 在内存中所占的实际字节数,即字符数组所开辟的实际内存空间的大小。

对比如下程序:

char name1[ ]="China";

char name2[10]= "Beijing";

cout<<sizeof(name1);

cout<<sizeof(name2);

输出结果:

6

10

另外,sizeof 是运算符,strlen 是函数。

2. 字符串复制函数 strcpy

调用形式如下:

  strcpy(str1,str2);

功能:把字符数组 str2 中的字符串复制到字符数组 str1 中,字符串结束标志'\0'也一同复制。字符数组 str2 也可以是一个字符串常量,这时相当于把一个字符串赋给一个字符数组。

例如,
char name1[10],name2[ ]="China";
strcpy(name1,name2);

执行后,字符数组 name1 存储的字符串为"China"

特别注意

(1) 字符数组 str1 必须定义得足够大,以便容纳被复制的字符数组 str2 或字符串。字符数组 str1 的长度不应小于字符数组 str2。

(2) 字符数组 str1 必须是字符数组名形式,字符数组 str2 可以是字符数组名,也可以是一个字符串常量。

(3) 若在复制前未对 str1 数组初始化或赋值,则 str1 各字节中的内容是无法预知的,复制时将 str2 中的字符串和其后的'\0'一起复制到字符数组 str1 中,取代字符数组 str1 中前面 6 个字符,最后 4 个字符并不一定是'\0',而是 str1 中原有的最后 4 个字节的内容。

(4) 不能用赋值语句将一个字符串常量或字符数组直接给一个字符数组。如下面两行语句是不合法的:
str2="China";
str1=str2;

只能用 strcpy 函数将一个字符串复制到另一个字符数组中。例如,
strcpy(str1,str2);

3. 字符串连接函数 strcat

调用形式如下:
  strcat(str1,str2);

功能:把字符数组 str2 中的字符串连接到字符数组 str1 中的字符串的后面,并自动覆盖 str1 串末尾的'\0';函数返回值是字符数组 str1 的起始地址。

例如,
char str1[15]="first & ";
char str2[ ]="second";
strcat(str1,str2);

执行后,字符数组 str1 存储的字符串为"first & second",字符数组 str2 存储的字符串不变,仍为"second"。

> **特别注意**
>
> （1）字符数组 str1 必须定义得足够大,以便容纳连接后的新字符串。
> （2）连接前两个字符串的后面都有'\0',连接时将字符串 1 后面的'\0'删除,但新串最后保留'\0'。

4. 字符串比较函数 strcmp

调用形式如下：

  strcmp(str1,str2);

功能:将字符数组 str1 和 str2 中的字符串自左至右逐个字符相比(按 ASCII 码值大小比较),直到出现第一对不同的字符或遇到'\0'为止。

（1）如全部字符相同,则认为两个字符串相等,函数返回值等于 0。
（2）如字符串 str1＞字符串 str2,函数返回值大于 0。
（3）如字符串 str1＜字符串 str2,函数返回值小于 0。

例如,

char str1[ ]="China",str2[ ]= "Korea";
strcmp(str1,str2); /＊字符串 str1＞str2,结果返回值为 1＊/

> **特别注意**
>
> 两个字符串的比较不能使用关系运算符,只能通过 strcmp()函数进行两个字符串的比较。比如不能用以下形式：
> if(str1＞str2);
>   cout＜＜"yes";
> 而只能用：
> if(strcmp(str1,str2)＞0);
>   cout＜＜"yes";

5. "n 族"字符串处理函数 strncpy、strncat、strncmp

其调用方式、功能及实例如下：

（1）strncpy(str1,str2,n):将字符串 str2 的前 n 个字符复制到字符数组 str1 中。
（2）strncat(str1,str2,n):将字符串 str2 的前 n 个字符连接到字符串 str1 的结尾处(覆盖 str1 结尾处的'\0')并在新串的最后添加'\0'。
（3）strncmp(str1,str2,n):比较两个字符串的前 n 个字符.

例如,

char d[20]=" Golden Global";
char s[ ]=" GoodWinIDE Library";
strncat(d,s,5); /＊字符数组 d 中的字符串为:" Golden Global Good"＊/
strncmp(d,s,2); /＊两字符串的前 2 个字符相等,即函数的返回值为 0"＊/

strncpy(d,s,5);   /*字符数组 d 中的字符串为:" Gooden Global Good" */

【例 8-6】 从键盘输入一个字符串,并统计字符串中字母的个数。

```cpp
#include <iostream>
using namespace std;
int charnum(char * str);
int main()
{
    char str[20];
    cout <<"Please input your string:"<<endl;
    gets(str);
    cout <<"There are %d characters!"<< charnum(str)<<endl;
    return 0;
}

int charnum(char * str)
{
    int i;
    int number=0;
    for(i=0;i<20;i++)
        if(((str[i]>=65)&&(str[i]<=90))||((str[i]>=97)&&(str[i]<=122)))
            number++;
    return number;
}
```

运行结果:
Please input your string:
Hello World✓
There are10 characters!

【例 8-7】 从键盘输入用户名和密码,并验证用户名和密码是否正确。

```cpp
#include <iostream>
#include<string.h>
using namespace std;
void check(char * uname,char * pwd,char * str1,char * str2);
int main()
{
    char uname[20],pwd[20];
    char str[2][20]={"soft","123456"};
    cout <<"Please input your name:"<<endl;
```

```
            gets(uname);
            cout<<"Please input your password:"<<endl;
            gets(pwd);
            check(uname,pwd,str[0],str[1]);
            return 0;
}

void check(char * uname,char * pwd,char * str1,char * str2)
{
        if(strcmp(uname,str1)==0)
        {
            if(strcmp(pwd,str2)==0)
                cout<<"you have passed validation!"<<endl;
            else
                cout<<"your password is error!"<<endl;
        }
        else
            cout<<"your name is error!"<<endl;
}
```

运行结果：
Please input your name:
soft↙
Please input your password:
123456↙
You have passed validation!

【例8-8】编程实现某场国际比赛中，各参赛国的入场次序（按参赛国的国名在字典中的顺序），假设参赛国不超过 20 个。

问题分析：

(1) 一个国名实际上就是一个字符串，可用一维字符数组来表示，而多个国家就是多个字符串就需要二维字符数组来表示，因此为表示参赛国的国名，可定义二维字符数组：

char name[20][10];

其中，第一维长度 20 表示可允许最多 20 个参赛国，第二维长度 10 表示每个参赛国的国名最长为 9(其字符串结束标志'\\0'也占一个字节的内存)。

(2) 对参赛国的国名按字典中的顺序进行排序，实际上就是按字符串由小到大的顺序进行排序，具体排序过程用 Sort()函数来实现。

程序清单如下：

#include <iostream>

```cpp
#include <string.h>
using namespace std;
#define N 20                        /*字符串最大长度,即参赛国数*/
#define MAX_LEN 10                  /*字符串个数,即国家的国名*/
void Sort(char str[ ][MAX_LEN],int n);  /*实现字符串按字典顺序排序*/

int main()
{
    char name[N][MAX_LEN];/*定义二维字符数组*/
    int i,n;
    cout<<"How many countries?";
    cin>>n;
    getchar();              /*读走输入缓冲区中的回车符*/
    cout<<"Input their names:"<<endl;
    for(i=0;i<n;i++)        /*输入 n 个字符串*/
    {
        gets(name[i]);
    }
    Sort(name,n);   /*字符串按字典顺序排序*/
    cout<<"Sorting results:"<<endl;
    for(i=0;i<n;i++)    /*输出排序后的 n 个字符串*/
    {
        puts(name[i]);
    }
    return 0;
}

void Sort(char str[ ][MAX_LEN],int n)
{
    int i,j;
    char temp[MAX_LEN];
    for(i=0;i<n-1;i++)
    {
        for(j=i+1;j<n;j++)
        {
            if(strcmp(str[j],str[i])<0)
            {
                strcpy(temp,str[i]);
```

```
                    strcpy(str[i],str[j]);
                    strcpy(str[j],temp);
                }
            }
        }
}
```

运行结果:

How many countries?5↙
Input their names:
China↙
America↙
England↙
Japan↙
France↙
Sorting results:
America
China
England
France
Japan

特别注意

(1) 字符串赋值操作不同于单个字符的赋值操作,对单个字符进行赋值可以使用赋值运算符,但是赋值运算符不能用于字符串的赋值操作,字符串赋值只能使用 strcpy() 函数。

例如,
```
char temp[20];
temp=str[i];            /*此语句错误*/
strcpy(temp,str[i]);    /*此语句正确*/
```

(2) 字符串比较的方法不同于比较单个字符的方法,比较单个字符可使用关系运算符,但比较字符串不能直接使用关系运算符,只能使用 strcmp() 函数。

例如,
```
if(str[j]<str[i])              /*错误*/
if(strcmp(str[j],str[i])<0)    /*正确*/
```

8.4 要点回顾

8.4.1 语法要点

表 8-1 语法要点

内　　容	语　　法	备　　注
字符串常量	"字符序列"	"hello" "C program"
一维字符数组定义	char 数组名[常量表达式];	charname[5];
二维字符数组定义	char 数组名[常量表达式1][常量表达式2];	char names[5][10];
一维字符数组初始化	char 数组名[常量表达式] = {Value1, Value2, …, ValueN};	char c[6] = {'h', 'e', 'l', 'l', 'o', '\0'}; char c[6] = "hello";
二维字符数组初始化	char 数组名[常量表达式1][常量表达式2] = {Value1, Value2, …, ValueN};	charstr[3][5]={"A","BB","CCC"};
一维字符数组元素引用	数组名[下标]	char c[6] = {'h', 'e', 'l', 'l', 'o', '\0'}; int i; for(i = 0; i < 6; i++) 　　cout<<c[i]<<endl;

二维字符数组元素引用	数组名[下标][下标]	char weekday[7][10] = {"Sunday", "Monday", "Tuesday", "Wednesday", "Thursday", "Friday", "Saturday"};
		int i,j;
		for(i = 0; i < 7; i++)
		{
		　　for(j=0; j<10; j++)
		　　　　cout<< weekday[i][j];
		　　cout<<" "<<endl;
		}

字符指针	char *指针变量名;	char * ptr="hello";

续表 8-1

内　　容	语　　法	备　　注

字符串输入输出	gets(字符数组)
	puts(字符数组)
		#define N 20;
		char name[N];
		cout<<"Enter your name (maximum 12 characters):";
		gets(name);
		puts(name);

字符串长度函数	strlen(str);	char c[6] = {'h','e','l','l','o','\0'}; cout<<strlen(c);
字符串复制函数	strcpy(str1,str2);	char name1[10],name2[] = "China"; strcpy(name1,name2);
字符串连接函数	strcat(str1,str2);	char str1[15]="first &. "; char str2[] = "second"; strcat(str1,str2);
字符串比较函数	strcmp(str1,str2);	char str1[]="China",str2[] = "Korea"; strcmp(str1,str2);

8.4.2　常见错误

(1) 字符常量与字符串常量容易理解错误。例如，下面的使用是不正确的：

'abc'：用一对单引号将一个字符串括起来，会造成编译时错误。

注意：'a'和"a"的区别。两者是不一样的，前者在内存中占 1 个字节，后者在内存中占 2 个字节(带字符串结束标志'\0')。

(2) 没有定义一个足够大的字符数组来保存字符串结束标志'\0'。例如，下面的定义是不正确的：

char str[6] = "student";　　/* 会造成运行时错误 */

(3) 用 scanf()读取字符串时，代表地址值的数组名前面添加了取地址符 &.。例如，下面的使用是不正确的：

scanf("%s", &.str);　　　　/* 会造成运行时错误 */

(4) 用 scanf()而非 gets()输入带空格的字符串，会造成运行时错误。

(5) 在输入字符串时，没有提供空间足够大的字符数组来存储，即用户从键盘键入的字符个数超过了字符数组所含元素的个数，会造成运行时错误。

(6) 打印一个不包含字符串结束标志'\0'的字符数组，会造成运行时错误。

(7) 在执行字符串处理操作时，没有提供足够大的空间用于存储处理后的字符串。

例如，下面的使用是不正确的：

　　char str[4];
　　strcpy(str, "student");　　　/*会造成运行时错误*/

（8）在执行字符串处理操作时，忘记在字符串的末尾添加字符串结束标志'\\0'，会造成运行时错误。

（9）直接使用关系运算符而未使用函数 strcmp()来比较字符串大小。例如，下面的使用是不正确的：

　　if(str1==str2)　　　/*会造成运行时错误*/

（10）直接用赋值运算符而未使用函数 strcpy()对字符数组进行赋值。例如，下面的使用是不正确的：

　　str="student";　　　/*会造成编译时错误*/

习　　题

一、选择题

1. 下列语句，叙述正确的是_____。
char c1[ ]="abcd";
char c2[ ]={'a','b','c','d'};
A. 数组 c1 和数组 c2 等价
B. 数组 c1 占用空间大于数组 c2 占用空间
C. 数组 c1 占用空间小于数组 c2 占用空间
D. 数组 c1 和数组 c2 的长度相同

2. 下列正确进行字符串赋值、赋初值的语句是_____。
A. char str[10];str= "abcdefg";
B. char str[10];str= {"abcdefg"};
C. char str[10]= "abcdefg";
D. char str[10]= "abcdefghijkl";

3. 有以下程序
```
int main()
{
    char str[10]="abcd\\n";
    cout<<sizeof(str),strlen(str);
    return 0;
}
```
A. 4　4　　　　B. 5　5　　　　C. 10　5　　　　D. 10　10

4. 若有
char str[ ]="student";

则_____不可输出该字符串。

A. coput<<a;

B. int i;for(i=0;i<5;i++) cout<<a[i];

C. putchar(a);

D. puts(a);

5. 对于字符串的操作,下列说明中正确的是_____。

A. 可用赋值表达式对字符数组赋值,如 char str[20];str="china";

B. 若有字符数组 a 和 b,且 a>b,则 strcmp(a,b)为非负数

C. 可用 strcpy 函数进行字符串的复制来完成字符数组的赋值

D. 字符串"aaa"在内存口占用 3 个字节

6. 以下程序的输出结果是_____。

```
#include <iostream>
using namespace std;
void main()
{
    char ch[2][5]={"6937","8256"},*p[2];
    int i,j,s=0;
    for(i=0;i<2;i++)
        p[i]=ch[i];
    for(i=0;i<2;i++)
        for(j=0;p[i][j]>'\0'&&p[i][j]<='9';j+=2)
            s=10*s+p[i][j]-'0';
    cout<<s;
}
```

A. 6385 B. 69825 C. 63825 D. 693825

7. 库函数 strcpy 用以复制字符串。若有以下定义和语句:

char str1[]="string",str2[8],*str3,*str4="string";

则对库函数 strcpy 的不正确调用是_____。

A. strcpy(str1,"HELLO1");   B. strcpy(str2,"HELLO2");

C. strcpy(str3,"HELLO3");

D. strcpy(str4,"HELLO4");

8. 以下正确的程序段是_____。

A. char str1[]="12345",str2[]="abcdef";strcopy(str1,str2);

B. char str[10],*st="abcde";strcat(str,st);

C. char str[10]=" ",*st="abcde";strcat(str,st);

D. char *str1="12345",*st2="abcde";strcat(str1,str2);

9. 以下程序的输出结果是_____。

int main()

```
{
    char *p1[10]={"abc","abcdef","aabbc","abcd","df"};
    cout<<strlen(p1[4]);
    return 0;
}
```
A. 2　　　　　B. 3　　　　　C. 4　　　　　D. 5

10. 若有以下定义语句,则程序的输出结果是_____。

```
int main()
{
    char *s1="AB",*s2="BCDEFG",s3[20]="DF";
    strcpy(s3,s1);
    cout<<strlen(strcat(s3,s2));
    return 0;
}
```
A. 2　　　　　B. 6　　　　　C. 8　　　　　D. 10

二、程序分析题

1. 下面函数实现函数 strcmp() 的功能,比较两个字符串 s 和 t,然后将两个字符串中第 1 个不相同字符的 ASCII 码值之差作为函数值返回。请将标号【1】、【2】空白处补充完整。

```
int DStrcmp(char s[],char t[])
{
    int i;
    for(i=0;s[i]==t[i];i++)
    {
        if(s[i]==  【1】  )
            return 0;
    }
    return   【2】  ;
}
```

2. 下面程序的功能是:将字符数组 a 中下标值为偶数的元素从小到大排列,其他元素不变。

请将标号【3】、【4】、【5】空白处补充完整。
```
#include <iostream>
#include <string.h>
using namespace std;
int main()
{
    char a[]="clanguage",t;
```

```
    int i,j,k;
    k= __【3】__ ;
    for(i=0;i<=k-2;i+=2)
        for(j=i+2;j<=k; __【4】__ )
            if( __【5】__ )
            {
                t=a[i];
                a[i]=a[j];
                a[j]=t;
            }
    puts(a);
    return 0;
}
```

3. 以下 fun 函数的功能是将一个字符串的内容倒序过来,请将标号【6】、【7】空白处补充完整。

```
#include <iostream>
#include <string.h>
using namespace std;
void fun(char str[])
{
    int i,j,k;
    for(i=0;j= __【6】__ );i<j;i++, __【7】__ )
    {
        k=str[i];
        str[i]=str[j];
        str[j]=k;
    }
}
```

4. 以下程序是将字符串中的非数字字符存储在数组 s 中,最后输出数组 s 的字符串。请将标号【8】、【9】空白处补充完整。

```
#include <iostream>
#include <string.h>
using namespace std;
int main()
{
    char s[80],s1[80];
    int i,j;
    gets(s1);
```

```
        for(i=j=0;s1[i]!='\0';i++)
   if( __【8】__ )
        {
            s[j]=s1[i];
            __【9】__ ;
        }
   s[j]='\0';
   puts(s);
   return 0;
}
```

5. 有以下程序：
```
#include <iostream>
#include <string.h>
using namespace std;
char *scmp(char *s1,char *s2)
{
    if(strcmp(s1,s2)<0)
        return (s1);
    else
        return (s2);
}

int main()
{
    int i;
    char string[20],str[3][20];
    for(i=0;i<3;i++)
        gets(str[i]);
    strcpy(string,scmp(str[0],str[1]));
    strcpy(string,scmp(string,str[2]));
    cout<<string;
}
```
若依次输入 ab、abc 和 abcd 三个字符串，则输出结果是_____。

三、编程题

1. 从键盘输入一行字符串，再输入一个字符，判断后输入的字符在前面字符串中出现的次数，若没有则输出此字符不存在。

2. 把字符串中所有下标为奇数位置上的字母转换为大写(若该位置上不是字母，则不转换)。

3. 写一个函数,使输入的一个字符串按反序存放,在主函数中输入和输出字符串。
4. 应用二维字符数组输出菱形。

```
        *
      * * *
    * * * * *
      * * *
        *
```

5. 请编写函数,判断输入的字符串是否是回文,若是回文,函数返回值为"it is yes",否则返回值为"it is no",并在主函数中输出。回文是顺读和倒读都一样的字符串。
6. 输入一串字符,统计其中字母、数字和其他字符的数目。

第 9 章 结构体

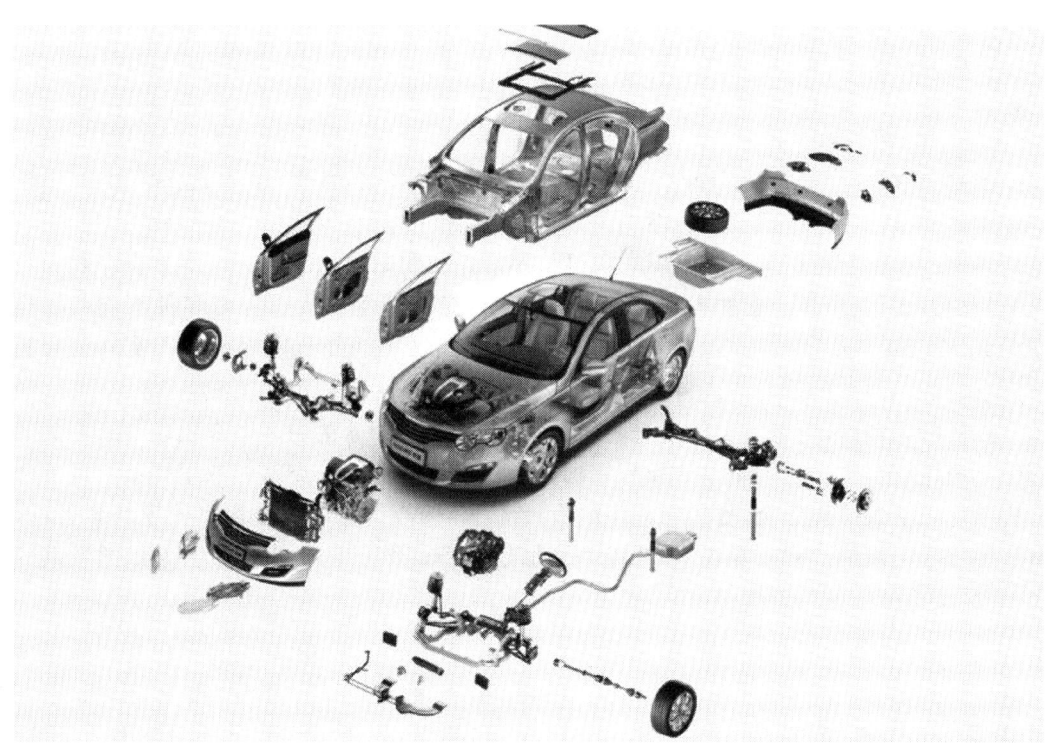

麻雀虽小,五脏俱全。

——钱钟书《围城》

学习目标

- 掌握结构体类型的声明
- 掌握结构体变量的定义、初始化和引用
- 掌握结构体数组的定义和引用
- 掌握结构体指针定义及应用
- 掌握结构体与函数的结合

当复杂数据对象出现时,如学生的基本信息:学号、姓名、性别、年龄、成绩等。其中学号可用整型,姓名为字符数组型,性别为字符型,年龄为整型,成绩可为整型或实型。对于这样一个包括多种数据类型的复杂对象显然不能用数组来描述。因为数组是具有相同数据类型的数据集合,各元素的类型和长度都必须一致。为了解决这种由多种不同数据类型的数据所组成的复杂数据对象的描述时,C语言提供了一种允许用户根据实际需要利用已有的基本数据类型来构造自己所需的数据类型——结构体数据类型。

在实际编程中,为了减少标识符的个数,可以定义一个简单的名字来代表一组相关的值。结构体就是定义一个简单的标识符把具有相互关系的不同类型的数据类型组成一个有机整体。引入结构体后,可以使程序的设计更加简洁,更能体现出程序的模块化特性,从而使程序的增加、删除、查找、修改操作更加地简单。特别是在处理存储大量的数据的操作时,结构体的作用更加突出。

9.1 结构体变量

结构体是一种较为复杂却非常灵活的构造型数据类型。一个结构体类型可以由若干个成员组成,每一个成员可以是一个基本数据类型或者是一个构造数据类型。比如,"日期"可由以下三部分描述:年(year)、月(month)、日(day),每一部分信息都可以用整型来表示。但是要描述"日期"就要把这三个部分组成一个整体,并为它取名为date,这就是一个简单的结构体。再以学生信息为例,假设包括如下数据项:

  学号(no):整型
  姓名(name):字符数组型
  出生日期(birthday):date结构体
  四门课成绩(score):实数数组型

可以将这四个数据项组成一个名为student的整体,这就构成了一个复杂的结构体类型。显然,这些数据之间的相互关联并不大,只有结合起来才有实用价值。

 **温馨提示**

结构体是一种"构造"而成的数据类型(即自定义数据类型),在定义该类型的变量之前必须先声明(构造)此结构体类型。

9.1.1 结构体类型的声明

声明一个结构体类型的一般形式为:
```
struct 结构体名
{
    数据类型 成员名1;
    数据类型 成员名2;
    … …
    数据类型 成员名n;
};
```

其中:

(1) struct 是关键字,是结构体类型的标志。

(2) 结构体内由若干个成员组成,每个成员都是该结构体的一个组成部分,对每个成员必须进行类型说明。依此格式,上述关于日期的结构体类型可以声明如下:

```
struct date
{
    int year;
    int month;
    int day;
};
```

(3) 结构体声明中的成员数据类型,不仅可以是简单数据类型,也可以是构造类型,当然也可以是某种结构体类型。结构体类型的嵌套定义表示一个结构体类型中的某些成员,又可以是其他结构体类型,但是这种嵌套不能包含自身。

上述学生信息的结构体类型可以声明如下:

```
struct student
{
    int no;
    char name[20];
    struct date birthday;
    float score[4];
};
```

以上声明中,birthday 成员的类型 struct date 是一个已声明过的结构体类型。

特别注意

结构体类型的声明只是列出了该结构的组成情况,编译器并没有因此而分配任何存储空间。真正占有存储空间的仍应是具有相应结构类型的变量、数组以及动态开辟的存储单元,只有这些才可用来存放结构体数据。因此,在使用结构体变量、数组或指针变量之前,必须先对这些变量、数组或指针变量进行定义。

9.1.2 结构体变量的定义

结构体类型声明之后,可以用以下三种方式定义结构体变量。
(1) 先声明结构体类型,再定义结构体变量。
它的一般形式为:
  struct 结构体名 变量名表列;
例如,
struct student
{
  … …
};
struct student s1,s2;
此处声明了结构体类型 struct student;再由一条单独的语句定义结构体变量 s1 及 s2。变量 s1 的结构如图 9-1 所示。

no	name	birthday			score[0]	score[1]	score[2]	score[3]
		year	month	day				

图 9-1 结构体变量 s1 的存储结构

定义这一结构类型的变量中只能存放一组数据(即一个学生的信息)。结构体变量中的各成员在内存中按声明中的顺序依次排列。
(2) 紧跟在结构体类型声明之后进行定义。
它的一般形式为:
  struct 结构体名
  {
    … …
  }变量名表列;
例如,
struct student
{
  … …
}s1,s2;

(3) 使用 typedef 说明一个结构体类型名,再用此类型名来定义变量。

 **扩展阅读:用 typedef 定义数据类型**

关键字 typedef 用于为系统固有的或程序员自定义的数据类型定义一个别名。其一般形式:

  typedef 类型名 标识符;

例如,

  typedef int INTEGER;

该语句为 int 定义了一个新的名字 INTEGER。在此说明之后,可以用标识符 INTEGER 来定义整型变量。

例如,

  INTEGER m,n; 等价于 int m,n;

注意:typedef 只是为一种已存在的类型定义一个新的名字而已,并未定义一种新的数据类型。

typedef 为结构体类型起一个新的别名:

例如,

  typedef struct student STU;

与

  typedef struct student
  {
    … …
  }STU;

是等价的。二者都是为 struct student 结构体类型定义了一个新的名字 STU。因此,利用 STU 定义结构体变量与利用 struct student 定义结构体变量都是一样的。

例如,

  STU s1,s2;

等价于

  struct student s1,s2;

特别注意

结构体类型与结构体变量是不同的概念,不要混同。只能对变量赋值、存取或运算,而不能对一个类型赋值、存取或运算。在编译时,对类型是不分配空间的,只对变量分配空间。

9.1.3 结构体变量的初始化和引用

1. 结构体变量初始化

和一般变量一样,结构体变量可以在定义的同时进行初始化。在初始化时,按照所定义的结构体类型的数据结构,依次写出各初始值,在编译时就将它们赋给此变量中的各成员。

例如,

struct student s1={151301,"Li Ming",1998,5,10,88,76,85.5,90};

赋初值后,变量 s1 的内容如图 9-2 所示:

151301	Li Ming	1998	5	10	88	76	85.5	90

图 9-2 结构体变量 s1 初始化后存储结构

2. 结构体变量的引用

在定义一个结构体变量以后,就可以引用该结构体变量中的成员。访问结构体变量的成员必须使用成员选择运算符(也称圆点运算符)。

其引用方式为:

    结构体变量名.成员名

例如,

    s1.no=131502;

该赋值语句的作用是将整数 131502 赋给 s1 变量中的 no 成员。

如果成员本身又嵌套一个结构体类型,则要用若干个成员运算符一级一级地找到最低一级的成员。只能对最低级的成员进行赋值或存取运算操作。

例如,

    s1.birthday.month

【例 9-1】输入一个学生的学号、姓名和四门课成绩,输出该生的学号、姓名及平均成绩。

程序清单:

```cpp
#include <iostream>
using namespace std;
struct student
{
    int sno;
    char sname[20];
    float score[4];
};
int main()
{
    float aver=0.0;
    struct student stu1;
    cin>>&stu1.sno,stu1.sname,&stu1.score[0],&stu1.score[1],&stu1.
```

```
                score[2],
        &stu1.score[3]);
        aver=(stu1.score[0]+stu1.score[1]+stu1.score[2]+stu1.score[3]+stu1.
            score[4])/4.0;
        cout<<stu1.sno<<stu1.sname<<aver<<endl;
        return 0;
}
```
运行结果:
1501 ming 72 83 90 82 ↙
sno: 1501, sname: ming, aver: 81.750000

9.2 结构体数组

一个结构体变量中可以存放一组相关联的数据,即一个学生的学号、姓名、出生年月、成绩等。如果要处理一个班级 30 名学生的数据,应该用结构体数组。在实际应用中,经常用结构体数组来表示具有相同数据结构的一个群体,比如,一个班级的学生的基本信息。

1. 结构体数组的定义

同定义结构体变量相似,定义结构体数组只需在定义时说明它为数组类型即可。

例如,

    struct student class1[30];

以上定义了一个结构体数组 class1[30],它有 30 个元素,每个元素的类型都是 struct student。该数组所占的内存字节数为 30×sizeof(struct student)。此时,一个元素存储一个学生基本信息,表示为 class1[0]、class1[1]……class1[29]。

2. 结构体数组初始化

结构体数组初始化形式是在定义数组的后面加上:

    ={初值表列};

例如,
struct student stu1[2]={{151301, "zhang",{1995,5,19},{72,83,90,82}},
{151302, "wang",{1996,8,20},{88,92,78,66}}};

3. 结构体数组的引用

一个结构体数组的元素相当于一个结构体变量,因此引用某一元素中的某个成员的一般形式为:

    结构体数组名[元素下标].结构体成员名

例如,
stu1[1].name
stu1[1].birthday.month

【例 9-2】 有 3 个学生的信息(包括学号、姓名、成绩),要求:按照成绩的高低顺序输出各学生的信息。

问题分析:

(1) 定义结构体数组 stu[3],用来存放 3 个学生的信息,并进行初始化。

(2) 用选择排序算法对各个学生的成绩进行排序。

(3) 输出 3 个学生的信息。

程序清单:

```cpp
#include <iostream>
using namespace std;
#define N 3
struct student
{
    int sno;
    char sname[20];
    float score;
};
int main()
{
    struct student stu[N]={{151301,"zhang",88},{151303,"wang",95.5},
                           {151305,"li",76}};
    struct student temp;            /*定义结构体变量 temp,用作交换时的临时变量*/
    int i,j,k;
    for(i=0;i<N-1;i++)
    {
        k=i;
        for(j=i+1;j<N;j++)
        {
            if(stu[j].score>stu[k].score)    /*进行成绩比较*/
            k=j;
        }
        temp=stu[k];                         /*stu[k]和 stu[i]元素互换*/
        stu[k]=stu[i];
        stu[i]=temp;
    }
    for(i=0;i<N;i++)
    {
        cout<<stu[i].sno<<stu[i].sname<<stu[i].scor<<endl;
    }
```

```
        return 0;
}
```
运行结果：
151303   wang   95.50
151301   zhang   88.00
151305   li   76.00

9.3 结构体指针

结构体指针就是指向结构体对象(包括结构体变量和结构体数组)的指针,一个结构体对象在内存中占有一段连续的存储空间,结构体指针就是该对象的起始地址。如果把一个结构体对象的起始地址存放在一个指针变量中,那么,这个指针变量就指向该结构体对象。

9.3.1 指向结构体变量的指针

指向结构体变量的指针的基类型必须与结构体变量的类型相同。

其定义的一般形式为：

  struct 结构体名 *指针变量名;

例如,

  struct student * ptr;　/* 指针变量 ptr 指向类型为 struct student 的结构体类型变量 */

特别注意

结构体指针变量必须先赋值后使用。
ptr=&s1;　　/* 是正确的,使指针 ptr 指向结构体变量 s1。*/
ptr=&student;　/* 是错误的,不能把结构体类型名 student 赋给指针变量 ptr。*/
通过结构体指针变量可方便地访问结构体变量的各个成员。
其访问的一般形式为：

  结构体指针变量—>成员名

或者

  (*结构体指针变量).成员名

例如,

  ptr—>sno

或者

  (*ptr).sno

【例 9-3】通过指向结构体变量的指针变量输出结构体变量中成员的信息。
程序清单：
```
#include <iostream>
using namespace std;
struct student
{
    int sno;
    char sname[20];
    float score;
};

int main()
{
    struct student *p, stu={151301,"Li Ming",96.5};
    p=&stu;
    cout<<p->sno<<p->sname<<p->score)<<endl;
    return 0;
}
```
运行结果：
no.:151301
name:Li Ming
score:96.5

此程序中,定义一个指针变量 p,它指向一个 struct student 类型的变量 stu。将结构体变量 stu 的起始地址赋给指针变量 p,即 p 指向 stu。(如图 9-3 所示)。

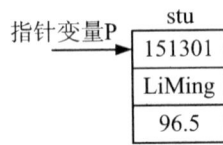

图 9-3 指针指向结构体变量 stu

 **重要语法**

如果 p 指向一个结构体变量 stu,以下 3 种用法等价：
(1) stu.成员名(如 stu.sname)。
(2) (*p).成员名(如(*p).sname)。
(3) p->成员名(如 p->sname)。
习惯采用运算符"->"来访问结构体变量的各个成员.

9.3.2 指向结构体数组的指针

用指针变量指向结构体数组,这时结构体指针变量的值是整个结构体数组的首地址。

【例 9-4】通过指向结构体数组的指针变量输出数组中的所有信息,该数组中存储 3 个学生基本信息。

程序清单:

```cpp
#include <iostream>
using namespace std;
struct student
{
    int sno;
    char sname[20];
    float score;
};
int main()
{
    struct student stu[3]={{151301,"zhang",72.5},{151302,"wang",86.5},
            {151303,"li",92}};
    struct student *p;
    for(p=stu;p<stu+3;p++)
    {
        cout<<p->sno<<p->sname<<p->score<<endl;
    }
    return 0;
}
```

运行结果:
151301 zhang 72.5
151302 wang 86.5
151303 li 92.0

此程序中,指针变量 p 指向 struct student 类型的结构体数组 stu。在 for 语句中先使 p 的初值为 stu,也就是数组 stu 的第 1 个元素的起始地址,见图 9-4 中 p 的指向。在第 1 次循环中输出 stu[0] 的各个成员值,然后执行 p++,使 p 自动加 1。p 加 1 后的值等于 stu+1,p 指向 stu[1];在第 2 次循环中输出 stu[1] 的各成员值,执行 p++ 后,p 的值等于 stu+2,p 指向 stu[2];在第 3 次循环中输出 stu[2] 的各成员值,执行 p++ 后,p 的值变为 stu+3,已不再小于 stu+3 了,不再执行循环。

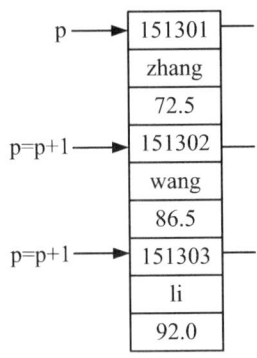

图 9-4 指针指向结构体数组 stu

9.4 结构体与函数

像其他普通的数据类型一样,既可以定义结构体类型的变量、数组、指针,也可以将结构体作为函数参数的类型和返回值的类型。结构体与函数的结合有如下 4 种方式。

1. 用结构体变量的成员作为函数参数

与普通类型的变量作为函数参数没什么区别,属于"值传递"的方式,在函数内部对其进行操作,不会引起结构体成员值的变化。应当注意实参和形参的类型保持一致。这种向函数传递结构体变量成员的方式,很少使用。

2. 用结构体变量作为函数参数

向函数传递的是结构体的完整结构,将结构体变量所占的内存单元的内容全部按顺序传递给形参,形参也必须是同类型的结构体变量。在函数内可用成员运算符(.)引用其结构体成员,因为这种传递方式也是采用"值传递",所以对形参结构体成员值的修改,不会影响相应的实参结构体成员的值。

当函数被调用时,系统为结构体形参变量分配的存储空间的大小由所定义的结构体类型决定。这种传递方式更直观,但如果结构体的规模很大时,其空间和时间上的开销将会很大。

【例 9-5】用结构体变量作为函数参数。

程序清单:

```
#include <iostream>
using namespace std;
struct date
{
    int year;
    int month;
    int day;
};
```

```
void pdate(struct date p)
{
    p.year=2014;
    p.month=5;
    p.day=20;
}

int main()
{
    struct date d;
    d.year=2013;
    d.month=4;
    d.day=22;
    cout<<d.year<<d.month<<d.day);
    pdate(d);                    /*结构体变量作函数实参,值传递*/
    cout<<d.year<<d.month<<d.day);
    return 0;
}
```
运行结果：
Before function call:2013/04/22
After function call: 2013/04/22

3. 用结构体指针或结构体数组作为函数参数

向函数传递的是结构体的地址,即将结构体变量(或数组元素)的地址传给形参。属于"地址传递",在函数内部对形参结构体成员值的修改,将影响到实参结构体成员的值。

由于仅把结构体首地址的值传递给被调函数,并不是将整个结构体成员的内容复制给被调函数,因此传递方式效率更高。

【例 9-6】用结构体指针变量作为函数参数。

程序清单：
```
#include <iostream>
using namespace std;
void pdate(struct date * ptr)
{
    ptr->year=2014;
    ptr->month=5;
    ptr->day=20;
}
int main()
{
```

```
        struct date d;
        d.year=2013;
        d.month=4;
        d.day=22;
        cout<<d.year<<d.month<<d.day<<endl;
        pdate(&d);        /* 结构体指针变量作函数实参,地址传递 */
        cout<<d.year<<d.month<<d.day<<endl;
        return 0;
}
```

运行结果:

Before function call:2013/04/22

After function call: 2014/05/20

4. 返回结构体类型值的函数

函数的返回值也可以是结构体类型。

【例 9-7】从函数返回结构体变量的值。

程序清单:

```
struct date dfun(struct date p)
{
        p.year=2014;
        p.month=5;
        p.day=20;
        return p;
}

int main()
{
        struct date d;
        d.year=2013;
        d.month=4;
        d.day=22;
        cout<<d.year<<d.month<<d.day<<endl;
        d=dfun(d);    /* 函数返回值为结构体变量的值 */
        cout<<d.year<<d.month<<d.day<<endl;
        return 0;
}
```

运行结果:

Before function call:2013/04/22

After function call: 2014/05/20

【例 9-8】求一个班的每个学生的平均成绩,其中学生的基本信息包括学号、姓名和 4 门课的成绩。

问题分析:

(1) 定义结构体数组 stu[N]。

(2) 用 input() 函数输入 n 个学生的基本信息。

(3) 用 averscore() 函数计算 n 个学生 m 门课的平均分。

(4) 用 output() 函数输出所有学生的信息。

程序清单:

```
#include <iostream>
using namespace std;
#define N 30
typedef struct student
{
    int sno;
    char sname[20];
    float score[4];
}STU;

int main()
{
    /* n:代表几个学生,m:代表几门课 */
    void input(STU stu[],int n,int m);
    void averscore(STU stu[],float aver[],int n,int m);
    void output(STU stu[],float aver[],int n,int m);
    float aver[N];
    STU stu[N],*p=stu;
    int n;
    cout<<"How many student?";
    cin>>n;
    input(p,n,4);
    averscore(p,aver,n,4);
    output(p,aver,n,4);
    return 0;
}
/* 输入 n 个学生的学号,姓名及 4 门课的成绩到结构体数组 stu 中 */
void input(STU stu[],int n,int m)
{
    int i,j;
```

```
        for(i=0;i<n;i++)
        {
            cout<< i+1);
            cin>>stu[i].sno;
            cin>>stu[i].sname;
            for(j=0;j<m;j++)
            {
                cin>>stu[i].score[j];
            }
        }
    }

    /* 计算 n 个学生的 m 门课程的平均分,存入数组 aver 中 */
    void averscore(STU stu[],float aver[],int n,int m)
    {
        int i,j;
        float sum[N];
        for(i=0;i<n;i++)
        {
            sum[i]=0.0;
            for(j=0;j<m;j++)
            {
                sum[i]=sum[i]+stu[i].score[j];
            }
            aver[i]=sum[i]/m;
        }
    }

    /* 输出 n 个学生的学号、姓名、四门课成绩及平均成绩 */
    void output(STU stu[],float aver[],int n,int m)
    {
        int i,j;
        printf("Results:\n");
        for(i=0;i<n;i++)
        {
            cout<<stu[i].sno<<stu[i].sname<<endl;
            for(j=0;j<m;j++)
            {
                cout<<stu[i]<<score[j];
```

                }
                cout<<aver[i];
        }
}

运行结果:
How many student?3 ↙
Input student infor 1:
151301 zhang 72 83 90 82 ↙
Input student infor 2:
151302 wang 88 92 78 78 ↙
Input student infor 3:
151303 li 98 72 89 66 ↙
Results:
151301 zhang 72 83 90 82 81.8
151302 wang 88 92 78 78 84.0
151303 li 98 72 89 66 81.3

 **扩展阅读:共用体**

共用体,是将不同类型的数据组织在一起共同占用同一段内存的一种构造数据类型,其类型关键字为 union。

共用体和结构体一样都是将不同类型的数据组织在一起,其类型的声明、变量的定义、成员的访问方式和结构体类型的声明、变量定义、成员的访问方式完全相同。但与结构体不同的是,结构体变量中的成员各自占有自己的存储空间,而共用体变量是从同一起始地址开始存放成员的值,即所有成员共享同一段内存单元。

例如,
(1) 声明共用体类型
```
union data
{
    int i;
    char ch;
};
```
(2) 定义共用体变量、共用体指针变量
    union data a, * p;
(3) 共用体变量成员的访问
    a.i
    p—>i;
    (* p).i

 **扩展阅读:枚举数据类型**

枚举即"一一列举之意",当某些量仅由有限个数据值组成时,通常用枚举类型来表示。枚举数据类型描述的是一组整型值的集合,需用关键字 enum 来声明。
例如:
(1) 声明枚举类型
  enum weekday{sun,mon,tue,wed,thu,fri,sat};
(2) 声明枚举类型变量
  enum weekday workday,weekend;
(3) 枚举类型变量和其他数值型量不同,它的值只限于花括号中指定的值之一。
  workday=mon;   /* 正确 */
  weekend=sun;   /* 正确 */
  workday=monday; /* 不正确,monday 不是枚举常量之一 */

9.5 要点回顾

9.5.1 语法要点

表 9-1 语法要点

内容	语法	备注

结构体声明	struct 结构体名
	{
	  数据类型 成员名1;
	  数据类型 成员名2;
	  ……
	  数据类型 成员名n;
	};
		struct date{
		int year;
		int month;
		int day;
		};

结构体变量定义	struct 结构体名 变量名表列;	struct date d1,d2;
结构体变量引用	结构体变量名.成员名	d1.day=3;
结构体数组定义	struct 结构体名 结构体数组名[常量表达式];	struct date dd[10];
结构体数组引用	结构体数组名[元素下标].结构体成员名	dd[1].day=3;
结构体指针定义	struct 结构体名 * 指针变量名;	struct date * ptr;
结构体指针引用	结构体指针变量->成员名 (*结构体指针变量).成员名	ptr->day (*ptr).day

9.5.2 常见错误

(1) 声明结构体时,忘记在最后的}后面加分号,会造成编译错误。例如,下面的声明是不正确的:

```
struct date
{
    int year;
    int month;
    int day;
}
```

(2) 将一种类型的结构体变量赋值给另一种类型的结构体变量,会造成编译错误。例如,

```
struct date d={1995,12,8};
struct student s;
```

下面的赋值语句是不正确的:

```
    s = d;
```

(3) 对两个结构体变量进行比较操作,会造成编译错误。

(4) 在结构体指针变量指向运算符的两个组成符"－"和">"之间插入空格,或写"→"会造成编译错误。

(5) 试图把结构体中成员的变量当成普通变量来使用,忽略了左侧结构体的限定,会造成编译错误,例如,date 结构体中,直接访问年份:

```
year = 2003            /* 错误 */
d.year = 2003          /* 正确的写法,加上结构体限定 */
```

习　　题

一、选择题

1. 当定义一个结构体变量时,系统为它分配的内存空间是_____。
   A. 结构体中一个成员所需的内存空间
   B. 结构体中第一个成员所需的内存空间
   C. 结构体中占内存空间最大者所需的空间
   D. 结构中各成员所需内存空间之和

2. 设有如下定义:

```
struct sk
{
    int a;
```

    float b;
}data, *p;

若有 p=&data;则对 data 中的 a 域的正确引用是_____。

A. (*p).data.a B. (*p).a C. p—>data.a D. p.data.a

3. 定义以下结构体数组

struct c
{
    int x;
    int y;
}s[2]={1,3,2,7};

语句 cout<<s[0].x*s[1].x 的输出结果为_____。

A. 14 B. 6 C. 2 D. 21

4. 运行下列程序段,输出结果是_____。

struct country
{
    int num;
    char name[10];
}x[5]={1,"China",2,"USA",3,"France",4,"England",5,"Spanish"};
struct country *p;
p=x+2;
cout<<p->num<<(*p).name[2];

A. 3,a B. 4,g C. 2,U D. 5,S

5. 有以下程序输出结果是_____。

```
#include <iostream>
using namespace std;
struct stu
{
    int num;
    char name[10];
};
void fun(struct stu *p)
{
    cout<<(*p).name;
}
int main()
{
    struct stu students[3]={{9801,"Zhang"},{9802,"Wang"},{9803,"Zhao"}};
    fun(students+2);
```

```
    return 0;
}
```

A. Zhang　　　　B. Zhao　　　　C. Wang　　　　D. 9802

二、程序分析题

1. 设有定义：

```
struct person
{
    int ID;
    char name[12];
}p;
```

请将 cin>> ___【1】___);语句补充完整,使其能够为结构体变量 p 的成员 name 正确读入数据。

2. 以下程序中函数 fun 的功能是:统计 person 所指结构体数组中所有性别(sex)为 M 的记录的个数,存入变量 n 中,并作为函数值返回。请填空:

```
#include<iostream>
using namespace std;
#define N 3
typedef struct
{
    int num;
    char nam[10];
    char sex;
}SS;
int fun(SS person[])
{
    int i,n=0;
    for (i=0;i<N;i++)
        if(___【2】___ =='M')
            n++;
    return n;
}
int main()
{
    SS W[N]={{1,"AA",'F'},{2,"BB",'M'},{3,"CC",'M'}};
    int n;
    ___【3】___ ;
    cout<<"n="<<n;
    return 0;
```

}

三、编程题

1. 声明一个时钟结构体类型,它包含"时、分、秒"3个成员。

要求:

(1) 用结构体变量访问方式输出其成员;

(2) 用结构体指针变量输出其成员。

2. 编程实现时钟的"时、分、秒"的时间的显示,并能设置相应的时间。

要求:

(1) 显示时间函数:显示时钟结构体变量的"时、分、秒";

(2) 设置时间函数:设置时钟的"时、分、秒"。

3. 编程统计候选人的得票数,设有3个候选人zhang、wang、li,10个选民。投票结束后自动显示各候选人的姓名、得票数。

要求:用结构体数组表示3个候选人的姓名和得票数。

第三部分 高级篇

【本篇内容】

本篇主要介绍C++面向对象程序设计的基本内容,首先介绍了类的定义、对象的创建与释放过程、成员访问控制方法、友元概念以及类中的特殊成员,如静态成员和this指针等;接着是继承和多态的概念及应用,最后介绍了C++文件操作过程,文件流的概念及应用。本篇是C++面向对象程序设计的核心内容。

本篇包括3章。第10章介绍对象的创建与析构过程、成员访问的3种权限以及友元;第11章介绍面向对象重要特性继承与多态的概念以及在C++中的实现方法;第12章介绍了C++中文件操作的基本方法,文件流的概念及其应用。

【重点与难点】

重点是掌握对象的创建和析构、成员访问控制,掌握继承与多态的C++实现方法,能使用C++进行基本文件操作。难点是继承和多态的C++实现。

【知识图谱】

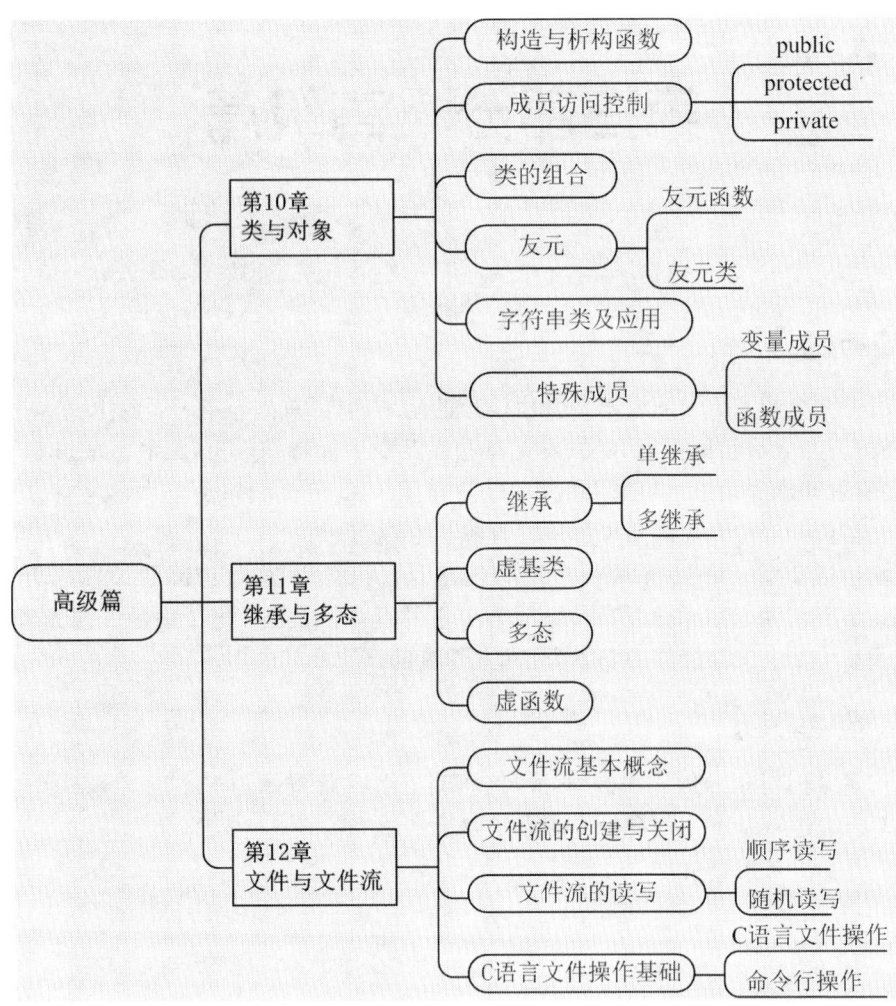

第 10 章 类与对象

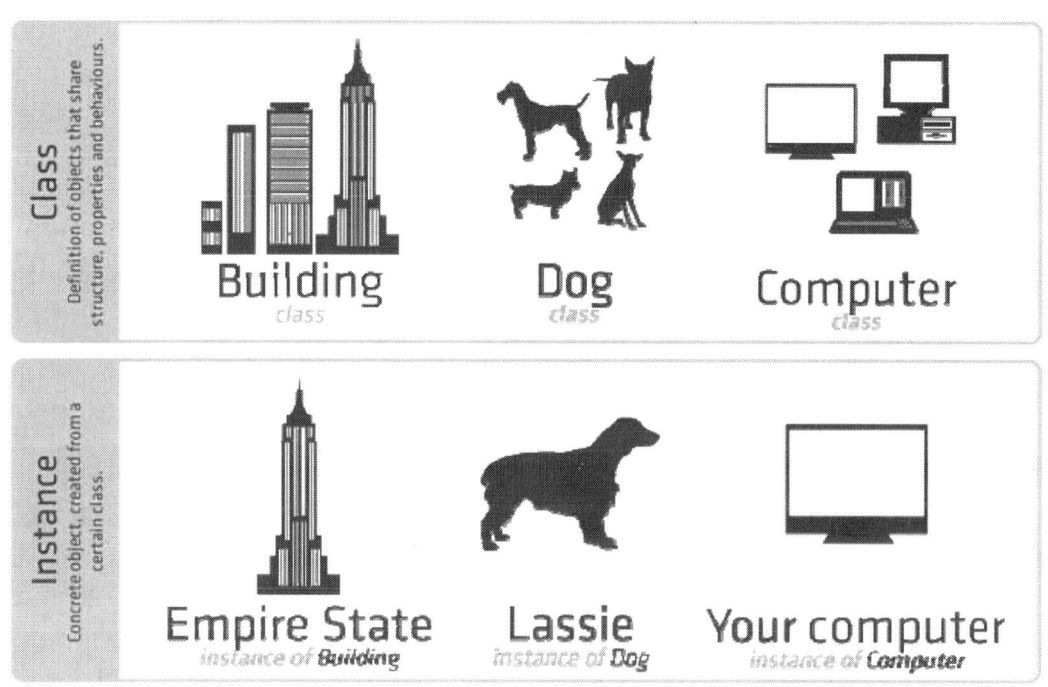

类是对象的抽象，对象是类的实例。

学习目标

- 掌握类的构造和析构函数
- 掌握成员访问控制属性
- 理解类的组合关系
- 理解类中特殊成员
- 理解友元函数及友元类
- 掌握字符串类及应用

前面章节介绍了面向对象基本概念、方法、程序设计基本过程、类的定义和对象创建等面向对象基本知识以及应用实例,本章对类和对象做深入探讨,包括构造和析构函数、成员访问控制、类的组合、特殊成员、友元等相关知识。

10.1 构造和析构函数

从前面学到的知识可以发现,实例化了一个类的对象后,若想为对象中的数据成员赋值,需要直接访问成员或调用设置成员值的函数。若想在实例化对象的同时就为对象的数据成员进行赋值,可以通过构造函数来实现。与之对应,如果想在操作完对象之后,回收对象资源,可以通过析构函数来实现。

构造和析构函数是两个特殊的成员函数,当定义类对象时,C++会自动调用构造函数对数据成员进行初始化,相反,当对象终止时C++会自动调用析构函数进行"回收资源"处理,本节将学习这两个函数的具体用法。

10.1.1 构造函数

构造函数首先是一个成员函数,作用是初始化对象的数据成员,特点是它的名字与类名相同,当定义对象时,将自动调用该函数。其语法定义如下所示:

类名(参数表)
{
    函数体
}

下面定义一个包含构造函数的汽车类 Car,代码如下所示:

```
class Car                                    //定义类
{
public:
    Car()                                    //构造函数
```

```
        {
            m_strCarName = "Rolls-Royce";
        }
    private:
        string m_strCarName;                //数据成员
};
```

从上述代码中，在类 Car 中定义了构造函数 Car，在构造函数中将数据成员 m_strCarName初始化为"Rolls-Royce"。

> **特别注意**
>
> 构造函数的定义语法规定：
> (1) 构造函数名与类名相同。
> (2) 构造函数名前没有返回值类型声明。
> (3) 构造函数中不能通过 return 语句返回一个值。
> (4) 通常构造函数具有 public 属性。

若程序中没有为类提供构造函数，编译器会自动提供一个无参的默认构造函数，通常这个构造函数的函数体为空，其作用是在对象创建时为对象分配内存。当然，程序员也可以定义默认构造函数，当为类添加无参的构造函数后，编译器将不再生成默认构造函数。

构造函数作为一个成员函数，和普通函数一样，可以通过参数列表进行重载，也就是说，可以定义多个具有不同参数的构造函数，以实现不同数据成员的初始化，见例10-1。

在C++程序中，对数据成员的初始化既可以在构造函数体内进行赋值，还可以通过初始化列表的方式进行赋值。所谓的初始化列表就是在构造函数的参数列表后加冒号"："，然后列出参数的初始化值列表，有多个参数时，中间以逗号"，"隔开，具体语法如下。

```
类名::构造函数(参数列表):数据成员1(参数1),数据成员的2(参数2),…,
    数据成员n(参数n)
{
    构造函数体
}
```

和一般成员函数类似，构造函数也可以有默认值，而且如果在类外定义时，需要在构造函数名称前添加类名和"::"。

【例 10-1】 在类中定义构造函数并创建对象来调用。

```cpp
#include <iostream>
#include <string>
using namespace std;
class Car
{
public:
```

```cpp
        // 定义构造函数,并通过初始化列表对数据成员进行初始化
        Car(string con_carname, int con_seats)
        {
            m_strCarName=con_carname;
            m_nSeats=con_seats;
            cout<<"Calling Car constructor, set carname and seats!"<<endl;
        }

        //定义带有默认参数值的构造函数
        Car(string con_carname = "my new car")
        {
            cout<<"Calling Car constructor, set carname!"<<endl;
            m_strCarName = con_carname;
            m_nSeats = 4;
        }

        void disp_memmsg()
        {
            cout<<"carname: "<<m_strCarName <<","<<"seats = "<<m_nSeats << endl;
        }
    private:
        string m_strCarName;
        int m_nSeats;
};

int main()
{
    // 以不同方式创建 Car 的对象
    Car mycar;          // 自动调用默认参数的构造函数
    Car tomcar("tom's car"); //自动调用带有一个参数的构造函数,默认值被取代
    Car yourcar("your new car", 4);     // 自动调用带两个参数的构造函数

    mycar.disp_memmsg();
    tomcar.disp_memmsg();
    yourcar.disp_memmsg();
    return 0;
}
```

运行结果如图 10-1 所示。

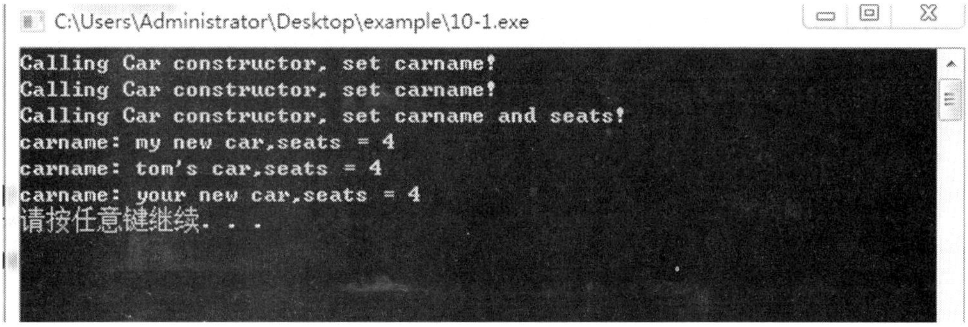

```
C:\Users\Administrator\Desktop\example\10-1.exe
Calling Car constructor, set carname!
Calling Car constructor, set carname!
Calling Car constructor, set carname and seats!
carname: my new car,seats = 4
carname: tom's car,seats = 4
carname: your new car,seats = 4
请按任意键继续. . .
```

图 10-1 例 10-1 运行结果

如果构造函数具有默认值，这样创建对象时就可以有不同形式：没有提供参数值，将使用默认值；如果提供参数，默认值将被取代。从例 10-1 中可以看出，创建对象 tomcar 和 mycar 都调用了具有一个默认参数的构造函数，而且对象 mycar 被初始化为默认值 "your new car"。

特别注意

和一般重载函数类似，对于带默认参数值的构造函数需要防止调用时的二义性。有如下两个构造函数：

Car();
Car(string name ="");

创建对象：

Car mycar;   //产生二义性,不法确定调用哪一个版本

10.1.2 析构函数

构造函数用于在创建对象时完成数据成员的初始化，与之对应，对象生命期结束前应该完成对象资源的清理，这个工作由析构函数完成。比如，在创建对象时为数据成员开辟了空间，则需要通过析构函数在对象的生命期结束前对所开辟空间进行释放。

析构函数的定义形式如下：

~类名()
{
    函数体
}

特别注意

定义析构函数应满足以下要求：
(1) 析构函数的名称是在构造函数名称之前添加"~"。
(2) 析构函数没有参数。
(3) 析构函数中不能通过 return 语句返回一个值。
(4) 一个类中只能有一个析构函数，不可重载。

下面在类 Car 中添加析构函数，代码如下所示。

```cpp
class Car
{
public:
    Car()                              //构造函数
    {
        m_strCarName = "car name";
        m_nSeats = 4;
    }
    ~Car()                             //析构函数
    {
    }
private:
    string m_strCarName;
    int m_nSeats;
};
```

与构造函数类似，若类中没有显式定义析构函数，则编译器会给出一个默认的析构函数，其作用是释放内存，在对象生命期结束时析构函数会被自动执行。

接下来通过一个示例来说明如何通过析构函数释放对象资源，如例 10-2 所示。

【例 10-2】 通过析构函数释放对象资源。

```cpp
#include <iostream>
#include <cstring>                     //strcpy()函数声明所在的头文件
using namespace std;

class Car                              //定义类
{
public:
    Car();                                         //无参构造函数的声明
    Car(char * con_pcarname, int con_seats);       //带参构造函数的声明
    ~Car();                                        //析构函数的声明
```

```cpp
        char *get_carname();
        int get_seats();
    private:
        char *m_pCarName;
        int m_nSeats;
};

Car::Car()                                  //定义无参的构造函数
{
    cout<<"Car constructor!"<<endl;
    m_pCarName = NULL;                      //设置指针成员的初值为NULL,值为0
    m_nSeats = 4;
}

Car::Car(char *con_pcarname, int con_seats)     //定义带参数的构造函数
{
    int len = strlen(con_pcarname) + 1;
    cout<<"Car constructor with param, car name:"<< con_pcarname << endl;
    m_pCarName = new char[len];             //数据成员 m_pCarName 指向新开辟的空间
    strcpy(m_pCarName, con_pcarname);       //将汽车名存入 m_pCarName 指向空间
    m_nSeats = con_seats;
}

Car::~Car()                                 //定义析构函数
{
    static int i = 0;
    cout<<"Car destructor, car name:"<<m_pCarName << endl;
    if (m_pCarName)
        delete[] m_pCarName;                //释放 m_pCarName 指向的空间
    if (i == 1)
        system("pause");
    i++;
}

char *Car::get_carname()                    //获取 m_pCarName 属性值
{
```

```
        return m_pCarName;
}
int Car::get_seats()                    //获取 m_nSeats 属性值
{
        return m_nSeats;
}

int main()
{
        Car mynewcar("my car", 4);      //创建对象
        Car tomcar("tom car", 7);       //创建对象
        cout<<"my car name : "<< mynewcar.get_carname() << endl;
        cout<<"tom car name: "<< tomcar.get_carname() << endl;

        return 0;
}
```

运行结果如图 10-2 所示。

图 10-2 例 10-2 运行结果

例 10-2 中类 Car 定义了指针数据成员 m_pCarName，用来记录存有汽车名称空间地址，通过构造函数 Car(char * con_pcarname, int con_seats)初始化，也就是用 new 开辟空间存放汽车名称。m_pCarName 与存放汽车名称空间的关系如图 10-3 所示。

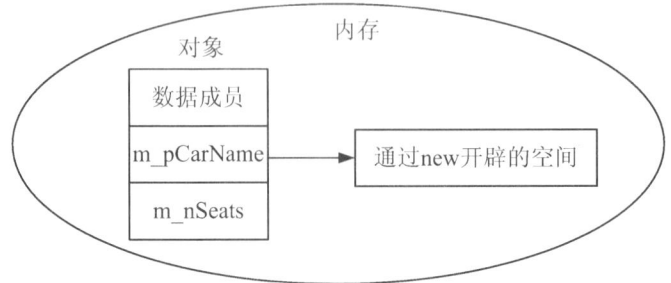

图 10-3　m_pCarName 指向开辟的空间

由于 m_pCarName 是通过 new 动态申请的空间，因此在对象生命期结束前应该通过 delete 释放该空间。本例的析构函数中的 if（m_pCarName）语句是用来测试 m_pCarName指针是否有效，若有效则可通过 delete 释放。例 10-2 结果表明：(1)对象生命期结束时析构函数被自动调用，完成了资源清理工作。(2)若定义了多个对象，如 mynewcar，tomcar，yourcar，析构函数调用顺序和构造函数调用顺序正好相反。也就是说，先创建的对象后析构，后创建的对象先析构。

10.1.3 浅拷贝与深拷贝

通过前面的学习，读者已经了解了如何通过构造函数完成对象的初始化。在日常生活中，经常需要利用一个现有对象去初始化另一个对象，这就是对象的拷贝，可以通过拷贝构造函数来完成。就像普通变量一样，可以把一个已有变量的值赋给一个新的变量，对象也是如此。

拷贝构造函数利用对象引用作为参数来构造一个新的对象，它将对象参数的属性值拷贝给新的对象，完成新对象的初始化。拷贝构造函数的定义如下。

```
class 类名
{
public:
    构造函数名称(类名 & 变量名)
    {
        函数体
    }
    ...
};
```

在 C++ 程序中，通常有三种情况会自动调用拷贝构造函数。

(1) 使用一个对象初始化另一个对象，如：

```
Car mynewcar("my first car", 4);        //定义类对象
Car myseccar(mynewcar);                  //调用拷贝构造函数定义类对象
```

(2) 对象作为实参传递给函数参数。

当函数的实参为对象时，函数调用拷贝构造函数将实参传递给形参。如：

```
// 定义 print_carinfo 函数：显示 Car 对象信息，参数为 Car 对象
void print_carinfo(Car carinfo)
{
    carinfo.print();
}
// 调用 print_carinfo()函数，参数为对象 mynewcar
print_carinfo(mynewcar);
```

(3) 函数返回值为类对象，创建临时对象作为返回值。

当函数返回值为对象时，调用拷贝构造函数将对象复制到临时对象，以返回数据。

如：

```
Car get_carinfo()                    //定义获取对象信息的函数
{
    Car tmp("your car",5);
    return tmp;                      //返回值为类对象
}
Car ret;
ret=get_carinfo();                   //调用函数 get_carinfo(),ret 接收对象
```

同样，如果用户没有定义拷贝构造函数，编译系统会自动提供一个默认的拷贝构造函数，默认拷贝构造函数会将一个对象的全部数据成员赋值给另一个对象的对应数据成员。在C++中把这种只对对象的数据成员进行赋值的操作称为"浅拷贝"。除了"浅拷贝"之外，还有与之对应的"深拷贝"。

如果不仅要复制属性值本身，而且还要复制附加在属性值上的额外内容，则需要编写自己的拷贝构造函数，完成所谓"深拷贝"。例 10-3 中构造函数通过 new 开辟空间，并使指针成员指向该空间，此时，在通过拷贝构造函数初始化新对象时，应该为新对象指针成员分配新的空间，而不是将原来空间的地址复制给新对象的指针成员，也就是所谓的"深拷贝"。

【例 10-3】通过"深拷贝"实现含有指针成员对象的初始化。

```cpp
#include <iostream>
#include <cstring>
using namespace std;

class Car                                    // 定义类 Car
{
public:
    Car(char * con_pcarname, int con_seats); // 声明带参数的构造函数
    Car(Car &con_refcar);                    // 声明拷贝构造函数
    ~Car();                                  // 声明析构函数
    void print();
private:
    char * m_pCarName;                       // 指针成员,指向存有汽车名称的空间
    int m_nSeats;
};

Car::Car(char * con_pcarname, int con_seats) // 构造函数定义
{
    cout<<"calling the parm constructor!"<<endl;
    int len = strlen(con_pcarname) + 1;
```

```cpp
    m_pCarName = new char[len];           // 开辟空间,m_pCarName 记录首地址

    //向 m_pCarName 指向的空间中复制汽车名称
    strcpy(m_pCarName, con_pcarname);
    m_nSeats = con_seats;
}
Car::Car(Car &con_refcar)                 // 定义拷贝构造函数
{
    cout<<"calling copy constructor!"<<endl;
    int len = strlen(con_refcar.m_pCarName) + 1;
    m_pCarName = new char[len];           // m_pCarName 指向 new 开辟的空间
    strcpy(m_pCarName, con_refcar. m_pCarName);
    m_nSeats = con_refcar.m_nSeats;
    cout<<"end of copy constructor!"<<endl;
}
Car::~Car()                               // 定义析构函数
{
    cout<<"destructor is called!"<<endl;
    delete[] m_pCarName;                  // 释放 m_pCarName 指向的空间
}
void Car::print()                         // 打印对象信息
{
    cout <<"carname: "<<m_pCarName <<", "
        <<"seats: "<< m_nSeats << endl;
}

int main()
{
    Car mynewcar("my new car", 4);        // 调用带参数的构造函数定义对象
    Car myseccar(mynewcar);               // 调用拷贝构造函数定义对象
    myseccar.print();
    return 0;
}
```

运行结果如图 10-5 所示。

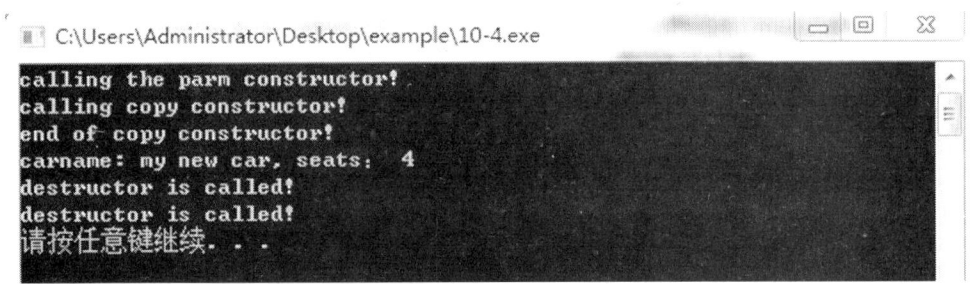

图 10-5　例 10-3 运行结果

在例 10-3 中,对象 mynewcar、myseccar 的 m_pCarName 指向独立空间,如图 10-6 所示。在 mynewcar 对象使用完毕后,调用析构函数只是将该对象中 m_pCarName 指向的空间释放,myseccar 中 m_pCarName 指向的空间不受影响,如图 10-7 所示。

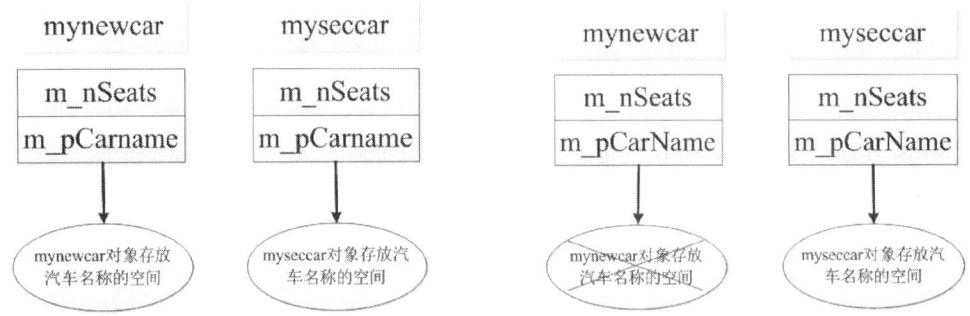

图 10-6　不同对象 m_pCarName 成员指向不同空间　　图 10-7　mynewcar 对象释放自己空间

深拷贝和浅拷贝可以简单理解为:如果一个类拥有系统资源,如开辟内存空间,当这个类的对象发生复制的时候,资源需要重新分配,这个过程就是深拷贝,反之,没有重新分配资源,就是浅拷贝。

10.2　成员访问控制

从类的定义形式可以看出,描述成员时需要指定相应的访问限定权限,在例 10-1 中 Car 类的成员函数都具有 public 权限,数据成员都具有 private 权限。public、private 被称为访问控制权限,访问控制权限声明了类中各个成员的访问权限。在 C++程序中共有 3 种访问控制权限:公有(public)、私有(private)、保护(protected)。下面对 3 种访问控制权限进行说明。

1. 公有权限

被 public 修饰的成员称为公有成员,具有与类外交互的能力,可以被该类的其他成员函数及类外的其他函数访问。

2. 私有权限

被 private 修饰的成员称为私有成员,只能由类中的成员函数访问,不可通过该类的对象进行访问。private 是面向对象思想中封装特性的一个重要体现，类中的信息不应被随意更改，数据操作都应该在可控范围之内，如防止成员存入不合理数据等。

假设编写一个描述人的类，其中年龄为 int m_nAge，该属性如果设定为 public 权限，那么在类的外部就可以随意通过类对象设置 m_nAge，如果将 m_nAge 设置为 1000，显然不合理。为了防止这种不合理操作，将 m_nAge 的访问控制权限设置为 private，将对该属性的操作限定在类的成员函数，实现数据的封装和保护。

3. 保护权限

被 protected 修饰的成员称为保护成员，其访问权限介于私有和公有之间，本类的成员和该类的派生类可以访问，类外的其他函数不可以访问，关于派生和继承的内容将下一章学习。

在C++程序中，如果没有指定成员的访问控制权限，默认为 private 权限，而且三种访问控制权限出现的次数和顺序没有任何限制，每个人可以根据自己或者团队的习惯选择一种，本书是将公有成员排在类的最前面，私有成员排在类的最后。

【例 10-4】使用不同的访问控制权限限定类的不同成员示例。

```cpp
#include <iostream>
#include <string>
using namespace std;

class Car                              // 定义汽车类
{
public:
    void set_carname(string newname)   // 设置汽车名称的成员函数
    {
        m_strCarName = newname;
    }
    string get_carname()               // 获取汽车名称的成员函数
    {
        return m_strCarName;
    }
    void display_welcomemsg()          // 显示欢迎信息的成员函数
    {
        cout<<"Welcome to the car world for "<<m_strCarName<<"!"<<endl;
    }
private:
    string m_strCarName;
};

int main()
```

```cpp
{
    string new_carname;              // 定义变量用于保存用户输入的汽车名称
    Car mycar;

    cout<<"enter the car name : ";
    getline(cin, new_carname);       // 使用 getline()函数读取一个字符串
    mycar.set_carname(new_carname);  // 调用函数设置汽车名称
    mycar.display_welcomemsg();      // 显示欢迎信息

    system("pause");
    return 0;
}
```

运行结果如图 10-8 所示。

```
enter the car name : mycar
Welcome to the car world  for mycar!
请按任意键继续. . .
```

图 10-8 例 10-4 运行结果

在此例中定义了 Car 类，该类有 3 个成员函数 set_carname()、get_carname()、display_welcomemsg()，全部是 public 权限，该类的数据成员 m_strCarName，具有 private 权限，也就是说，该成员的设置和修改只能通过类内部的成员函数实现，本例中是通过两个成员函数 set_carname()和 get_carname()来完成的。

Car 类中的私有成员 m_strCarName 不可在类外通过对象名访问，如果在 main()函数中出现下列语句：

```cpp
mycar.m_strCarName = new_carname;
```

编译时提示"Car::m_strCarName"：无法访问 private 成员（在"Car"类中声明）"错误。

10.3　类的组合

对现实中的某些复杂的事物进行抽象时可能会形成很复杂的类，为了简化此类软件开发，人们经常把其中相对独立的部分拿出来定义成一个更简单的类，这些比较简单的类又可以分出更简单的类，最后由这些简单类再组合成现实中复杂的类。假如要创建一个计算机系统类，首先计算机系统是由硬件和软件组成，硬件又分为 CPU、存储器等，软件又分为系统软件和应用软件。对于这个复杂的系统就可以将 CPU 写成一个类，存储器

写成一个类,每个硬件都写一个类,硬件类就是这些类的组合,软件类与此完全相似,最后计算机系统类又是由硬件类和软件类组成。

类的组合是指在一个类中包含了其他类的对象作为成员,它们的关系是包含与被包含的关系。简单来说,就是一个类的若干数据成员是其他类的对象,就像 int、float 数据成员一样,数据成员也可以是类类型的变量——对象。

如果一个类中内嵌了其他类的对象,那么创建这个类的对象时,其内嵌对象也会被自动创建。因为内嵌对象是组合类对象的一部分,所以在构造组合类对象时,不但要对基本数据类型成员进行初始化,还要对内嵌对象成员进行初始化。其构造函数定义如下:

类名::类名(形参表):内嵌对象 1(形参表),内嵌对象 2(形参表),...
{
    类的初始化
}

其中,"内嵌对象 1(形参表),内嵌对象 2(形参表),..."就是前面介绍的初始化列表,其作用是完成对内嵌对象的初始化。声明组合类对象时,不仅它自身的构造函数会被调用,而且其内嵌对象的构造函数也会被调用,其调用顺序如下:

(1) 根据初始化列表,按照内嵌对象在组合类中声明的先后顺序,依次调用内嵌对象的构造函数;

(2) 调用组合类自身的构造函数完成其它成员的初始化。

如果在声明组合类对象时没有指定对象的初始值,系统会自动调用无形参的默认构造函数,构造内嵌对象时也会对应地调用内嵌对象的无形参默认构造函数。析构函数的执行顺序正好与此相反。

下面定义一个组合类 Line,计算两点距离,此类包含了 Point 类的两个对象 p1 和 p2。

【例 10-5】 类的组合,计算两点之间的距离。

```
#include <iostream>
#include <cmath>
using namespace std;

class Point
{
public:
    Point(int xx,int yy)   { X=xx; Y=yy; }         //构造函数
    Point(Point &p);
    int GetX()      { return X; }                  //取 X 坐标
    int GetY()      { return Y; }                  //取 Y 坐标
private:
    int X,Y;                                       //点的坐标
};
```

```cpp
Point::Point(Point &p)
{
    X = p.X;
    Y = p.Y;
    cout <<"Point 拷贝构造函数被调用"<< endl;
}

class Line
{
public:
    Line(Point a,Point b);                          //构造函数
    double GetDis()   { return dist; }
private:
    Point   p1,p2;
    double dist;                                    // 距离
};

// 组合类的构造函数
Line::Line(Point a, Point b):p1(a),p2(b)
{
    cout <<"Line 构造函数被调用"<< endl;
    double x = double(p1.GetX() - p2.GetX());
    double y = double(p1.GetY() - p2.GetY());
    dist = sqrt(x * x + y * y);
}

int main()
{
    Point myp1(1,1), myp2(4,5);
    Line myline(myp1, myp2);
    cout<<"The distance is:";
    cout<< myline.GetDis() << endl;

    system("pause");
    return 0;
}
```

运行结果如图 10-9 所示。

图 10-9 例 10-5 运行结果

例 10-5 首先创建两个 Point 对象,然后构造 Line 对象 myline,最后输出两点距离。Point 拷贝构造函数被调用了 4 次,而且是在 Line 构造函数执行之前执行。Line 构造函数进行实参和形参结合时,调用了 2 次,用传入对象初始化内嵌对象 p1 和 p2 时又调用了 2 次。两点距离是在 Line 的构造函数中计算的。

10.4 类中特殊成员

类的成员分为两大类:数据成员和函数成员。数据成员与一般变量声明相同,需要注意的是要将它放在类中。函数成员可以在类中声明原形,在类外给出函数实现,此时需要在函数名前使用类名加以限定。如果函数比较简单也可以直接在类中给出函数体,形成内联成员函数。与普通函数类似,成员函数也可以重载和带默认参数值。本节主要介绍几种特殊的成员变量和成员函数,包括静态数据成员、静态成员函数、this 指针、内联成员函数等。

10.4.1 成员变量

1. 静态数据成员

静态数据成员是类中的一个成员,也就是说,同一个类中的所有对象共享该变量,所以静态数据成员对于类的所有对象只有一个副本,而且任何一个对象改变了静态数据成员的值,那么这个类的所有对象都会得到一个更新的值。

在 C++ 语言中,使用 static 修饰的数据成员称为静态数据成员,具体定义如下:

  static 类型标识符 静态数据成员名称;

对于静态数据成员来说,如果被声明为 public 权限,则与普通的 public 数据成员类似,完全可以通过对象在类外访问(对象加"."方式)。然而,由于静态数据成员属于类而不属于任何对象,因此无论是否定义该类的对象,静态数据成员都存在,于是可以通过类名直接对它进行访问,静态数据成员通常也采用这种访问方式。具体形式如下:

  类名::静态数据成员名

由于静态数据成员为该类所有的对象所共享,所以如果要对静态数据成员初始化,需要在类外通过"类名::静态数据成员 = 初值"的方式提供初始值,其具体语法如下:

类名::静态数据成员 = 初始值;

静态数据成员和 C 语言中的静态变量类似,它们的生命期都是从编译运行开始,直到程序运行结束为止。

下面通过一个示例说明如何使用学生类中的静态数据成员 s_nTotalNum,该成员用于记录学生的总人数。

【例 10-6】 在学生类中添加静态数据成员。

```cpp
#include <iostream>
#include <cstring>
using namespace std;

class Date                              // 日期类定义
{
public:
    Date(int y, int m, int d);          // 声明带参数的构造函数
    Date(Date &con_date);               // 声明拷贝构造函数
private:
    int m_nYear, m_nMonth, m_nDay;
};

Date::Date(int y, int m, int d)         // 定义 Date 类带参数的构造函数
{
    cout<<"Date constructor!"<<endl;
    m_nYear = y;
    m_nMonth = m;
    m_nDay = d;
}

Date::Date(Date &con_date)              // 定义 Date 类的拷贝构造函数
{
    m_nYear = con_date.m_nYear;
    m_nMonth = con_date.m_nMonth;
    m_nDay = con_date.m_nDay;
}

class Student                           // 定义 Student 类
{
public:
    Student(char *con_name, int con_id, Date &con_birthday);
```

```cpp
    ~Student();
    void Getnum();                  // 输出静态数据成员
private:
    static int s_nTotalNum;         // 静态数据成员
    char m_gName[20];
    int m_nID;
    Date m_iBirthday;
};

// 定义 Student 类带参数的构造函数
Student::Student(char * con_name, int con_id,
    Date &con_birthday):m_iBirthday(con_birthday)
{
    int namelen = strlen(con_name) + 1;
    strcpy (m_gName, con_name);
    m_nID = con_id;
    s_nTotalNum++;    // 通过构造函数每增加一个对象 s_nTotalNum 变量增 1
}

Student::~Student()
{
    s_nTotalNum--;                  // 析构一个对象,s_nTotalNum 变量减 1
    cout<<"destructor, totalnum = "<< s_nTotalNum << endl;
    if (s_nTotalNum == 0)
system("pause");
}

void Student::Getnum()
{
    cout<<s_nTotalNum<<endl;
}

int Student::s_nTotalNum = 0;    // 静态数据的初始化
int main()
{
    Date tombirthday(1998, 5, 20);
    // 创建一个 Student 对象
    Student std_tom("Tom", 1, tombirthday);
```

```
        cout<<"Tom, the totalnum = ";
        std_tom.Getnum();

        Date paulbirthday(1998, 4, 12);
        Student std_paul("paul", 2, tombirthday);      //创建第二个 Student 对象
        cout<<"Paul, the totalnum = ";
        std_paul.Getnum();
        return 0;
}
```

运行结果如图 10-10 所示。

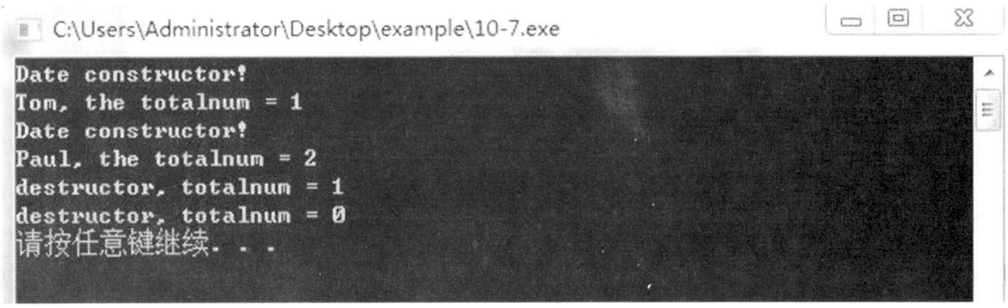

图 10-10 例 10-6 运行结果

例 10-6 中，Student 类定义了一个静态数据成员 s_nTotalNum 用于记录学生总人数，该数据可以被多个对象共享。int Student::s_nTotalNum = 0 定义静态数据初始值为 0。Student 类的构造函数用于对创建学生对象，每创建一个对象 s_nTotalNum 应该增加 1，对象消失时通过析构函数将 s_nTotalNum 减 1。

main()函数中创建了两个对象，运行结果显示每创建一个对象 s_nTotalNum 增 1，若有一个对象的生命期结束则 s_nTotalNum 值减 1，由此可知，静态数据成员是多个对象的共享数据，在内存中只有一份拷贝。

2. this 指针

类中每个对象的数据成员都占用独立空间，但成员函数是共享的，但是各个对象调用相同的函数却能显示各自对象的信息。原因是每个类的成员函数都隐含了一个指向被调用对象的指针，这个指针被称为"this 指针"。程序编译后，成员函数中会包含 this 指针，如例 10-6 中的成员函数 Getnum()编译后会具有如下的形式：

```
void Student::Getnum(Student * this)
{
    cout<<this->s_nTotalNum<<endl;
}
```

当对象 std_tom 调用该函数时，this 指针指向对象 std_tom，不同的对象调用该函数，this 指针会指向不同的对象。

在 C++语言中，当调用一个成员函数时，系统会自动为它传递一个隐含的参数，该

参数为指向调用该函数对象的指针,从而使成员函数知道该对哪个对象进行操作。在程序中,可以使用关键字"this"引用该指针,也就是说使用 this 指针可以访问成员变量或者调用成员函数,具有以下 2 种形式:

(*this).成员变量或函数

this->成员变量或函数

由于 this 指针指向当前对象,所以可以在函数中把 this 指针当参数,也可以从函数中返回 this 指针作为返回值,同时又是在成员函数中访问当前对象的一种方法。

10.4.2 成员函数

1. 静态成员函数

C++中用于操作静态数据成员的函数可以定义为静态成员函数,由 static 关键字限定。静态成员函数的定义形式如下:

static 函数返回值类型函数名(形参列表)
{
　　函数体
}

与普通成员函数类似,静态成员函数定义只是在函数返回类型前添加了 static 关键字,其调用也可以通过"对象.静态成员函数名()"来完成。由于静态成员函数通常用于操作静态数据成员,与静态数据成员类似,静态成员函数也是属于整个类的函数,不依赖于具体的对象,静态成员函数也可在没有创建对象的情况下使用,其访问方式如下:

类名::静态成员函数(实参);

通常静态成员函数访问静态数据成员,也可访问其他静态成员函数。如果静态成员函数要访问非静态数据成员,必须通过参数传递得到对象,然后才能在静态成员函数中通过对象访问非静态成员。

2. 内联成员函数

类中除了包含普通函数外,也可定义内联成员函数,定义形式也是在成员函数的返回值类型前添加 inline 关键字,具体形式如下:

inline 函数返回值类型 函数名(参数表)
{
　　函数体
}

在 C++语言中,通常在类内声明及实现的函数,编译系统会默认为内联函数。内联成员函数的定义和调用与普通的成员函数没有区别。

【例 10-7】静态成员函数操作静态、非静态数据成员以及内联函数应用。

```
#include <iostream>
#include <string>
using namespace std;
```

```cpp
class Student                                       // 定义 Student 类
{
public:
    Student(string con_name, int con_id);
    ~Student();
    inline string get_stdname();                    // 声明为内联函数
    // 静态成员函数访问静态数据成员
    static int get_totalnum();
    // 静态成员函数通过对象参数访问非静态数据成员
    static int get_totalnum(Student &stdref);
private:
    static int s_nTotalNum;                         // 静态数据成员 s_nTotalNum
    string m_strName;
    int m_nID;
};

// 定义构造函数,每创建一个对象,记录学生总人数的 s_nTotalNum 加 1
Student::Student(string con_name, int con_id):m_strName(con_name)
{
    s_nTotalNum++;
    m_nID = con_id;
}

// 定义析构函数,每析构一个对象,s_nTotalNum 减 1
Student::~Student()
{
    s_nTotalNum--;
    cout<<"destructor, totalnum = "<<s_nTotalNum<< endl;
    if (s_nTotalNum == 0)
        system("pause");
}

string Student::get_stdname()                       // 定义获取学生姓名的内联函数
{
    return m_strName;
}

// 定义静态成员函数,获取 s_nTotalNum 值,并显示某个学生姓名
```

```cpp
int Student::get_totalnum(Student &stdref)
{
    cout << stdref.m_strName <<" entered the school!"<<endl;
    return s_nTotalNum;
}

// 定义静态成员函数,获取静态数据成员 s_nTotalNum 值
int Student::get_totalnum()
{
    return s_nTotalNum;
}

int Student::s_nTotalNum = 0;         // 初始化静态数据成员 s_nTotalNum

int main()
{
    cout<<"access to static func \\"get_totalnum()\\": totalnum = "
        << Student::get_totalnum() << endl;  // 通过类名访问静态成员函数

    Student std_tom("Tom", 20);               // 定义对象 std_tom
    cout << std_tom.get_stdname() <<", totalnum = "
        << std_tom.get_totalnum(std_tom) << endl;  // 通过对象访问静
                                                    // 态成员函数

    return 0;
}
```

运行结果如图 10-12 所示。

```
access to static func "get_totalnum()": totalnum = 0
Tom entered the school!
Tom, totalnum = 1
destructor, totalnum = 0
请按任意键继续. . .
```

图 10-12　例 10-9 运行结果

特别注意

静态数据和静态函数成员的操作需要注意：
(1) 类的普通成员函数可以访问类中的非静态及静态数据成员。
(2) 在类外部可以直接访问类的公有静态成员和公有普通成员（包括数据和函数成员），但访问方式不同：公有普通成员只可通过对象访问，公有静态成员既可以通过对象访问也可通过类访问。

10.5 友 元

在面向对象程序设计中，将数据与处理数据的操作封装在一起形成类，既实现了数据的共享又实现了数据的隐藏，但封装并不是绝对的。比如现实生活中有这么一种关系：如果 A 是 B 的朋友，A 就知道 B 的很多秘密，如年龄、体重等，这些数据都是个人隐私，一般人是不知道的，但 A 是 B 的朋友，所以 A 就了解这些了。由此看来，交朋友要谨慎，否则自己的隐私就可能泄露。在 C++ 语言中，通过将 A 模块声明为 B 模块的友元，A 模块就能够引用 B 模块中本是隐藏的信息，实现了灵活性，但事情总有两面性，这种友元机制显然是对数据封装和隐藏的一种破坏。

友元提供了在不同类或对象之间进行数据共享的一种简单机制，将一个类或函数声明为另外一个类的友元，前一个类或函数就可以访问封装于该类中的数据。

在 C++ 中使用关键字 friend 来说明友元，如果友元是普通函数或者类的成员函数，称为友元函数；如果友元是一个类，则称为友元类。

10.5.1 友元函数

位于类外的一个普通函数或者其他类的成员函数，它不是本类的成员函数。但可以在类中通过由 friend 关键字将其声明友元函数（不是成员函数），此时该函数可以访问类中的 private 和 protected 成员。具体声明的语法形式如下：

  friend 函数返回值类型 友元函数名(形参列表);

【例 10-8】普通函数声明为类的友元函数示例。
```
#include <iostream>
using namespace std;

class IntClass                              // 定义 IntClass 类
{
public:
    IntClass (int con_n, int con_m);
    friend int add(IntClass &);             // 声明普通函数 add() 为友元函数
```

```cpp
    private:
        int m_nN, m_nM;
};

IntClass::IntClass (int con_n, int con_m)
{
    m_nN = con_n;
    m_nM = con_m;
}

int add(IntClass &refnum)                   // 定义普通函数 add()
{
    // 虽然不是成员,但是友元,因此可以直接访问了类的私有成员 m_nN 和 m_nM
    return refnum.m_nN + refnum. m_nM;
}

int main()
{
    IntClass intnum(5,7);                   // 创建类对象
    cout <<"add(5, 7) = "<< add(intnum)<< endl;    // 调用 add()函数

    system("pause");
    return 0;
}
```

运行结果如图 10-14 所示。

图 10-14 例 10-11 运行结果

> **特别注意**
>
> 使用友元函数需要注意：
> （1）友元函数能访问类中所有成员函数，一个函数可以是多个类的友元函数，只需在各个类中分别声明为友元即可。
> （2）C++中不允许将构造函数、析构函数和虚函数声明为友元函数。

10.5.2 友元类

和友元函数一样，一个类也可声明为另一个类的友元。如果 A 类声明为 B 类的友元类，则 A 类的所有成员函数都是 B 类的友元函数，都可以操作 B 类的 private 和 protected 成员。与声明友元函数类似，声明友元类同样需要使用关键字 friend，声明友元类的形式如下：

```
class B;
class A
{
    ...
    friend class B;                          // 声明类 B 为类 A 的友元
    ...
};
```

接下来通过一个案例说明友元类的使用，如例 10-9 所示。

【例 10-9】友元类的声明及使用示例。

```
#include <iostream>
using namespace std;

class Date;                                  // 声明 Date 类
class Time                                   // 定义 Time 类，描述时分秒
{
public:
    Time(int con_hour, int con_minute, int con_second)   // 定义构造函数
    {
        m_nHour = con_hour;
        m_nMinute = con_minute;
        m_nSecond = con_second;
    }
    friend class Date;                       // 声明 Date 为 Time 的友元类
private:
    int m_nHour, m_nMinute, m_nSecond;
```

```cpp
};
class Date                                    // 定义 Date 类
{
public:
    Date(int con_year, int con_month, int con_day)    // 定义构造函数
    {
        m_nYear = con_year;
        m_nMonth = con_month;
        m_nDay = con_day;
    }
    void display_date_time(Time &ref_time);    // 声明 display_date_time()函数
private:
    int m_nYear, m_nMonth, m_nDay;
};

void Date::display_date_time(Time &ref_time)
{
    cout << m_nYear <<"-"<< m_nMonth <<"-"<< m_nDay <<""
        << ref_time.m_nHour <<":"<< ref_time.m_nMinute
        <<":"<< ref_time.m_nSecond << endl;
}

int main()
{
    Time time(17, 30, 20);                    // 定义 Time 对象
    Date date(2017, 5, 31);                   // 定义 Date 对象
    date.display_date_time(time);             // 显示年月日、时分秒信息
    system("pause");
    return 0;
}
```

运行结果如图 10-16 所示。

```
2017-5-3117:30:20
请按任意键继续. . .
```

图 10-16 例 10-9 运行结果

在上例中定义了 display_date_time()函数,用来显示年、月、日、时、分、秒信息。由于 Date 为 Time 类的友元类,则 Date 中的成员函数为 Time 类的友元函数,可以访问 Time 类的所有私有成员,本例中可以直接访问了私有成员:m_nHour、m_nMinute、m_nSecond。

特别注意

(1) 友元关系是单向的:如果声明 B 类是 A 类的友元,B 类的成员函数就可以访问 A 类的所有私有和保护数据,但 A 类的成员函数却不能访问 B 类的私有、保护数据。

(2) 友元可以实现数据共享,但在一定程度上破坏了类的封装性,因此除非在提高效率上有很大帮助,一般不提倡使用友元。友元较多地用在运算符重载中,关于运算符重载可以参考有关C++教程。

10.6 字符串类

在 C 语言中,字符串是存储在字符数组中的,使用数组来存放字符串,然后通过调用字符串函数来处理字符串,使用很不方便。为此,C++语言提供了 string 类专门用来处理字符串。与 C 语言的字符串处理方式相比,C++的 string 类更加方便,而且支持更多的功能。在C++程序中,如果要使用 string 类,必须在文件开头包含头文件♯include＜string＞。

10.6.1 构造一个字符串

构造字符串就是定义 string 类型的变量,并对其进行初始化,C++提供了多种灵活的方式来构造一个 string 对象。如:

```
string newstring;                       // 创建一个空字符串对象
string newstring("stringliteral");      // 用字符串常量构造一个字符串对象.

//使用字符数组创建字符串对象
char chararray[] = {'g','o','o','d',' ','d','a','y','!','\0'};
string newstring(chararray);

//用一个 string 对象去创建另一个 string 对象
string name("Li Si");
string person1(name);
```

 温馨提示

处理 string 对象与处理其他类型的变量类似,如:
string message("welcome to C++!");
cout<<"message is:"<<message<<endl;

//第二种方法
string name;
cout<<"your name?";
cin>>name;
cout<<"my name is "<<name<<endl;

10.6.2 string 类的运算符

string 类提供了丰富的运算符,可以方便的完成字符串赋值(内容复制)、字符串连接、字符串比较等功能。表 10-1 列出了 string 类的运算符及其说明。

表 10-1 string 类的运算符及其说明

运算符	示例	注释	运算符	示例	注释
+	s+t	将串 s 和 t 连成一个新串	<	s<t	判断 s 是否小于 t
=	s=t	用 t 更新 s	<=	s<=t	判断 s 是否小于或等于 t
+=	s+=t	等价与 s=s+t	>	s>t	判断 s 是否大于 t
==	s==t	判断 s 与 t 是否相等	>=	s>=t	判断 s 是否大于或等于 t
!=	s!=t	判断 s 与 t 是否不等	[]	s[i]	访问串中 i 位置的字符

 温馨提示

之所以能够通过上面的运算符来操作 string 类对象,是因为 string 类对这些运算符进行了重载。

字符串处理除了可以用运算符处理以外,还可以用字符串类的成员函数来完成相应功能,而且功能更加强大。

10.6.3 字符串常用函数

1. 字符串赋值

字符串赋值可以通过"="或 assign 成员函数来完成,如:
//利用"="对字符串进行赋值
string s1 = "hello";   // 在初始化时,将"hello"赋值给 s

```cpp
string s2("welcome");
s2 = "Dallas";                    // 利用赋值语句将"dallas"赋值给 s1
//利用成员函数 assign 进行赋值,功能更加强大
string str2;
str2.assign("Welcome!");
str2.assign(3, '.');              // 将 3 个'.'赋值给 str2
```

2. 字符串比较

两个字符串比较可以使用比较运算符或者成员函数 compare()进行,此函数与 C 字符串函数 strcmp()的工作方式类似,都是把两个字符串中对应的字符两两比较其 ASCII 码值,按照大于、等于及小于的不同,分别返回大于 0 值(为真)、0 和小于 0 值(为假),如:

```cpp
string s1("ABCDEF");
string s2("BCD");

//使用 compare 比较,输出为-1
cout<<s1.compare(s2)<<endl;

//使用比较运算符进行比较
if(s1==s2)                        // 如果不相等,则为假
    cout<<"s1 和 s2 相等"<<endl;
else
    cout<<"s1 和 s2 不相等"<<endl;  // 输出为 s1 和 s2 不相等
```

3. 字符串连接

字符串连接可以使用运算符"+"、"+="进行连接,也可以使用成员函数 append()进行字符串连接,如:

```cpp
string s1="ABCD", s2, s3;
s2.assign(3, '.');

//使用"+","+="运算符进行连接
s3 = s1+s2;                       // s2 串连接到字符串 s1 的尾部,并把新串赋给 s3
s3+="etc.";                       // 将"etc."串连接到字符串 s3 的尾部,并重新赋给 s3

//使用成员函数 append()进行字符串连接
s3.append("...");                 // 将"..."串连接到字符串 s3 的尾部
```

4. 字符串类的其他成员函数

成员函数 length()、size()和 capacity()分别用来获取字符串的长度、大小和分配的存储空间大小,其用法如下:

```cpp
string s1 ("welcome");            // s1 的值为 welcome
cout<<s1.length()<<endl;          // 长度为 7
```

```cpp
cout<<s1.size()<<endl;          // 大小为 7
cout<<s1.capacity()<<endl;      // 存储空间大小为 7
```

【例 10-10】C++中 string 类应用举例。

```cpp
#include <iostream>
#include <string>

using namespace std;

// 根据 value 的值输出 true 或 false，title 为提示文字
inline void test(const char * title, bool value)
{
    cout<<title<<" returns "<<(value ? "true" : "false")<<endl;
}

int main()
{
    string s1 = "DEF",s2;
    cout<<"s1 is "<<s1<<" and length of s1: "<<s1.length()<<endl;
    cout<<"Please enter s2: ";
    cin>>s2;
    cout<<"s2 is "<<s2<<" and length of s2: "<<s2.length()<<endl;

    // 比较运算符的测试
    test("s1 <= \"ABC\"", s1 <= "ABC");
    test("\"DEF\"<= s1", "DEF"<= s1);

    // 连接运算符的测试
    s2 += s1;
    cout<<"s2 = s2 + s1: "<< s2 << endl;
    cout<<"length of s2: "<< s2.length() << endl;
    system("pause");
    return 0;
}
```

运行结果如图 10-17 所示。

```
C:\Users\Administrator\Desktop\example\10-10.exe
s1 is DEF and length of s1: 3
Please enter s2: ABC
s2 is ABC and length of s2: 3
s1 <= "ABC" returns false
"DEF"<= s1 returns true
s2 = s2 + s1: ABCDEF
length of s2: 6
请按任意键继续. . .
```

图 10-17　例 10-10 运行结果

10.7　应用举例

本节将通过两个综合应用来说明类、对象以及成员函数在程序设计中的应用。

【例 10-11】设计个人银行账户管理软件。一个人可以拥有多个活期储蓄账户,分属于不同的银行,一个活期储蓄账户包括账号(iD、余额(balance)、年利率(rate)等信息,还包括显示账户信息(show)、存款(deposit)、取款(withdraw)、结算利息(settle)等操作。为此,设计一个类 SavingsAccount,将 id,balance,rate 作为成员数据,将 show,withdraw,settle 作为成员函数。

为了便于实现,该类中的所有日期均用一个整数表示,该整数是一个以日期为单位的相对日期,假设开户日为1,那么开户日后的第 3 天就用 4 表示,这样通过将两个日期相减就可得到两个日期相差的天数,简化了计算利息的过程。具体实现代码如下:

```cpp
#include <iostream>
#include <cmath>
using namespace std;
//储蓄账户类
class SavingsAccount
{
private:
    int id;              //账号
    double balance;      //余额
    double rate;         //存款年利率
    int lastDate;        //上次变更余额时期
    /* 余额按日累加之和 */
    double accumulation;
/* 记录帐函数,amount 为金额    */
    void record(int date, double amount);
    /* 获得到指定日期的存款金额按日累积值 */
    double accumulate(int date) const
    {
        return accumulation + balance * (date - lastDate);
    }
public:
    //构造函数
    SavingsAccount(int date, int id, double rate);
    int getId() { return id; }
```

```cpp
    double getBalance() {
        return balance;   }
    double getRate() {    return rate;   }
    // 存入现金
    void deposit (int date, double amount);
    // 取出现金
    void withdraw (int date, double amount);
    /* 结算利息,每年 1 月 1 日调用一次该函数 */
    void settle(int date);
    void show();        //显示账户信息
};
// SavingsAccount 成员函数实现
SavingsAccount:: SavingsAccount (int date, int id, double rate)
    : id(id), balance(0), rate(rate), lastDate(date), accumulation(0) {
    cout << date <<"\t#"<< id << " is created"<< endl;
}
void SavingsAccount:: record (int date, double amount) {
    accumulation = accumulate(date);
    lastDate = date;
    amount = floor(amount * 100 + 0.5) / 100;   //保留小数点后两位
    balance += amount;
    cout<< date <<"\t#"<< id <<"\t"<< amount <<"\t"<< balance << endl;
}
void SavingsAccount:: deposit (int date, double amount) {
    record(date, amount);
}
void SavingsAccount::withdraw(int date, double amount) {
    if (amount > getBalance())
        cout <<" Error: not enough money"<< endl;
    else
        record(date, -amount);
}
void SavingsAccount::settle(int date) {
    double interest = accumulate(date) * rate / 365;    //计算年息
    if (interest != 0)
        record(date, interest);
    accumulation = 0;
}
void SavingsAccount::show() {
    cout<<"#"<< id <<"\tBalance: "<< balance;
}

// 银行类
class Bank
{
public:
    Bank(char * name, char * address);
    ~Bank();
    char * GetBankName();
    char * GetBankAddr();
    bool CreateSa(int date, int id, double rate);    //新建储蓄账户账户
    SavingsAccount * GetSa(int id);
private:
    char name[256];      //银行名字
    char address[256];  //银行地址
    SavingsAccount * sa[100];
    int sanum;        // 账户个数
};
```

```cpp
// Bank 类成员函数实现
Bank::Bank(char * name, char * address)
{
    strcpy(this->name, name);
    strcpy(this->address, address);
    sanum = 0;
    for (int i = 0; i < (sizeof(this->sa)
        /sizeof(SavingsAccount *));
        i++)
    {
        sa[i] = NULL;
    }
}

Bank::~Bank() { }
char * Bank::GetBankName()
{
    return this->name;
}

char * Bank::GetBankAddr()
{
    return this->address;
}

/* data:存钱日期, id:账户 id, rate:利率
*/
bool Bank::CreateSa(int date, int id,
double rate)
{
    sa[sanum] = new SavingsAccount
        (date, id, rate);
    sanum++;
    return true;
}

SavingsAccount * Bank::GetSa(int id)
{
    for (int i = 0; i < this->sanum; i
++)
    {
        if (this->sa[i]->getId() =
= id)
        {
            return this->sa[i];
        }
    }
    return NULL;
}

// 用户类
class Person
{
public:
    Person();
    ~Person();
    bool SetBlank(char * name, char *
addr);       //设置使用哪个银行
    Bank * GetBank();
private:
    Bank * bank;
};

//Person 类成员函数实现
Person::Person() { }
Person::~Person() { }
bool Person::SetBank(char * name, char
* addr)
{
    bank = new Bank(name, addr);
    return true;
}
Bank * Person::GetBank()
{
    return this->bank;
}
int main()
{
```

```cpp
    Person xiaoming;
    xiaoming.SetBank("建设银行", "长
江路");
    //建立几个账户
    xiaoming.GetBank()->CreateSa(1,
21325302, 0.015);
    xiaoming.GetBank()->CreateSa(1,
58320212, 0.015);
    //几笔账目
    xiaoming. GetBank ( ) ->GetSa
(21325302)->deposit(5, 5000);
    xiaoming. GetBank ( ) ->GetSa
(21325302)->deposit(45, 5500);
    xiaoming. GetBank ( ) ->GetSa
(58320212)->deposit(25, 10000);
    xiaoming. GetBank ( ) ->GetSa
(58320212)->withdraw(60, 4000);

    /* 开户后第 90 天到了银行的计息
日,结算所有账户的年息 */
    xiaoming. GetBank ( ) ->GetSa
(21325302)->settle(90);
    xiaoming. GetBank ( ) ->GetSa
(58320212)->settle(90);
    xiaoming. GetBlank ( ) ->GetSa
(21325302)->show();
    cout<< endl;
    xiaoming. GetBlank ( ) ->GetSa
(58320212)->show();
    cout<< endl;
    system("pause");
    return 0;
}
```

运行结果如图 10-18 所示。

```
1       #21325302 is created
1       #58320212 is created
5       #21325302       5000    5000
45      #21325302       5500    10500
25      #58320212       10000   10000
60      #58320212       -4000   6000
90      #21325302       27.64   10527.6
90      #58320212       21.78   6021.78
#21325302       Balance: 10527.6
#58320212       Balance: 6021.78
请按任意键继续. . .
```

图 10-18 例 10-11 运行结果

在上例程序中,首先定义了 3 个类:储蓄账户、银行和用户,初始化用户 xiaoming,然后设置他的银行,银行里面设有储蓄账户,xiaoming 通过选定银行中的储蓄账户进行存钱、取钱、转账等操作,其中几个简短函数实现写在了类定义中,其他大部分函数实现代码写在了类外面。

在 main 函数中,定义了 2 个账户实例 sa0 和 sa1,它们的年利率都是 1.5%,随后分别在第 5 天和第 45 天向账户 sa0 存入 5 000 元和 5 500 元,在第 25 天向账户 sa1 存入 10 000 元,在第 60 天从账户 sa1 取出 4 000 元。账户开户的第 90 天是银行的计息日,两个账户分别得到了 27.64 元和 21.98 元的利息,以账户 sa0 为例,它在第 5－45 天之间的余

额为 5 000 元,第 45－90 天之间的余额为 10500 元,因此,它的利息是(40 * 5 000＋45 * 10 500)/365 * 1.5％＝27.64 元。

【**例 10-12**】设计雇员类 Employee,包含 2 个私有数据成员 name(大小为 50 个字符)和 pay(int 型数据),分别用于记录雇员的姓名和月薪。其成员函数包括设置雇员姓名 SetName,得到雇员姓名 GetName。

设计公司类 Company,包含 2 个私有数据成员 num(int 型数据)和 emp(指向 Employee 对象的指针),分别用于记录公司雇员人数以及每个雇员的信息,其成员函数有构造函数,完成 n 个员工空间的申请,拷贝构造函数,析构函数,修改雇员信息,显示顾员信息等。具体实现代码如下:

```cpp
#include<iostream>
#include<cstring>
using namespace std;

class Employee
{
private:
    char name[50];
public:
int pay;
    void SetName(char n[50])
    {
        strcpy(name, n);
        return;
    }
    void GetName(char n[50])
    {
        strcpy(n, name);
        return;
    }
};

class Company
{
private:
    Employee *emp;
public:
    int num;
    Company(int n)
    {
        num = n;
        emp = new Employee[num];
    }
    Company(Company &c)
    {
        num = c.num;
        emp = c.emp;
    }
    ~Company()
    {
        num = 0;
        delete [] emp;
    }
    void Change (int code, char *name, int pay)
    {
        emp[code].SetName(name);
        emp[code].pay=pay;
    }
    void Print()
    {
        int i;
        char name[50];
        for (i = 0; i < num; i++)
        {
            emp[i].GetName(name);
```

```cpp
            cout<<" No "<<i<<": "<<
name<<" is paid "<<emp[i].pay<<"
 RMB for one month."<<endl;
        }
        return;
    }
};

int main()
{
    int n, i, k = 0, pay;
    char name[50];
    while (cin>>n)    /* 输出 1-50 之间的数字，以非数字结束 */
    {
        Company c(n);
        for(i = 0; i < n; i++)
        {
            cin>>name>>pay;
            c.Change(i,name,pay);
        }
        k++;
        cout<<"Case #"<<k<<
        ": total "<<c.num<<
        " employee."<<endl;
        c.Print();
    }
    system("pause");
    return 0;
}
```

运行结果如下所示。

输入数据：

3

Jack 10000

Tom 20000

Alex 30000

输出结果：

Case #1: total 3 employee.

No 0: Jack is paid 10000 RMB for one month.

No 1: Tom is paid 20000 RMB for one month.

No 2: Alex is paid 30000 RMB for one month.

10.8 要点回顾

10.8.1 语法要点

表 10-2 语法要点

内　容	语　法	备　注

构造函数的定义	类名(参数表)
	{
	　　函数体
	}
		Car()
		{
		　　m_strCarName = "default name";
		}

析构函数的定义	~类名(参数表)
	{
	　　函数体
	}
		~Car()
		{
		　　
		}

成员访问控制权限	公有权限 私有权限 保护权限	public private protected

类的组合构造函数	类名::类名(形参表):内嵌对象1(形参表),内嵌对象2(形参表),...
	{
	　　类的初始化
	}
		Line::Line(Point a, Point b):p1(a), p2(b)
		{
		　　… …
		}

静态数据成员	static 类型标识符 静态数据成员名称;	static int s_nTotalNum;

静态成员函数	static 函数返回值类型 函数名(形参列表)
	{
	　　函数体
	}
		static int get_totalnum()
		{
		　　… ….
		}

续表 10-2

内　　容	语　　法	备　　注

内联成员函数	inline 函数返回值类型　函数名(参数表)
	{
	　　函数体
	}
		inline void print( )
		{
		　　… …
		}

友元函数	friend 函数返回值类型 友元函数名(形参列表)	friend int add(IntClass &);
友元类	friend class 类名	friend class B;

10.8.2　常见错误

（1）构造函数名前没有返回值类型声明，甚至 void 也不能加。

（2）构造函数中不能通过 return 语句返回一个值。

（3）创建类的对象时，这个类的构造函数会被自动地调用，不能显式地调用构造函数。

（4）析构函数没有参数，也不能通过 return 语句返回一个值。

（5）一个类中只能有一个析构函数，不可重载。

（6）在类中，成员的默认访问权限是私有的。如果要把一个成员函数指定为公有的，不要忘记在它的前面加上 public。

（7）构造组合类的对象时不但要对基本数据类型的成员进行初始化，还要对内嵌对象成员进行初始化。

（8）静态数据成员必须在类外进行初始化。

（9）友元关系是单向的，并且不具备传递性。

习　　题

一、选择题

1. 在声明类时，关键字 private、public 和 protected 出现_____。
   A. 至少一次　　　　　　　　　B. 至多一次
   C. public 至少一次　　　　　　D. 任意次数

2. 在声明类时省略权限隐含是_____。
   A. private　　B. public　　C. protected　　D. 任意的

3. 下列说法中错误的是_____。
   A. 构造函数没有类型

B. 创建对象时构造函数自动被调用
C. 在一个类中,只能定义一个构造函数
D. 构造函数的函数名与类同名

4. 以下叙述中不正确的是_____。
   A. 类中的数据成员可以是私有或公有的,而类中的成员函数必须是公有的
   B. 拷贝构造函数的作用是使用一个已经存在的对象去初始化一个新的同类的对象
   C. 类中的构造函数可以重载,而析构函数不能重载
   D. 构造函数和析构函数都应是类的公有成员函数

5. 下列_____不是类的成员函数。
   A. 构造函数   B. 析构函数   C. 友元函数   D. 拷贝构造函数

6. 通常拷贝初始化构造函数的参数是_____。
   A. 某个对象名   B. 某个对象的成员名
   C. 某个对象的引用名   D. 某个对象的指针名

7. 设 Mclass 是个类名,该类的拷贝初始化构造函数是_____。
   A. Mclass( )   B. Mclass(Mclass)
   C. Mclass(Mclass *)   D. Mclass(Mclass&)

8. 下列对析构函数的描述中,正确的是 ___。
   A. 一个类中只能定义一个析构函数   B. 析构函数名与类名不同;
   C. 析构函数的定义只能在类体内   D. 析构函数可以有一个或多个参数

9. 以下对析构函数描述正确的是_____。
   A. 析构函数返回类型应是 void   B. 函数体内不能有循环语句
   C. 无形参,也不能重载   D. 函数体内必须有 delete 语句

10. 关于成员函数,以下叙述中不正确的是_____。
    A. 成员函数一定是内联函数   B. 成员函数可以重载
    C 成员函数的参数可以设置默认值   D. 成员函数可以是另一个类的友元函数

二、阅读程序,写出以下程序运行结果。

1. 运行结果:
```
#include <iostream>
using namespace std;
class myclass
{
    int a,b;
public:
    myclass (int i=0,int j=0);
    void show( );
};
myclass::myclass(int i,int j)
{
```

```
        a=i;
        b=j;
}
void myclass::show()
{
    a+=b; b+=a;
    cout<<"a="<<a<<" "<<"b="<<b<<endl;
}
int main()
{
    myclass ob1;
    ob1.show();
    myclass ob2(2);
    ob2.show();
    myclass ob3(2,5);
    ob3.show();
    system("pause");
    return 0;
}
```

2. 运行结果：

```
#include <iostream>
using namespace std;
class cube
{
public:
    cube(int ht=2,int wd=5,int dp=3)
    {
        height=ht;
        width=wd;
        depth=dp;
        cout<<"construncted called"<<endl;
    }
    ~cube()
    {
        cout<<"Destructed called"<<endl;
    }
    int volume()
    {
```

```
            return height * width * depth;
    }
private:
    int height,width,depth;
};
int main()
{
    cube cone(10,20,15),ctwo;
    cout<<cone.volume()<<endl;
    cout<<ctwo.volume()<<endl;
    system("pause");
    return 0;
}
```

3.运行结果:

```
#include <iostream>
using namespace std;
class A
{
    int a,b;
public:
    A(){}
    A(int i,int j):a(i),b(j)
    {
        cout<<"constructor\n";
    }
    ~A() { cout<<a<<"distructor\n"; }
};
int main()
{
    A ob2(2,5);
    A ob1(ob2);
        system("pause");
        return 0;
}
```

运行结果:

三、程序填空

1. 编写一个求 n! 的类,分别输出 2~9 的阶乘。

```
class FACT
```

```
{
    int n;long int fact;
public:
    FACT(int );
    void display() {cout<<n<<"!="<<____[1]____<<endl;} //输出阶乘
};
FACT::FACT(int val)
{
    n=val;fact=1;
    while(val>1){ fact *= ____[2]____ ; val--; }
}
int main()
{
    for(int i=2;i<10;i++)
    {
FACT p(i);
p.display();
    }
system("pause");
    return 0;
}
```

2. 以下程序能根据对象提供的长方形的长和宽得到该长方形的面积和周长。

```
class rectangle
{
private:
    float ledge,sedge;
public:
    rectangle(){ledge=0;sedge=0;}
    rectangle(float a,float b){ledge=a;sedge=b;}
    void area(){cout<<"面积:"<<____[3]____<<endl;}
    void length(){cout<<"周长:"<<____[4]____<<endl;}
};
int main()
{
    rectangle A(3.5,2.0),B(4.2,2.0);
    A.area();
    A.length();
    B.area();
```

```
        B.length();
        system("pause");
        return 0;
}
```

3. 填空完成以下程序,使该程序中 my 对象和 your 对象的执行结果都为 10.

```
class MyClass
{
        int x;
public:
        _____[5]_____;
        {
                x=n;
        }
        MyClass()
        {


        }
        int GetNum()
        {
                _____[6]_____;
        }
};
int main()
{
        MyClass my(10);
        MyClass _____[7]_____;
        cout<<my.GetNum()<<endl;
        cout<<your.GetNum()<<endl;

        system("pause");
        return 0;
}
```

第 11 章　继承与多态

"忠厚传家久,诗书继世长","孝是中华文化根"。

中国优秀传统文化的伟大复兴需要更多的践行者和传承者。

——编者按

学习目标

- 理解继承的使用和语法
- 掌握基类和派生类构造函数、析构函数的书写方法和调用顺序
- 理解类型兼容原则和适用情形
- 了解多继承和虚继承
- 掌握多态的实现机制
- 理解和掌握纯虚函数和抽象类的使用

在C++中,可以用一个已存在的类创造一个新的类来实现代码的重用,并实现功能上的扩展,这就是代码的继承和派生。多态是指不同的对象对同一命令和消息作出不同响应的能力,可分为静态多态和动态多态两种。静态多态在编译时就确定了调用的函数,而动态多态机制使程序能够在运行时确定到底该调用基类定义的函数还是派生类定义的函数。这种特性使得人们很容易地定义与其他类相似但是又不相同的新类,而在软件开发的前期阶段可有意识地忽略这些类行为上的差别。

11.1 继承的概念

继承(inheritance)是面向对象程序设计的重要特性,也是面向对象程序设计的基石。继承允许我们在已有类的基础上构造出新的类,它可以使程序员在保持原有类的基础上进行更具体、更详细地定义,进而扩展出更多的特性和功能。以原有类为基础产生新类,我们可以说新类继承(inherit)了原有类的特征,也可以说从原有类派生(derive)出了新的类。从编程的观点来看,继承和派生具有以下两个特征:

(1) 反映了事物之间的"是一种"("is-a")关系,可以实现更加丰富和强大的软件建模,形成一个从一般到特殊,从抽象到具体的层次结构。

(2) 从现有类中继承属性和行为,并对其进行扩展(extend)和改写(override),产生新的功能和服务,从而实现代码的重用和扩充。

类的继承和派生是人们对客观世界中的事物进行分类、分析和认识过程在程序设计中的自然体现。现实中人们总是根据事物的特征,依据他们的共性来进行分类和甄别。例如,工厂、大学、医院都是"建筑物"这个一般概念的特例。每一个建筑物都会有一些固有的基本属性——房屋面积、窗户的数量、门的数量等,或者说它们都是建筑物的一种(is a kind of)。但是有一些建筑物有一些额外的属性,如大学会有演讲礼堂和计算机实验室;医院会有手术室、病房等;工厂会有车间等额外的特有属性,这些属性只属于这些建筑物,一般来讲并不是所有建筑物都有这些属性。建筑物类型可以进一步细分为工厂、大学和医院等不同类型,从而形成一个层次结构,如图11-1是一个简单的建筑物类层次结构。

在图 11-1 中，类随着层次结构自顶向下派生，逐渐从一般到特殊，从抽象到具体演化。最高层抽象程度最高，是具有最普遍和一般意义的概念，下层具有上层的特性（继承），同时加入自己的新特性（扩展）而变得更加具体。在这个层次结构中，从上到下是一个具体化、特殊化的过程；反过来，从下到上是一个抽象化、概念化的过程。上层类和下层类之间的关系是"a kind of(是一种……)"的关系，这时可以说下层类继承了上层类，上层类派生了下层类，我们把这种保持已有类的特性而构造新类的过程称为继承；在已有类的基础上新增自己的特性和行为而产生新类的过程称为派生。被继承的已有类称为基类（base class）或父类（superclass）；派生的新类称为派生类（derived class）或子类（subclass）。

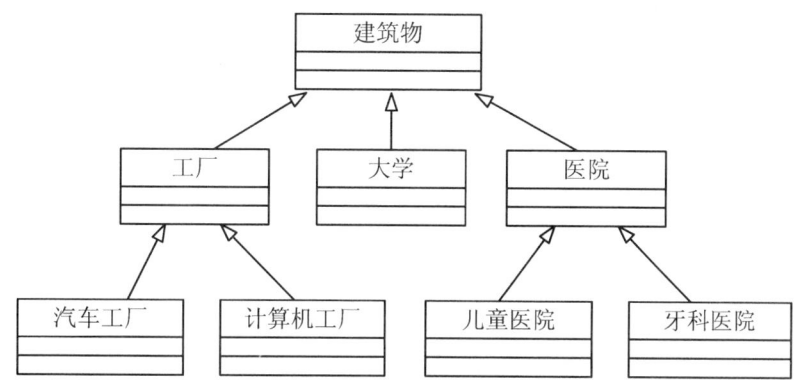

图 11-1　建筑物的类层次

因为派生类是基类的一种，所以任何基类对象出现的地方都可以用公有派生类对象替代，这被称为类型兼容（向上）原则（type compatiblity rule）。通过公有继承，派生类就具备了基类所有功能，凡是基类能解决的问题，公有派生类同样可以。这种替代包括以下3种：

（1）派生类对象可以隐含转化为基类对象。
（2）派生类对象可以初始化基类的引用。
（3）派生类指针可以隐式转化为基类指针（基类指针可以指向派生类对象）。

在图 11-2 中，假设 Animal 是基类，Bird 是公有派生类，并扩展了公有成员函数 Fly()，并有如下代码：

　　Animal animal, *p;
　　Bird bird;

图 11-2 类型兼容原则示例

这时：

(1) 派生类对象可以给基类对象赋值。因为派生类成员继承了基类成员，它只需逐个给基类对象的成员赋值即可，例如，animal = bird。

(2) 派生类对象可以初始化基类对象的引用，例如，Animal &ref = bird。

(3) 基类指针可以指向派生类对象，例如，p = &bird。

在替代之后，派生类对象就可以作为基类的对象使用，但只能使用从基类继承的成员。

   p = &bird;

   p->Fly(); // 错误提示 Error: 'class Animal' has no member named 'Fly'

鸟儿是动物的一种，所以但凡动物出现的地方，都可以用鸟儿替代。如图 11-2 所示，由 Landsy 喜欢动物，可以推出 Landsy 喜欢小鸟，也喜欢老虎。鸟儿可以飞，但不是所有动物都可以飞，老虎就不会飞。从鸟儿可以飞翔是不能推导出动物可以飞翔的。也就是说，类型是向上兼容，反之则不然。

特别注意

(1) 若在逻辑上 B 是 A 的"一种"，则允许 B 继承 A 的功能和属性；如果类 A 和类 B 毫不相关，不可以为了使 B 的功能更多而让 B 继承 A。

(2) 类型兼容原则使得公有派生类可以代替基类，这叫作向上兼容，反之不然。

(3) 派生类对象当作基类对象使用时，只能使用基类成员。

由于类型兼容规则的引入，程序员就可以用统一接口处理基类和派生类对象，大大提高了程序的开发效率；同时，类型兼容规则也是多态的重要基础，通过多态机制，可以在保证类型兼容的前提下，实现基类和基类的不同派生类对象对相同消息作出不同的响应，有关多态的概念将在本章的后续节中介绍。

11.2 单继承

C++语言不仅支持单继承,也支持比较复杂的多继承。单继承相对比较简单,与现实生活也更加贴近,所以应用也更为广泛。单继承(single inheritance)是指派生类只继承了一个基类的情形,这种继承方式最为常见,也是一种比较容易处理的继承方式。在单继承中,一个基类可以生成多个派生类,但是每个派生类只有一个基类。

11.2.1 基本语法

在面向对象程序设计中,继承的目的是为了提高开发效率:一方面派生类继承了基类的成员,实现了代码的重用;另一方面派生扩充了代码,增加了新的成员(数据成员和成员函数),实现了功能上的扩展,这才是继承的关键所在。每一个派生类的生成要经过3个步骤:

(1)吸收基类成员:派生类接收了基类当中除构造函数、析构函数和赋值运算符重载函数之外的所有成员。

(2)改造基类成员:一者可通过继承方式改变对基类成员的访问控制,二者如果派生类中声明了和基类同名的成员,则会隐藏基类中的成员,参见下一小节。

(3)添加新成员:保证派生类在功能上有所发展和改进。

在C++语言中,单继承的语法如下:

```
class 派生类名：继承方式 基类名
{
    // 新增数据成员
    // 新增函数成员
};
```

其中"class"是类定义的关键字,";"是类定义语句的结束标记。"继承方式"规定了派生类对从基类继承成员的访问权限,继承方式可以是 public、protected 或者 private,最常用的继承方式是 public。如果不显式地给出继承方式,C++编译系统默认值是 private。

温馨提示

公有继承实现的是"is—a"的关系,受保护继承和私有继承则不是。

11.2.2 访问权限与继承方式

每个类都可通过 public、protected 和 private 来控制外部对其成员的访问,从而保证了对封装的需要,实现了信息隐藏,简化了用户使用。其中,public 成员可以在程序的任何地方访问;private 成员只能在类的成员函数中访问,而不能被位于类外的用户代码访问；protected类似于private，除自身的成员函数可以访问以外，它还可以被类的派生类成员函数访问。

派生类继承了基类的全部数据成员和除了构造、析构和赋值运算符重载函数之外的全部函数成员，但是这些成员的访问权限在派生的过程中可以通过继承方式进行调整。派生类从基类继承成员的访问权限由基类声明的访问权限和继承方式共同控制。图11-3描述了基类成员在派生类中的访问权限。

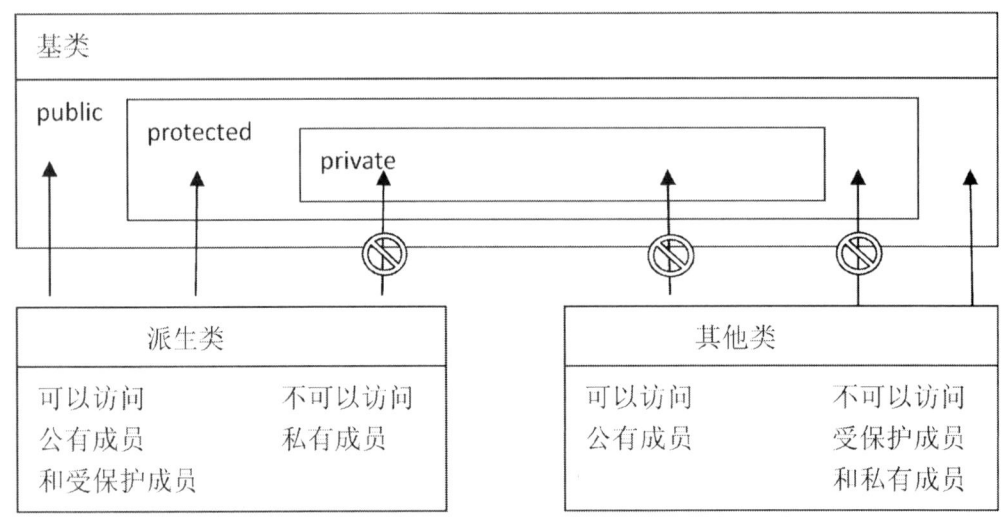

图 11-3　private，protected 和 public 成员的访问权限

（1）如果是公有继承（public inheritance）：基类的 public 成员是派生类的 public 成员，基类的 protected 成员是派生类的 protected 成员，基类的 private 成员是派生类，是不可访问的；

（2）如果是保护继承（protected inheritance）：基类的 public 和 protected 成员在派生类中是 protected 成员，基类的 private 成员在派生类中是不可访问的；

（3）如果是私有继承（private inheritance）：基类的 public 和 protected 成员在派生类中是 private 成员，基类的 private 成员在派生类中是不可访问的。

特别注意

（1）基类的 private 成员在派生类中不可直接访问。
（2）派生类可以进一步限制但不能放松对所继承成员的访问权限。

在面向对象编程中，要尽可能把不被外部用户直接访问的成员声明为 protected 而不是 private，这样，其它程序就可以方便地使用该类作为基类派生出新类来实现新的功能和服务，增加程序的灵活性和可扩展性。

 **扩展阅读：struct 和 class**

关键字 struct 和 class 在 C++中并没有本质区别，最主要的一个差别就是默认的继承和访问方式不同：

（1）默认继承方式不同：struct 默认是 public，class 默认是 private。
（2）默认的成员访问权限不同：struct 默认是 public，class 默认是 private。

在编程实现时，struct 更适合作为数据结构的描述，用来定义数据结构，一般只有数据成员；class 则适合作为 C++中对象的实现，包含了数据和函数成员。

11.2.3 派生类的构造函数和析构函数

因为派生类继承了基类成员，所以在创建派生类对象时，不仅要对新增数据成员初始化，还必须调用基类构造函数，用于初始化派生类对象的基类成员；而在销毁派生类对象时，必须调用基类的析构函数清理从基类继承的成员。

1. 构造函数

基类的构造函数并没有继承下来，要完成这些工作，就必须给派生类添加新的构造函数。派生类构造函数的一般语法形式为：

派生类名::派生类名(参数表)：基类名(基类初始化参数表)
{
    // 派生类构造函数的其它初始化操作；
}

 **特别说明**

（1）派生类如果没有显式定义构造函数，这时派生类默认构造函数会自动调用基类的无参默认构造函数。
（2）如果不需要调用基类的带参数的构造函数，则初始化列表对基类构造函数的调用可以省略。
（3）如果对派生类初始化时，需要调用基类的带参数的构造函数时，派生类就必须声明构造函数，提供一个将参数传递给基类构造函数的途径，保证在基类进行初始化时能够获得必要的数据。

在构造函数的参数列表中需要同时给出初始化基类数据和新增成员所需的参数，而在构造函数的初始化列表中使用基类构造函数对基类成员进行初始化。在创建派生类对象时，首先调用基类构造函数，然后调用派生类自身的构造函数。

2. 拷贝构造函数

和构造函数一样，派生类也没有将拷贝构造函数从基类继承下来。如果派生类没有显式定义拷贝构造函数，编译系统会自动为其生成一个隐含的拷贝构造函数。不论拷贝构造函数是显式还是隐式，派生类的拷贝构造函数都需要调用基类的拷贝构造函数以完

成对从基类继承的成员的初始化,传递参数的参数是派生类对象的一个引用,对应的语法如下:

Derived::Derived(const Derived& *other*) : Base(*other*)
{
　　...
}

派生类的拷贝构造函数的参数是派生类对象的 const 引用,基类拷贝构造函数的参数应该是基类对象的引用。但这里,在基类拷贝构造函数中却使用了派生类对象 other,原因是它们满足类型兼容原则:派生类是基类的一种,可以用派生类对象去初始化基类对象,也就是说当函数的形参是基类对象的引用时,实参可以是派生类对象。

3. 析构函数

在派生过程中,基类的析构函数也不能继承,如果需要析构时,就要在派生类中定义新的析构函数。派生类析构函数的定义方法与一般析构函数的定义方法完全相同,它只需要完成派生类中新增成员的清理任务。

在销毁派生类对象时,首先执行派生类析构函数对派生类新增成员进行清理程序,再执行基类析构函数对所有从基类继承来的成员进行清理程序。析构函数的调用次序和构造函数的调用次序刚好相反。

如有以下代码:

class A{...};
class B: public A{...};
class C: public B{...};

对上述类层次结构,当声明 C 的一个对象时,首先调用 A 的构造函数,再调用 B 的构造函数,最后调用 C 的构造函数。当销毁该对象时,析构函数的调用次序是:C 的析构函数,B 的析构函数,A 的析构函数。

4. 隐藏

在类的派生层次结构中,基类和派生类都有自己的作用域(scope),但基类的作用域包含了派生类的作用域,因为派生类是基类的一种。如果在派生类中声明了一个和基类某个数据成员同名的新数据成员,派生类成员就隐藏(hide)了基类的同名成员;如果派生类中声明了与基类成员函数同名的新函数,即使函数的参数表不同,从基类继承的所有同名函数都将被隐藏,这种现象称为隐藏规则(hidding rule)。在图 11-5(a)所示继承关系中,类 A 中声明了成员 a 和 f(),类 B 是由类 A 继承而来,同时又派生了自己的新成员 a,b 和 f()。此时 B 中含有 5 个成员,从 A 继承的 a 和 f()以及自己声明的 a,b 和 f(),如图 11-5(b)所示。

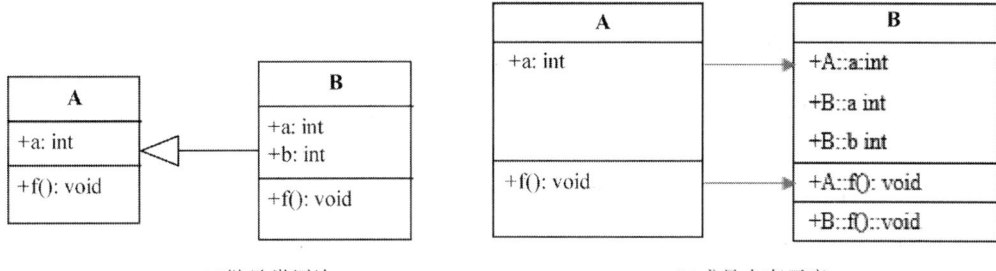

(a)继承类层次 (b)成员内存示意

图 11-5 隐藏

对应代码如下(为简化起见,所有成员都声明为 public):
```
class A
{
public:
    int a;
    void f();
};
class B: public A              // 继承了 A::a 和 A::f()
{
public:
    int a;                     // 声明自身的 a,隐藏 A::a
    int b;
    void f();                  // 声明自身的 f(),隐藏 A::f()
};
B obj;
```

 **特别说明**

区分函数重载和隐藏
(1) 重载发生在作用域相同,函数名相同,但参数个数、类型不同的场合。
(2) 隐藏发生在两个或多个相互嵌套的作用域,函数名字相同,参数的个数、类型可以相同,也可以在不同的场合。

当隐藏现象出现时,直接使用派生类对象的成员名只能访问到派生类成员,如果要访问被隐藏的成员,就需要使用基类名和作用域限定符"::"进行限定。例如:

```
obj.a = 2;              // 访问派生类的 a 成员
obj.f();                // 访问派生类的 f()成员
obj.A::a = 1;           // 访问基类的 a 成员
obj.f();                // 访问基类的 f()成员
```

11.2.4 应用举例

【例 11-1】 实现如图 11-6 所示由动物类、鸟类、鱼类和鸵鸟类构成的三层类层次结构。

问题分析：顶层基类是 Animal 类：动物都有若干条腿，并且需要进食。鸟类是动物的一种，所以继承了 Animal 类；它们有翅膀，会飞，所以派生了新的成员 wings 和 Fly()。鱼类是动物的一种，所以继承了 Animal 类；它们会游泳，所以派生了新的成员 Swim()。

动物普遍存在的特性（若干腿）和行为（需要进食），鸟类和鱼类都具备，继承方式选择 public。

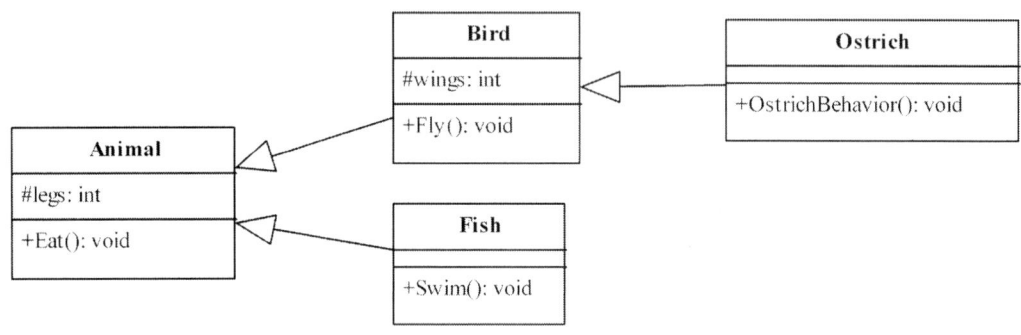

图 11-6 动物类层次结构

鸵鸟是鸟类的一种，为鸟类的一个子类，但鸵鸟不会飞。为解决这个问题，可以采用 private 或者 protected 继承方式，这样鸟类中的 Fly() 方法在鸵鸟类中就会变成内部方法而被隐藏起来，在外部不能访问，这样就解决了鸵鸟不会飞的问题。

 **特别说明**

以下代码框架为系统自动生成，将类的声明、定义和应用分为不同的文件，请在输入时，对照不同的文件仔细分析。

具体的实现代码如下：

```
// 类 Animal 的声明部分    Animal.h
#ifndef ANIMAL_H
#define ANIMAL_H
class Animal
{
public:
    void Eat();
    Animal(int val = 0);
    Animal(const Animal& other);
    ~Animal();
protected:
    int legs;
};
#endif

// 类 Animal 的实现部分    Animal.cpp
#include "Animal.h"
#include <iostream>
using namespace std;
void Animal::Eat()
```

```cpp
{
    cout<<"我有"<<legs<<"条腿,我需要进食"<<endl;
}

Animal::Animal(int val)
{
    legs = val;
    cout<<"调用 Animal 构造函数"<<endl;
}

Animal::Animal(const Animal& other)
{
    legs = other.legs;
    cout<<"调用 Animal 的复制构造函数"<<endl;
}

Animal::~Animal()
{
    cout<<"调用 Animal 的析构函数"<<endl;
}

// 类 Bird 的声明部分   Bird.h
#ifndef BIRD_H
#define BIRD_H
#include "Animal.h"
class Bird : public Animal
{
public:
    void Fly();
    Bird(int v1 = 2, int v2 = 2);
    //默认函数形参
    Bird(const Bird& other);
    ~Bird();
protected:
    int wings;
};
#endif

//类 Bird 的实现部分   Bird.cpp
#include "Bird.h"
#include <iostream>
using namespace std;
void Bird::Fly()
{
    cout<<"我有"<<wings<<"只翅膀,我会飞"<<endl;
}

/* 派生类构造函数要在初始化列表调用基类构造函数 */
Bird::Bird(int v1, int v2): Animal(v1)
{
    wings = v2;
    cout<<"调用 Bird 构造函数"<<endl;
}

/* 派生类拷贝构造函数要在初始化列表调用基类拷贝构造函数 */
// 此时用到了类型兼容规则
Bird::Bird(const Bird& other): Animal(other)
{
    wings = other.wings;
    cout<<"调用 Bird 复制构造函数"<<endl;
}

Bird::~Bird()
{
    cout<<"调用 Bird 析构函数"<<endl;
```

```cpp
// Fish 类的声明部分    Fish.h
#ifndef FISH_H
#define FISH_H
#include "Animal.h"
class Fish : public Animal
{
public:
    void Swim();
    Fish(int v);
    Fish(const Fish& other);
    ~Fish();
};
#endif

//Fish 类的实现部分    Fish.cpp
#include "Fish.h"
#include <iostream>
using namespace std;
void Fish::Swim()
{
    cout<<"我会游泳"<<endl;
}

Fish::Fish(int v):Animal(v)
{
    cout<<"调用 Fish 构造函数"<<endl;
}

Fish::Fish(const Fish& other)
{
    cout<<"调用 Fish 复制构造函数"<<endl;
}

Fish::~Fish()
{
    cout<<"调用 Fish 析构函数"<<endl;
}

//鸵鸟类的声明部分    Ostrich.h
#ifndef OSTRICH_H
#define OSTRICH_H
#include "Bird.h"
// 因为鸵鸟不会飞,所以用 private 继承
class Ostrich : private Bird
{
public:
    void OstrichBehavior();
    Ostrich(int v1 = 2, int v2 = 2);
    Ostrich(const Ostrich& other);
    ~Ostrich();
};
#endif

// 鸵鸟类的实现部分    Ostrich.cpp
#include "Ostrich.h"
#include <iostream>
using namespace std;
void Ostrich::OstrichBehavior()
{
    this->Fly();
    // 调用继承而来的私有成员函数
    cout<<"不,我不会飞"<<endl;
}

Ostrich::Ostrich(int v1, int v2)
{
    cout<<"调用 Ostrich 构造函数"<<endl;
}

Ostrich::Ostrich(const Ostrich& other):
```

```cpp
Bird(other)
{
    cout<<"调用 Ostrich 复制构造函数"<<endl;
}

Ostrich::~Ostrich()
{
    cout<<"调用 Ostrich 析构函数"<<endl;
}

/* 验证1: 构造函数和析构函数调用
            Test1.cpp  */
#include "Ostrich.h"
#include "Fish.h"
int main()
{
    Bird bird;          // 输出:
    // 调用 Animal 构造函数
    // 调用 Bird 构造函数

    Fish fish(0);

    Animal animal1(fish);
    // 此时发生类型兼容
    // 输出:调用 Animal 拷贝构造函数

    Ostrich ostrich;     // 输出:
    // 调用 Animal 构造函数
    // 调用 Bird 构造函数
    // 调用 Ostrich 构造函数

    // ostrich.Fly();
    // error: 'void Bird::Fly()' is inaccessible
    /* error: 'Bird' is not an accessible base of 'Ostrich' */

    ostrich.OstrichBehavior();   // ok

    /* Animal2(ostrich);   error: 'Animal' is an inaccessible base of 'Ostrich' */
    // 因为使用的是 private 继承,即使父类也不能访问继承到派生类的成员

    return 0;
    /* 程序结束依次销毁 ostrich, animal1, fish, bird,输出: */
    // 调用 Ostrich 析构函数
    // 调用 Bird 析构函数
    // 调用 Animal 的析构函数
    // 调用 Animal 的析构函数
    // 调用 Fish 析构函数
    // 调用 Animal 的析构函数
    // 调用 Bird 析构函数
    // 调用 Animal 的析构函数
}

/* 验证2: 测试类型兼容原则
            Test2.cpp  */
int main()
{
    Fish fish(0);
    Animal &animal = fish;   //类型兼容

    fish.Eat();     // 0 条腿,需要进食
    fish.Swim();    // 会游泳
    animal.Eat();   // 0 条腿,需要进食

    //animal.Swim();
    /* 派生类对象作为基类对象不能访问派生类的派生成员 */
    /* error: 'class Animal' has no member named 'Swim' */
```

```
    Animal *  p = new Bird(2, 2);   //类型兼容
    p->Eat();       //2条腿,需要进食

    // p->Fly();
    /* error: 'class Animal' has no member named 'Fly' */

    delete p;
    return 0;
}

/* 验证 3: 测试 Ostrich 类
         Test3.cpp */
int main()
{
    Ostrich ostrich(2, 2);
    // ostrich.Fly();
    /* error: 'void Bird::Fly()' is inaccessible
       error: 'Bird' is not an accessible base of 'Ostrich' */
    // ostrich.Eat();
    /* error: 'void Animal::Eat()' is inaccessible */
    ostrich.OstrichBehavior();
    //调用自己私有成员函数 Bird::Fly()
    // 输出:
    // 2只翅膀,会飞
    // 不,不会飞

    // Animal * p = & ostrich;
    /* error: 'Animal' is an inaccessible base of 'Ostrich' 兼容原则不适用于私有继承 */
    return 0;
}
```

11.3 多继承

在实际工程应用中,大多数的继承模式都是"从单个基类的公有继承"这种单继承模式,即每个派生类只有一个基类。但单继承却无法反映复杂问题的实质,这时需要用到多继承(multiple inheritance)。也就是说,一个派生类继承了多个基类的成员,这一功能将大大改进软件开发的灵活性,同时又容易导致歧义(ambiguous)的产生。

 温馨提示

(1) 注意多重继承和多层继承的区别。
(2) 多重继承很容易引起逻辑和语法上的混乱,所以要慎重使用多重继承。

11.3.1 多继承的概念与运用

C++允许多个类作为基类,从而允许构造如图 11-7 所示的类层次结构。这种类层级结构既表示类 C 是类 A 的子类,也表示类 C 是类 B 的子类。例如,美人鱼(Mermeid)既属于人(Person)类,又属于鱼(Fish)类,她既具有人类的特性和行为,又具有鱼类的特

性和行为,这个时候就可以用多继承。

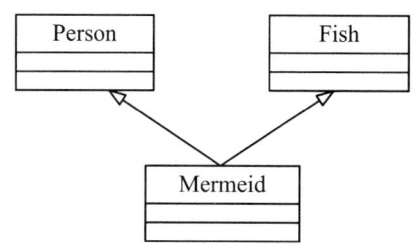

图 11-7　美人鱼的多继承示例

多继承的语法格式如下:
class 派生类名:继承方式 1 基类名 1,继承方式 2 基类名 2,...,继承方式 n 基类名 n
{
　　成员声明;　　// 派生类新增的成员
};

上述语法中,每个"继承方式"只用于限制紧随其后基类的继承方式。

多继承派生类的构造函数要负责对从各个基类继承来的成员进行初始化,也就是要在其构造函数的初始化列表中调用各个基类的构造函数,这时各个基类构造函数的先后顺序无关紧要,它们的调用顺序是按照派生类继承的顺序依次调用的。如:
class D: public A, public B, public C:
{
　　...
};
D::D(参数表): C(参数表 3), A(参数表 1), B(参数表 2)
// 这里 A, B, C 的出现顺序不会影响对基类构造函数的调用顺序
{
　　// 对派生类成员初始化
}

D::D(const D&other): B(other), C(other), A(other)
// 同样 A, B, C 的出现顺序不会影响对基类拷贝构造函数的调用顺序
{
　　// 对派生成员赋值
}

此例中构造函数的调用顺序已经在声明时确定,要按照声明顺序依次调用 A、B、C 的构造函数,再调用派生类 D 的构造函数。然而当一个类中既含有继承,又含有内嵌的组合对象时,它的构造函数调用顺序如下:

(1) 调用基类构造函数,调用顺序按照它们被继承时的声明顺序(自左向右)。
(2) 对派生类新增的成员对象初始化,调用顺序按照它们在类中声明的先后顺序。
(3) 执行派生类自身的构造函数。

例如,已经定义了类 A,B,C,D,有如下代码:
```
class E: public A, public B
{
    // 其它派生成员
    C c;
    D d;
};

E::E(参数表): e(…), B(…), A(…), c(…)
// 注意内嵌成员和基类构造函数的书写方法不同:内嵌成员为对象名,基类为类名
// 内嵌成员用成员名,基类用类名
{
}

E::E(const E& other): B(other), A(other), c(other.c), d(other.d)
// 基类拷贝构造函数要用到类型兼容
// 内嵌成员的参数为派生类对象对应的成员
{
}
```

在上例中,当创建 E 的对象时,将按照以下顺序调用构造函数进行对象初始化:A 的构造函数、B 的构造函数、C 的构造函数、D 的构造函数、E 的构造函数。

析构函数的调用顺序和构造函数调用顺序正好相反,本例中其调用顺序为:E 的析构函数、D 的析构函数、C 的析构函数、B 的析构函数、A 的析构函数。

 温馨提示

(1) 初始化列表对基类和内嵌对象的构造函数调用顺序取决于声明,和这里书写的顺序无关。

(2) 初始化列表基类构造函数写类名,内嵌成员构造函数写对象名。

11.3.2 虚基类

C++语言的多重继承虽然可以构建更加丰富的类层次结构,但是却增加了系统的复杂性和出错的风险。如:
```
class A
{
public:
    int val;
    int a;
```

```
        void f();
};
class B
{
public:
        int val;
        int b;
        void f();
};
class C: public A, public B            // 公有继承
{
};
```

如图 11-8 所示,类 C 从 A 继承了 val,a 和 f(),从 B 继承了 val,b,和 f()。

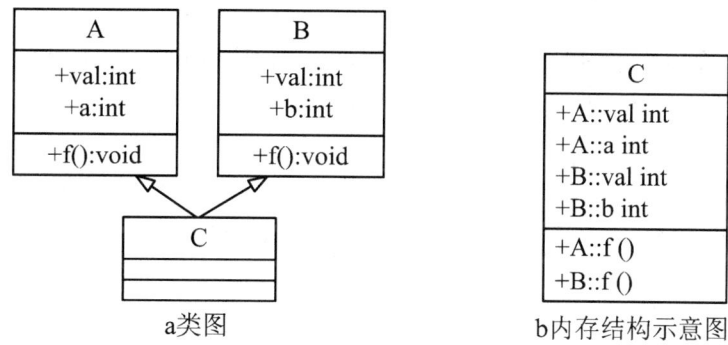

图 11-8 多继承时的歧义性

当类 C 的对象 c 访问它的成员时:

```
c.b = 10;              // ok, 没有歧义
c.val = 1;             // error: request for member 'val' is ambiguous
c.f();                 // error: request for member 'f' is ambiguous
```

此时,从 A 和 B 继承的同名成员具有相同的作用域,使用"对象名.成员名"的方法有两种候选可能而无法进行唯一标识,这时必须使用作用域分辨符"::"来唯一限定要访问的成员。

```
c.A::val = 1;          // ok
c.A::f();              // ok
c.B::val = 2;          // ok
c.B::f();              // ok
```

再举一个例子,狮子和老虎都是动物的一种,狮虎兽是狮子的一种,也是老虎的一种。那么,Tiger 类从 Lion 继承了一份 Animal 的成员,又从 Tiger 继承了一份 Animal 成员。也就是说,Animal 的成员通过不同的派生路径进入 Liger,如图 11-9 所示。

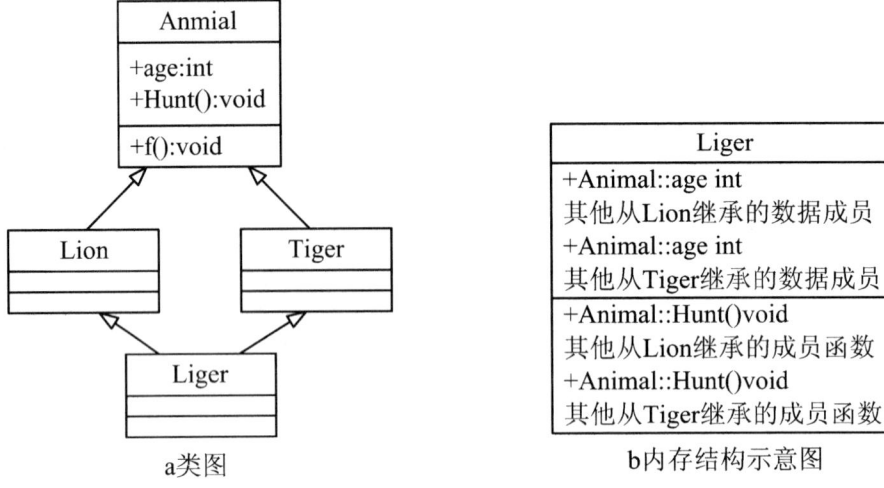

a 类图 b 内存结构示意图

图 11-9　多继承基类同源时的二义性

Liger 对象在内存中同时拥有两份 Animal::age 和 Animal::Hunt() 的同名成员。此时如果访问 Liger 对象的成员,将会出现以下情况。

```
Liger liger;
liger.age = 2;              // error: request for member 'age' is ambiguous
liger.Hunt();               // error: request for member 'Hunt' is ambiguous
liger.Animal::age = 2;      // error: 'Animal' is an ambiguous base of 'Liger'
liger.Animal::Hunt();       // error: 'Animal' is an ambiguous base of 'Liger'
liger.Lion::age = 1;        // OK
liger.Tiger::age = 2;       // OK
```

从语义上看,一个狮虎兽有两个年龄,这显然不符合实际。在 C++ 语言中通过虚继承技术来解决这一类二义性问题。虚继承(virtual inheritance)是指在继承定义中包含了 virtual 关键字的继承,虚基类是指在虚继承关系中通过 virtual 指定的基类,通过虚继承可以让基类的成员在派生类中只产生一个副本,也就是说,多个派生类共享基类的一个副本成员。

虚继承的语法格式如下:

```
class 派生类名: virtual 继承方式 基类名
{
    // 派生类新增的数据成员和成员函数
}
```

上例中为了避免 Animal 中的成员被重复继承,类 Lion 和 Tiger 必须指定它们的基类为虚基类,这个操作通过使用关键字 virtual 实现。

```
class Lion:virtual public Animal
{
    ...
```

```
};
class Tiger:virtual public Animal
{
    ...
};
class Liger: public Lion, public Tiger
{
    ...
};
```

虚基类是共享的,也就是说,在继承体系中无论被继承多少次,派生类对象的内存中均只有一个虚基类对象。既然是共享,每一个派生类对象都没有责任去完成对虚基类成员的初始化工作。C++语言规定:每个继承的子类都必须书写对虚基类的初始化语句,而真正的初始化工作是在最下层继承的。

特别注意

相应的子类完成对虚基类成员的初始化,而并不会执行。当使用虚继承时,需要注意:
(1) 必须在共同基类的直接派生类声明中使用 virtual 关键字。
(2) 虚基类成员是由最远派生类构造函数通过调用虚基类构造函数进行初始化。
(3) 在整个继承结构中,直接或间接继承虚基类的所有派生类,都必须在构造函数的初始化列表中给出对虚基类构造函数的调用。如果未列出,则表示调用该虚基类的默认构造函数。
(4) 在建立对象时,只有最远派生类构造函数调用了虚基类的构造函数,该派生类的其他基类对虚基类构造函数的调用被忽略。

在图 11-9 的多继承层次中,如果在声明 Lion 和 Tiger 时使用了虚继承方式,那么虚基类 Animal 中的成员 age 和 Hunt()在 Liger 中只存在一份,虚基类直接负责对 age 成员的构造。尽管 Lion 和 Tiger 构造函数的初始化列表都列出了 Animal 的构造函数,但在建立 Liger 对象时,Lion 和 Tiger 构造函数对 Animal 构造函数的调用将被忽略。

Liger 类构造函数书写语法如下:
Liger(参数表):Lion(参数表1),Tiger(参数表2),Animal(参数表3)
{
    ...
}

当构造一个 Liger 对象时,首先直接调用 Animal 的构造函数对虚基类成员进行初始化,接下来按照继承顺序调用 Lion 和 Tiger 的构造函数,最后调用 Liger 自身的构造函数。析构函数的调用顺序和构造函数的调用顺序相反。

11.4 多态

11.4.1 多态的概念

多态(polymorphism)是面向对象程序设计的重要特征之一,它与抽象、封装、继承共同构成了面向对象程序设计的四大特征。在面向对象程序中,多态主要是指向不同的对象发送同一消息或者操作指令时,不同对象接收消息时会产生不同的行为,也就是说每个对象以自己的方式响应同样的消息。

现实生活中也有很多多态的例子,例如,不同品牌的手机都有开机和关机的功能,如果要打开手机,用户就需要向手机发送开机命令,但是不同品牌手机开机执行的程序却各不相同。在自然界各种动物都会发出叫声,但它们却千差万别。据《论语义疏》记载孔子著名的弟子公冶长就懂鸟语,并因此而获罪。

在C++程序中,消息就是指对函数的调用,特别是成员函数,不同行为是指函数的不同实现版本。也就是说,具有相似功能的函数可以具有相同的函数名和不同的实现代码,C++编译系统会根据不同的场景调用函数的不同版本,执行不同的代码,其本质是同一个函数具有多种形态。

C++语言的多态可以按照实现时机分为编译时多态和运行时多态两种:

(1) 编译时多态又称为静态联编,是指在程序编译时就可以确定的多态性,通过重载(overload)机制实现。

(2) 运行时多态又称为动态联编,是指必须在运行中才能确定的多态性,通过继承(inheritance)和虚函数(virtual)来实现。

下面通过做战游戏软件说明运行时多态在C++程序设计中如何解决问题的:游戏

中玩家可以操作士兵完成攻击任务。当操作的是陆军士兵时,角色会使用机枪射击;当操作的是海军士兵时,角色要进入炮艇;当操作的是空军士兵时,角色会驾驶战斗机向敌人投掷炸弹,该游戏中角色的类图如图11-10所示。在这个游戏中,玩家所操作的角色会根据实际情况的不同而发生变化,也只有玩游戏的过程中才能确定,程序在编译和链接阶段都是无法预知的,这个问题就可以用动态多态性来解决,即采用继承和虚函数。

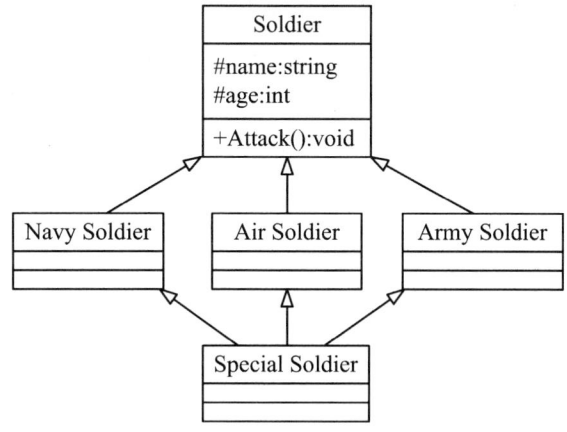

图 11-10　游戏中的动态多态性

在面向对象程序设计中,应用多态可以带来以下几个方面的好处:

（1）可以极大地减少函数的数量,从而降低了软件开发的复杂性。

（2）在继承关系中,可以把不同的子类对象都当作父类来看,可以屏蔽不同子类对象之间的差异,写出通用的代码,以适应需求的不断变化。

（3）在继承关系中,开发者不必为每一个派生类编写功能调用,只需要对抽象基类进行处理,极大地提高了程序的可复用性。

（4）在继承关系中,派生类的功能可以被基类的方法或者引用变量所调用,这被称为向下兼容,从而可以提高程序的可扩充性和可维护性。

11.4.2　虚函数

要实现运行时多态,就意味着要进行动态联编,也就是编译器事先并不知道实际的对象类型,只有在运行时程序才知道需要调用哪个函数版本的程序代码。在C++语言中,实现运行时多态需要在基类中将函数声明为虚函数,也就是在函数声明前加关键字virtual。随后,就可以在派生类中重写这个函数,以实现不同的版本,这个被称为覆盖（override）。

虚函数成员声明的语法如下:

　　virtual 函数类型 函数名(形参表);

 **扩展阅读:虚函数的特点**

对于虚函数要注意:

(1) 如果一个函数在基类中被声明为 virtual,那么在所有的派生类中它都是 virtual,也就是说虚函数具有继承性。为了程序的可读性,在派生类最好再次用 virtual 声明。

(2) virtual 只对函数声明有意义,在函数定义时,不能再次使用。

(3) 虚函数必须是 non-static 成员函数。

【例 11-2】请实现图 11-10 所示的 Soldier 和 ArmySoldier 类。

```
// 士兵类声明
#include <string>
using namespace std;
class Soldier
{
public:
    Soldier(string str, int val);
    ~Soldier();
    // 需修改成为虚函数,以进行正确析构
    virtual void Attack();
    // 需修改成为纯虚函数
protected:
    string name;
    int age;
};

// 士兵类实现
#include <iostream>
using namespace std;
Soldier::Soldier(string str, int val)
{
    cout<<"调用 Soldier 的构造函数"<<endl;
    name = str;
    age = val;
}

Soldier::~Soldier()
{
    cout<<"调用 Soldier 的析构函数"<<endl;
}

void Soldier::Attack()
{
    //暂时无法定义
}

// 陆军士兵类声明
class ArmySoldier : public Soldier
// 需用虚继承
{
    //其它成员
public:
    ArmySoldier(string str, int age);
    ~ArmySoldier();
    void Attack();
};

// 陆军士兵类实现
#include <iostream>
using namespace std;
ArmySoldier::ArmySoldier(string str, int val):Soldier(str, age)
{
    cout<<"调用 ArmySoldier 的构造函数"<<endl;
```

```cpp
ArmySoldier::~ArmySoldier()
{
    cout<<"调用 ArmySoldier 的析构函数"<<endl;
}

void ArmySoldier::Attack()
{
    cout<<name<<"抱着机枪冲锋陷阵"<<endl;
}

// 测试代码
int main()
{
    Soldier *p;
    p = new Soldier("马刚", 17);
    // 调用 Soldier 的构造函数
    p->Attack();    //函数体为空
    delete p;
    // 调用 Soldier 的析构函数

    p = new ArmySoldier("马强", 19);
    //输出:
    // 调用 Soldier 的构造函数
    // 调用 ArmySoldier 的构造函数
    p->Attack();
    // 输出:马强抱着机枪冲锋陷阵
    delete p;       // 输出:
    // 调用 Soldier 的析构函数

    return 0;
}
```

特别注意

为了让代码扩展,应该把析构函数声明为虚函数。

以上的测试代码虽然可以运行,但是发现有 2 个问题:

(1) ArmySoldier 对象的析构函数调用出现错误。因为 p 是基类指针,在动态销毁时只调用了基类析构函数而没有调用派生类析构函数。解决此问题,需要把析构函数声明为虚函数。从工程角度而言,析构函数应该是虚函数。

(2) 声明的 Soldier 类对象调用 Attack()函数的行为是不存在的。合理的解决方法是所有的 Soldier 对象都应该有确切的兵种类型,这个问题可以通过使用抽象类来解决。

11.4.3 纯虚函数和抽象类

在现实生活中,经常会碰到在设计阶段分析设计人员抽象出了一个具有某个操作的类,但是暂时没有办法定义它。例如,在设计阶段开发人员只知道士兵要攻击敌人,但是攻击的行为需要到子类才能确定。换而言之,基类 Soldier 中的 Attack()方法是无法定义(海军、陆军和空军的攻击行为是不同的),它的定义应该在子类中进行,基类只需要提供一个子类应该遵循的统一接口。在C++中这种行为可以用纯虚函数和抽象类来实现。

纯虚函数(pure vitual)是一个在基类中没有定义具体操作的虚函数,要求必须在派生类中根据实际需要给出各自的定义。

纯虚函数的声明语法为：
　　　　virtual 函数类型 函数名(参数表)=0;
　　当一个成员函数被声明为纯虚函数之后，基类就可以不必给出函数的实现部分，它的实现交由派生类负责。
　　带有纯虚函数的类称为抽象类(abstract class)。抽象类一般仅用于设计，它的主要作用是通过它为一系列类设计一个统一的接口，使得它们更加有效地发挥多态的功能。抽象类不能实例化，也就是说，不能用抽象类去创建对象。只能通过继承机制构成派生类，然后再利用派生类来创建派生类的对象。

特别注意

(1) 抽象类不能实例化。
(2) 派生类必须完成定义纯虚函数的职责。

11.4.4 应用举例

【例 11-3】请在完善例 11-2 的代码，并对士兵种类进行扩展。

(1) 将例 11-2 中 Soldier 的 Attack()声明为纯虚函数，删除定义；将 Soldier 和 ArmySoldier 的析构函数声明为虚函数；将 Soldier 声明为 ArmySoldier 的虚基类。具体实现如下：

```
class Soldier//抽象基类
{
    ...
    virtual void Attack() = 0;          // 纯虚函数
    virtual ~Soldier();
}

class ArmySoldier: virtual Soldier      // 虚继承
{
    ...
    virtual ~ArmySoldier();
}
```

(2) 扩展派生类 NavySoldier，AirSoldier 和 SpecialSoldier。此时，我们无需修改原有代码，只能对程序进行扩展。具体代码如下：

```
// 海军类声明
class NavySoldier :virtual public Soldier
// 虚继承
{
public:
    NavySoldier(string str, int val);
    ~NavySoldier();
    virtual void Attack();
```

};

//海军类实现
#include <iostream>
using namespace std;
NavySoldier::NavySoldier(string str, int val): Soldier(str, val)
{
    cout<<"调用 NavySoldier 的构造函数"<<endl;
}

NavySoldier::~NavySoldier()
{
    cout<<"调用 NavySoldier 的析构函数"<<endl;
}

void NavySoldier::Attack()
{
    cout<<name<<"在军舰上和敌人战斗"<<endl;
}

// 空军类声明
class AirSoldier : virtual public Soldier
//虚继承
{
public:
    AirSoldier(string str, int val);
    ~AirSoldier();
    virtual void Attack();
};

//空军类实现
#include <iostream>
using namespace std;
AirSoldier::AirSoldier(string str, int val): Soldier(str, val)
{
    cout<<"调用 AirSoldier 的构造函数"<<endl;
}

AirSoldier::~AirSoldier()
{
    cout<<"调用 AirSoldier 的析构函数"<<endl;
}

void AirSoldier::Attack()
{
    cout<<name<<"驾驶战机和敌人战斗"<<endl;
}

// 特种兵类声明
class SpecialSoldier : public NavySoldier, public AirSoldier, public ArmySoldier
{
public:
    SpecialSoldier(string str, int age);
    ~SpecialSoldier();

    virtual void Attack();
};

//特种兵实现
#include <iostream>
using namespace std;
SpecialSoldier::SpecialSoldier(string str, int val): Soldier(str, val), ArmySoldier(str, val), NavySoldier(str, val), AirSoldier(str, val)
{
    cout<<"调用 SpecialSoldier 的构造

函数"<<endl;
}

SpecialSoldier::~SpecialSoldier()
{
    cout<<"调用SpecialSoldier的析构函数"<<endl;
}

void SpecialSoldier::Attack()
{
    cout<<name<<"十八般武艺样样精通,单兵能力非常强"<<endl;
}

// 测试代码,主函数
int main()
{
    Soldier *p;

    p = new ArmySoldier("李勇", 18);
    p->Attack();
    // 输出:李勇抱着机枪冲锋陷阵
    delete p;

    p = new NavySoldier("王敢", 21);
    p->Attack();
    // 输出:王敢在军舰上和敌人战斗
    delete p;

    p = new AirSoldier("刘战", 20);
    p->Attack();
    // 输出:刘战驾驶战斗机和敌人战斗
    delete p;

    p = new SpecialSoldier("展士", 21);
    // 输出:
    // 调用Soldier的构造函数
    // 调用NavySoldier的构造函数
    // 调用AirSoldier的构造函数
    // 调用ArmySoldier的构造函数
    // 调用SpecialSoldier的构造函数
    p->Attack();
    /* 输出:展士十八般武艺样样精通,单兵能力非常强 */

    delete p;   // 输出:
    // 调用SpecialSoldier的析构函数
    // 调用ArmySoldier的析构函数
    // 调用AirSoldier的析构函数
    // 调用NavySoldier的析构函数
    // 调用Soldier的析构函数

    return 0;
}

11.5 要点回顾

11.5.1 语法要点

表 11-1 语法要点

内　　容	语　　法	备　　注

单继承	class Derived:继承方式 基类
	{
	//数据和函数
	};
	(继承方式可以是 public, protected or private)
		class B
		{
		public:
		protected:
		private:
		};
		class D: public B
		{
		public:
		protected:
		private:
		};

多重继承	class Derived:
	继承方式 基类1,
	继承方式 基类2,
	…
	{
	//数据和成员函数.
	};
		class C: public A, public C
		{
		public:
		protected:
		private:
		};

声明虚函数	class Base
	{
	//虚成员函数
	};
		class Circle
		{
		public:
		virtual double area()
		};

11.5.2 常见错误

（1）默认情况下,继承类型为 private 继承,通常的继承类型为 public。
（2）派生类自动继承基类所有的 protected 和 public 类型的数据成员,但并不自动继承所有的成员函数，几个特殊成员函数例外：构造函数、析构函数、重载运算符、友元。因为构造函数、析构函数、重载运算符函数是专门为一个类而设计的。友元不能被继承是因为基类的友元没必要非得是派生类的友元。

（3）如果基类没有默认构造函数，却有一个带参数的构造函数，那么派生类构造函数必须在它的初始化列表中显式调用基类的构造函数。

（4）关键字 virtual 用来避免在派生类中重复继承基类的数据成员。

（5）虚函数和虚基类很容易混淆。虽然两者都是用在继承的环境下，实际上它们没有任何关系。

（5）抽象基类是指至少有一个派生类。直接创建抽象基类的对象将会引发错误。

（7）只有派生类中的成员函数和基类的成员函数的函数原型相同时，基类中的虚函数才能被派生类中的函数覆盖。

（8）关键字 virtual 不能在类声明之外使用。在定义一个非内联成员函数时，使用关键字 virtual 是一个很常见的错误。如：

```
class b
{
public:
    virtual void mf();          // 正确
};
virtual void b::mf()            // 错误
{
... ... .
}
```

习 题

一、选择题

1. C++提供＿＿＿＿机制可以让派生类从多个基类派生。
   A. 多层继承　　　B. 多重继承　　　C. 虚函数　　　D. 重载
2. 在同一类中函数名字相同，但参数个数或类型不同的做法称为＿＿＿＿。
   A. 覆盖　　　　　B. 隐藏　　　　　C. 重载　　　　D. 多态
3. 在派生类中声明和基类函数名字一样但参数个数或类型不同的做法称为＿＿＿＿。
   A. 覆盖　　　　　B. 隐藏　　　　　C. 重载　　　　D. 多态
4. 在派生类中声明和基类函数名字一样原型一样的做法称为＿＿＿＿。
   A. 覆盖　　　　　B. 隐藏　　　　　C. 重载　　　　D. 多态
5. 在派生类中对基类声明的虚函数重新定义的做法称为＿＿＿＿。
   A. override　　　B. overload　　　C. hide　　　　D. inline

6. 下面哪一种行为不属于多态_____。
   A. override B. overload
   C. hide D. 浮点型和整形进行四则运算
7. 关于动态多态的描述中，_____是错误的。
   A. 动态多态是以虚函数为基础的
   B. 动态多态是在运行时确定所调用的函数代码的
   C. 动态多态调用函数操作是指向对象的指针或对象引用
   D. 动态多态是在编译时确定操作函数的
8. 下列虚基类的声明中，正确的是_____。
   A. class virtual B: public A B. virtual class B: public A
   C. class B: public virtual A D. class B: virtual public A
9. 当一个派生类私有继承一个基类时，基类中的所有公有成员和保护成员成为派生类的_____成员。
   A. public B. private C. protected D. 友元
10. 下列关于纯虚函数和抽象类的描述中，错误的是_____。
   A. 纯虚函数是一种特殊的虚函数，它没有具体的实现
   B. 抽象类可以声明对象
   C. 抽象类是指具有纯虚函数的类
   D. 抽象类只能作为基类来使用，其纯虚函数的实现由派生类给出

二、简答题

1. 简述重载(overload)、隐藏(cover)和重写(override)的区别。
2. 什么是多态，实现多态都有哪些方法。
3. 在已有类的基础上派生新类有什么好处。
4. 什么叫作虚基类，它有何作用？
5. C++中的虚析构函数有何用途。

三、编程题

1. 定义 Shape 表示一般二维图形。Shape 具有虚函数 Area 和 Perimeter，分别计算形状的面积和周长。试定义一些二维形状类(如矩形、三角形和原型等)，这些类均为 Shape 的子类。

2. 定义一个基类 Base，从它派生出 Derived。Base 有成员函数 f1()，f2()，其中 f1()是虚函数；Derived 也有成员函数 f1()，f2()。在主函数中声明一个 Derived 对象，分别用 Base 和 Derived 指针指向它，并调用 f1()，f2()函数，观察运行结果。

第 12 章 文件和文件流

我们知道的事情，明天就会过去，那么如何让信息永存呢？

 学习目标

- 理解文件及其分类的概念
- 掌握C++文件流的概念
- 掌握C++文件流对象打开、关闭及读写文件等基本操作
- 掌握C语言文件操作方法

无论是人们写的文章还是生活的片断,总希望能够永久的保存下来。同样,程序员编写的程序也希望能够以文件的形式保存下来,这样,在需要时,就可以直接从文件中读取信息,减少重新输入的麻烦。

到目前为至,所写的所有程序在运行时所需要的数据都是通过键盘输入的,程序运行的结果也全部显示在屏幕上。当一个程序运行结束之后,所有存在内存中变量将不再存在。

文件就是解决上述问题的有效方法,它通过将数据存储在磁盘文件中,用以长久保存数据。当有大量数据输入时,可以通过编辑工作,事先建立输入数据文件,程序运行时从指定文件读入数据,从而实现数据一次输入多次使用的目的。同样,当有大量数据输出时,也可以将其输出到指定的文件,这样可以随时查看数据的任何部分。

12-1　C++文件流的基本概念

12.1.1　文件及其分类

在程序设计中,根据用途,文件可以分为以下 2 种。

1. 程序文件

包括源程序文件(后缀名.cpp)、目标文件(后缀为.obj)、可执行文件(后缀为.exe)等。这类文件包含的是文本或二进制程序代码。

2. 数据文件

文件的内容不是程序,而是供程序运行时读写的数据,这是本章所要讨论的重点内容。

文件是程序设计的一个重要概念,所谓"文件"指存储在外部介质上的数据的集合,操作系统是以文件为单位进行磁盘管理的。如果要对文件进行操作,首先要找到文件,找文件是通过文件标识进行的。这里,文件标识就是指文件名,每个文件必须要有一个唯一的标识,以便用户识别和引用。文件名通常包括 3 个部分:①文件路径,②文件名,③文件扩展名,如图 12-1 所示。

文件路径表示文件在外部存储设备中的位置。

图 12-1 表示 file.dat 文件存放在 F 盘中的 EX 目录下 temp 子目录中。

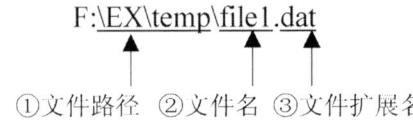

①文件路径　②文件名　③文件扩展名

图 12-1　文件路径

表示 file1.dat 文件存放在 F 盘中的 EX 目录下 temp 子目录中。

特别注意

文件名的命名规则应遵循标识符的命名规则。扩展名用来表示文件的类型，一般不超过 3 个字符，如 doc(word 生成的文件)、txt(文本编程器生成的文件)、dat(数据文件)、cpp(C++源程序文件)、obj(目标文件)、exe(可执行程序文件)等。

根据数据的组织形式，数据文件可分为 ASCII 文件和二进制文件。ASCII 文件也称为文本文件，每一个字节放一个字符的 ASCII 代码，便于对字符进行逐个处理，也便于输出字符，一般占用较多存储空间。二进制文件中数据以二进制的形式存储，可以节省存储空间和转换时间，但一个字节并不对应一个字符，不能直接作为字符输出。一般中间结果数据需要暂时保存在外存上，以后有需要再读入内存，通常用二进制文件形式保存。

 **知识库：缓冲文件系统**

所谓缓冲文件系统是指系统自动地在内存区为程序中的每一个正在使用的文件开辟一个文件缓冲区。从内存向磁盘输出数据必须先送到内存缓冲区，装满缓冲区之后才一起送到磁盘。如果从磁盘向内存读入数据，则一次从磁盘文件将一批数据读入到内存缓冲区，然后再从缓冲区逐个将数据送到程序数据区。

为什么要使用文件缓冲区？因为采用这样操作可以减少磁盘的读写次数，而且计算机对缓冲区的操作大大快于对磁盘的操作，所以采用缓冲区可极大地提高程序的磁盘读写速度。

12.1.2　C++文件流基础

在 C++语言中，没有单独的输入和输出语句，数据的输入与输出是通过 I/O 流来完成的。对文件来说，其 I/O 操作就是读写文件，在 C++语言中是由文件流对象来操作的。文件流对象的使用方法和最早学过的 cin/cout 使用方式类似：通过 cin 可以从键盘读取数据，然后存储到变量中；通过 cout 可以将变量中的数据显示到屏幕上。同样，利用文件流对象一方面可以将数据从内存发送到文件流对象中，另一方面也可以将数据从文件流对象中读取到内存。也就是利用文件流对象在内存和磁盘文件之间完成数据交换。和使用 cin 和 cout 时需要包含 iostream 头文件一样，在使用文件流对象时，同样需要包含特定的 C++头文件，最基本的是 fstream，其中包含了大量文件流操作的声明。包含的语法如下：

    ♯include <fstream>

在 fstream 头文件中，定义了 3 种支持文件 IO 操作的类型，这是最常用的文件流对象，其类层次结构如图 12-2 所示，这 3 种文件流对象的功能如下：

（1）ifstream：由 istream 派生而来，提供读文件的功能。

（2）ofstream：由 ostream 派生而来，提供写文件的功能。

（3）fstream，由 iostream 派生而来，提供读写同一个文件的功能。

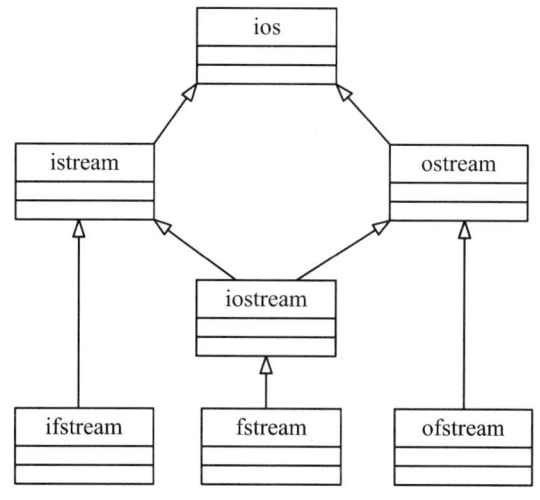

图 12-2　流结构示意图

在 C++语言中，文件的操作包括 3 个基本过程：打开文件、读/写文件和关闭文件，因此文件流对象除了继承基本的流操作外，还增加了针对文件的操作，如 open 和 close 成员函数以及可以直接打开文件的构造函数（参数为文件名）。这 3 个文件流对象均可使用这些操作。

12.2　C++文件流的创建和关闭

12.2.1　文件流对象的创建

在 C++程序中，如果要对文件进行读写操作，首先需要定义文件流对象，可以在定义文件流对象的同时打开文件，这只需要在建立文件流对象的同时指定文件名就可以了，这时该文件流对象与相应的磁盘文件之间就建立了连接，也就是该对象打开了指定的文件。接下来就可以通过操作此文件流对象完成文件的读写任务。

假设文件流对象 infile 和 outfile，想要操作磁盘文件"in"和"out"，就可编写如下代码完成用文件流对象打开文件：

    ifstream infile ("in");　　　　　// 打开当前目录下的"in"文件

```
ofstream outfile ("out");        // 打开当前目录下的"out"文件
```
上述代码在定义文件流对象的同时打开文件,其中 infile 是输入文件流对象,用于从文件读取数据,outfile 是输出文件流对象,用于向文件中写入数据。

以上创建文件流对象的同时打开文件的方式也可分作 2 步来进行,首先定义文件流对象,然后调用 open 函数打开指定的文件,上述打开文件的代码可改写为:

```
ifstream infile;
ofstream outfile;
infile.open("in");              // 打开当前目录下的"in"文件
outfile.open("out");            // 打开当前目录下的"out"文件
```

前两行代码分别定义了输入文件流对象 infile(用于读取数据)和输出文件流对象 outfile(用于写入数据),并且都没有连接到具体的文件。后两行代码通过调用 open 成员函数将文件流对象与特定文件连接,也就是利用文件流对象打开了相应的文件。

特别注意

由于历史原因,IO 标准库中的文件名使用了 C 风格字符串(const char *)而不是 C++ string 类型的字符串。在创建C++文件流对象时,如果在文件流对象构造函数或者 open 成员函数的参数传递中,文件名参数需要传递 C 风格字符串,而不能是C++的 string 字符串对象。

在C++程序中常常从标准输入设备获取文件名,这时较好的做法是将文件名读入 string 对象,而不是 C 风格字符串。如果该字符串用于文件打开,可通过调用 c_str()成员函数将C++的 string 字符串转换为 C 风格字符串。

在打开文件时,无论是调用 open 还是以文件名作为参数的构造函数,都可以指定文件打开方式(file mode)。每一种文件流对象都默认有一组打开方式,用于指定该文件流对象的默认打开方式。文件打开方式是一个整型常量,在打开指定文件时,可以用位操作符设置一个或多个打开方式。

文件流对象的构造函数和 open 成员函数都提供了默认的文件打开方式。当然,也可以根据实际需要指定文件的打开方式,表 12-1 列出了常用文件打开方式及其含义。

表 12-1 在 ios 类中定义的文件打开方式

文件打开方式	含 义
ios::in	以输入(读)方式打开文件
ios::out	以输出(写)方式打开文件
ios::app	打开一个文件使新的内容始终添加在文件的末尾
ios::ate	打开一个文件使新的内容添加在文件尾,但下次添加时,写在当前位置处
ios::trunc	若文件存在,则清除文件所有内容;若文件不存在,则创建新文件
ios::binary	以二进制方式打开文件,缺省时以文本方式打开文件
ios::nocreate	打开一个已有文件,若该文件不存在,则打开失败
ios::noreplace	若打开的文件已经存在,则打开失败

 **特别说明**

(1) out、trunc 和 app 方式只能用于与 ofstream 或 fstream 对象关联的文件。
(2) in 方式只能用于与 ifstream 或 fstream 对象关联的文件。
(3) 所有的文件都可以用 ate 或 binary 方式打开。

三种常用文件流对象与打开方式的关系描述如下：
(1) ifstream 文件流对象默认的打开方式是 in，该方式允许进行文件的读取操作。
(2) ofstream 文件流对象默认的打开方式是 out，该方式允许进行文件的存入操作。

需要特别注意的是以 out 方式打开文件，文件的内容会被清空。从效果上看，为 ofstream 指定 out 方式等效于同时指定了 out 和 trunc。如果想以写入的方式打开，又不清空文件原来的内容，可以用 ofstream 文件流对象，打开方式指定为 app 追加方式。

(3) fstream 文件流对象默认以 in 和 out 方式打开文件，该方式允许对一个文件同时进行读写操作。

当然 fstream 文件流对象也可以指定自己希望的打开方式，例如，"out | app"表示打开文件进行写入操作，并且在文件尾部写入，"in | out | trunc"表示打开文件同时进行读取和写入操作，而且在打开时删除文件中已有的内容。

文件打开并不总是成功，例如，用读取方式打开一个不存在的文件。作为一个习惯，最好在打开文件后进行检验，判断文件打开是否成功，分别进入不同的流程。检验文件打开是否成功的C++示例代码如下：

//检查文件是否打开成功
if (!infile)
{
    cerr<< "error: unable to open input file: "<<infile<<endl;
    return −1;
}

检查文件流对象等效于检查文件流对象是否"适合"输入或输出。
(1) 如果打开(open)失败，则说明文件流对象还没有为 IO 操作做好准备。
(2) 当测试的对象返回 true，则意味着文件可以正常使用了。

12.2.2 文件流对象的关闭

在C++程序设计中，文件的打开和关闭总是成对出现，如果没有打开，则无法进行文件的正常读写，如果没有关闭，会造成数据丢失或者资源一直被占用的现象。因此，当文件不再使用时，要及时将文件关闭。在C++语言中，通过调用文件流对象的 close()成员函数就可关闭相应的文件，具体的示例代码如下：

    infile.close();
    outfile.close();

这时系统会将与文件关联的内存缓冲区中的数据与文件进行交换，也就是真正的读写操作，并且收回与文件关联的内存空间，断开文件流对象和文件之间的关联。

12.3　C++文件流的读写

文件 I/O 也就是对文件进行读写操作，和前面学习的 I/O 唯一的不同是操作的对象不同：前面的 I/O 操作的键盘和显示器等终端设备，而现在的文件 I/O 操作的是磁盘文件。其中读文件是指将数据从磁盘文件输入到内存，而写文件则是将数据从内存输出到磁盘文件。文件读写根据读写的顺序可以分为顺序读写和随机读写，在C++语言中都是通过相关函数实现的，下面分别介绍顺序读写和随机读写的概念及实现过程。

12.3.1　顺序读写

在顺序读入时，先读入文件前面的数据，后读入文件后面的数据。在顺序写入时，先写入的数据存放在文件前面的位置，后写入的数据存放在文件后面的位置；即按照先后顺序从前向后进行文件的读写操作。

在C++语言中，从一个文件中读取数据，可以使用流提取运算符">>"或者文件流对象的成员函数 get()，getline()，read()；而向一个文件写入数据，则可以使用流插入运算符"<<"或者文件流对象的成员函数 put()，write()。

假设在C++程序文件中已经用如下语句定义和打开了输入文件流对象 infile 和输出文件流对象 outfile。下面将介绍文件顺序读写的相关函数。

```
ifstream   infile;              //定义输入文件类对象
infile.open("myfile1.txt");    //利用函数打开某一文件
ifstream   outfile;             //定义输出文件类对象
infile.open("myfile2.txt");    //利用函数打开某一文件
```

1. get()与 put()函数

get()与 put()函数为单个字符的读取和写入函数。get()函数可以从文件中读取一个字符，put()可以向文件中写入一个字符。如：

```
infile.get(ch);              // 从文件读取一个字符：
outfile.put(ch);             // 向文件写入一个字符：
```

【例 12-1】使用 get()与 put()函数，实现两个文件的拷贝。

```
#include<iostream>
#include<fstream>
using namespace std;
int main()
{
    char c;
    int count;
    ifstream in("e:\\file1.txt");
```

```
        ofstream out("e:\\file2.txt");
        in.get(c);
        while(!in.eof())
        {
            out.put(c);
            in.get(c);
        }
        in.close();
        out.close();
}
```

2. getline(char * ,int)

getline 是从文件中读取一行文本,最多 N 个字符,传入到字符串数组中。如:
infile.getline(ch,30);   //从文件中最多读取 30 个字符至字符串 ch 中。

【例 12-2】使用 getline 函数,实现两个文件的拷贝。

```
#include<iostream>
#include<fstream>
using namespace std;
main()
{
        char buf[300];
        int count;
        ifstream in("e:\\file1.txt");
        ofstream out("e:\\file2.txt");
        while(in.getline(buf,300))
            out<<buf<<endl;
        in.close();
        out.close();
}
```

3. 提取运算符">>"和插入运算符"<<"

在C++语言中,文件读写可以使用提取运算符">>"和插入运算符"<<",只需要将文件流对象看成键盘或者显示器即可,如:

```
float x=3;
infile>>x;              // 从文件读取数据至变量 x 中
outfile<<x;             // 将变量 x 的值写入到文件中
```

【例 12-3】定义一个学生成绩结构体,要求用户依次键入每个学生的姓名和两门课程成绩,当输入学生学号小于或等于 0 时结束输入。编写程序将学生姓名和各科成绩存储到文本文件 score.dat 中。表 12-2 为学生成绩样例,程序代码位于 StuScores.h 头文件和 StuScores.cpp 实现文件中。

表 12-2　学生成绩样例

sno	sname	Chinese	Math
1	贾宝玉	92	87
2	贾琏	84	72
3	林冲	80	82
4	周瑜	96	90

StuScores.h 头文件的代码如下：

```
// StuScores.h
#include <iostream>
#include <fstream>
using namespace std;
const int MAXNAMELENGTH=10;
// 学生姓名最多 9 个字符,每个中文占 2 个字节
typedef struct StuScores
{
    int sno;
    char sname[MAXNAMELENGTH];
    int scoreOfChinese;
    int scoreOfMath;
} StuScores;

//在输出流对象插入学生信息
ostream& PrintScores(ostream& out, const StuScores& obj)
{
    out<<obj.sno<<'\t'<<obj.sname<<'\t'<<obj.scoreOfChinese<<'\t'
        <<obj.scoreOfMath<<endl;
    return out;
}
```

StuScores.cpp 实现文件代码如下：

```
// StuScores.cpp
#include "StuScores.h"
int main()
{
    StuScores obj;
    ofstream out("score.dat");        // 把输出流对象 out 与文件 score.dat 关联
    cout<<"Please input students' sno, sname and scores"<<endl;
    while(true)
```

```
    {
        cin>>obj.sno;
        if(obj.sno<=0)
            break;
        cin>>obj.sname;
        cin>>obj.scoreOfChinese;
        cin>>obj.scoreOfMath;
        PrintScores(out, obj);    //把学生信息插入到输出流对象 out 中
    }
    out.close();
    return 0;
}
```

【例 12-4】在 socre.dat 文件中查找学号为 n 的学生的成绩信息。如果该生不存在,则打印"No such a student"。

分析:因为每个学生的学号,姓名甚至于成绩占据的宽度并不一样,无法直接定位第 n 个学生的信息在文件中的位置,因此只能够依次比较,如果查询到相应信息,则结束查找,并输出相应信息。

在例 12-3 中基础上进行扩展,StuScores.h 头文件和例 12-3 相同,下面给出实现查找功能的 SSearch.cpp 文件的程序代码:

```
// SSearch.cpp
#include "StuScores.h"
int main()
{
    bool flag;
    int n, sno;
    StuScores obj;
    ifstream in("score.dat");// 把输入流对象 in 与文件 score.dat 关联
    if(!in)
    {
        cerr<<"Open file error"<<endl;
        return -1;
    }
    cout<<"Please input the sno you want to lookup:"<<endl;
    cin>>n;
    flag = false;
    while(in>>sno)         // 从输入流中读取信息至变量 sno 中
    {
        if(sno == n)
```

```
                {
                    flag = true;
                    obj.sno = sno;
                    in>>obj.sname>>obj.scoreOfChinese>>obj.scoreOfMath;
                    PrintScores(cout, obj);  //把学生信息插入到标准输出流对象 cout 中
                    break;
                }
        }
        if(!flag)
            cout<<"No such a student"<<endl;
        in.close();
        return 0;
}
```

4. read()和 write 函数

在C++文件流对象中包括了2个用于二进制文件读写的成员函数：write 和 read。

（1）write 是 ostream 的一个成员函数，被 ofstream 所继承。

（2）read 是 istream 的一个成员函数，被 ifstream 所继承。

而文件流对象 fstream 中同时拥有这2个函数，它们的原型如下：

```
write(char * buffer, streamsize size);
read(char * buffer, streamsize size);
```

这里 buffer 代表一块内存地址，用来存放读入或者写出的数据。参数 size 是一个整数，表示要从缓存区(buffer)中读出或写入的字节数，其具体用法见例 12-5。

12.3.2 随机读写

前面介绍了文件的顺序读写，也就是说，数据的读写是从文件的开头逐个进行的。实际上，在文件中有一记录当前读写位置的变量，称为文件"读写位置指针"。顺序读写时，每读写一个数据后，位置指针就自动移到它后面一个位置。如果读写的数据项包含多个字节，则对该数据项读写完成后，位置指针移到该数据项末尾。

在日常读写文件中，常常希望直接读取某一数据项而不是按物理顺序逐个读写数据。人们把这种在任意指定位置进行的读写操作称为文件的随机读写。很容易想到，只要能移动文件位置指针到所需要的地方，就能实现随机读写。

在C++文件读写中，常用的随机读写定位函数是 seekg 和 tellg 以及 seekp 和 tellp。

1. seekg()和 seekp()

seekg()是对输入文件定位，seekp 是对输出文件定位，它们各有2个参数：第1个参数代码偏移量，第2个参数是基地址。其中第1个参数可以为正负数值，正的表示向后偏移，负的表示向前偏移；第2个参数可以是以下值：

（1）0 或者 ios::beg:表示输入文件流的开始位置。

（2）1 或者 ios::cur:表示输入文件流的当前位置。

(3) 2 或者 ios::end：表示输入文件流的结束位置。

2. tellg()和 tellp()

tellg()返回输入文件的当前位置，tellp 返回输出文件的当前位置，这两个函数都不需要参数，它们的返回值就是当前文件的读写位置。

另外一个常用成员函数是 eof()，用于判断当前文件的读写位置是否位于结尾，返回 true(位于结尾)或 false(没有在结尾)。

【例 12-5】在例 12-3 的基础上，添加 3 个学号分别为 1,2,3 的学生成绩，并将成绩信息顺序存入 data.dat 文件中，然后按照 3,1,2 的顺序读出并显示到屏幕。

```cpp
#include <cstdlib>
#include <fstream>
#include <iostream>
using namespace std;

const int MAXLENOFNAME = 12;
const int LENOFPHONE = 12;

typedef struct AddressRecord
{
    int no;                           // 编号
    char name[MAXLENOFNAME];          // 姓名
    char phone[LENOFPHONE];           // 电话号码
}AddressRecord;                       // 通讯录结构体

int main()
{
    AddressRecord record;

    // 以二进制方式建立文件输出流写文件
    fstream fout("Record.dat", ios::binary | ios::out);
    cout<<"请输入联系人信息(编号小于等于 0 结束):"<<endl;
    while(true)
    {
        cin>>record.no;
        if(record.no <= 0)
        {
            break;
        }
        cin>>record.name;
```

```cpp
        getchar();
        cin>>record.phone;
        fout.write((char*)&record, sizeof(AddressRecord));  //二进制方式写文件
}
fout.close();

int num = 0;
// 以二进制方式建立文件输入流读文件
fstream fin("Record.dat", ios::binary | ios::in | ios::out);
if(!fin)
{
    cerr<<"Open file error!"<<endl;
    exit(0);
}
fin.seekg(0, ios::end);                    // 读指针移动到文件结尾
long offset = fin.tellg();                 // 文件大小
while(true)        // 移动文件指针到距离文件结尾(num+1)条记录的位置
{
    fin.seekg(offset-(num+1) * sizeof(AddressRecord), ios::beg);
    if((signed)fin.tellg() < 0)
        break;
    fin.read((char*)&record, sizeof(AddressRecord));// 二进制方式读文件
    cout <<record.no<<'\\t'<<record.name<<'\\t'<<record.phone<<
        endl;
    num++;
}
cout<<"共有"<<num<<"条信息."<<endl;
fin.close();
return 0;
}
```

从键盘输入如下通讯录信息：
1   li   13089104523↙
2   wang 15800008866↙
3   zhao 13800118877↙
运行结果如下：
3   zhao 13800118877
2   wang 15800008866
1   li   13089104523

共有条信息。

在例 12-5 中,首先用 write 函数将 3 个学生的数据写入了 E 盘的 data.dat 文件中,然后用 seekp() 函数将文件的读指针移动到第 3 个学生数据的开始处,读取第 3 个学生数据。再用 seekp() 将文件的读指针移动到了文件开头,读取第 1 个学生数据。最后用 seekp() 将文件的读指针以当前位置为基准移动了 0 个字节,也就是第 2 个学生数据的开始处,当然这一行代码可以不省略不写,读出第 2 个学生数据。

 **扩展阅读:判断文件流状态的几个函数**

- bad():如果出现不可恢复的错误,则返回非 0 值。
- fail():如果出现不可恢复的错误或一个预期的条件,则返回非 0 值。可用 clear 函数清除错误标记。
- good():如果所有错误标记和文件结束标记都没有设置,则返回非 0 值。
- eof():遇到文件结尾,返回非 0 值。
- clear():设置内部错误状态,如果是默认参数调用,则清除所有错误位。
- rdstate:返回当前错误状态。

12.4 C 语言文件基础

12.4.1 文件类型指针

在 C 语言中,每个被使用的文件在内存中都会开辟一个相应的文件信息区,用来存放文件的相关信息(文件的名字、文件的状态及当前的位置)。这些信息是保存在结构体变量中,该结构体类型由系统声明,取名为 FILE。该结构体信息包含在头文件"stdio.h"中。程序中可以直接用 FILE 类型来定义变量,每一个 FILE 类型变量对应一个文件的信息区,其中存放着该文件的有关信息。

    FILE f1;

定义一个结构体变量 f1,用于存放一个文件的信息。通常不对 FILE 类型的变量命名,也就是不通过变量的名字来引用这些变量,而是设置一个指向 FILE 类型的指针变量,通过它来引用这些 FILE 类型变量,如:

    FILE *fp;

fp 是一个指向 FILE 类型数据的指针变量,如果将 fp 指向某一文件的文件信息区时,就可以通过该文件信息区中的信息来访问该文件。也就是说,通过该指针变量 fp 就能够找到与它相关联的文件。

> **特别注意**
>
> 文件类型的指针变量并不指向外部介质上的数据文件的开头,而是指向内存中的文件信息区的开头。

12.4.2 打开与关闭文件

在文件读写之前,首先需要"打开"文件,在文件使用结束之后,应该"关闭"文件。所谓的"打开"就是指建立文件相应的信息区和文件缓冲区。文件打开一般都需要指定一个指针变量指向该文件,也就是建立起指针变量与文件之间的联系,这样就可以通过该指针变量对文件进行读写了。所谓的"关闭"就是指撤销文件相应的信息区和文件缓冲区,从而结束文件的读写过程。

1. 使用 fopen 打开文件

fopen 函数的调用方式为:

  fopen(文件名,文件打开方式);

如:fopen("f1","r");表示要打开名字为 f1 的文件,并且使用"读入"的方式进行打开(r 表示读入的意思,read.。fopen 的返回值是指向 f1 文件的指针,所以通常将 fopen 函数的返回值赋给一个文件类型指针变量来能文件进行引用。

  FIFE * fp;   /* 定义一个文件类型的指针 fp */
  fp = fopen("f1", "r"); /* 将 fopen 函数的返回值赋给指针变量 fp */

C 语言中,文件的打开方式如表 12-3。

表 12-3 文件打开方式

文件使用方式	含　　义	如果指定的文件不存在
"r"(只读)	为了输入数据,打开一个已存在的文本文件	出错
"w"(只写)	为了输出数据,打开一个文本文件	建立新文件
"a"(追加)	向文本文件尾添加数据	出错
"rb"(只读)	为了输入数据,打开一个二进制文件	出错
"wb"(只写)	为了输出数据,打开一个二进制文件	建立新文件
"ab"(追加)	向二进制文件尾添加数据	出错
"r+"(只读)	为了读和写,打开一个文本文件	出错
"w+"(只写)	为了读和写,建立一个新的文本文件	建立新文件
"a+"(追加)	为了读和写,打开一个文本文件	出错
"rb+"(只读)	为了读和写,打开一个二进制文件	出错
"wb+"(只写)	为了读和写,建立一个新的二进制文件	建立新文件
"ab+"(追加)	为读写打开一个二进制文件	出错

2. 使用 fclose 关闭文件

在使用完一个文件后,应该关闭文件,以防再次误用。"关闭"就是使文件指针变量不指向该文件,也就是文件指针变量与文件"脱钩"。此后,不能再通过该指针对原来与其相联系的文件进行读写操作,除非再次打开,使该指针变量重新指向该文件。

在 C 语言中,用 fclose 函数关闭文件,其调用的一般形式为:

  fclose(文件指针);

如:

  fclose(fp);

当用 fopen 函数打开文件时,需要将该函数所返回的文件类型指针赋值给 fp,然后才能通过 fp 把该文件关闭。

应该养成在程序终止之前关闭所有打开文件的习惯,如果不关闭文件将会造成数据丢失。因为,在向文件写数据时,是先将数据输出到缓冲区,待缓冲区填满后,才正式输出到文件。如果当数据未填满缓冲区而程序结束运行,就会将缓冲区释放,造成数据丢失。用 fclose 函数关闭文件,它先把缓冲区中的数据输出到磁盘文件,然后才释放文件指针变量,从而避免数据丢失。

fclose 函数也有一个返回值,当顺利执行关闭操作后,则返回 0;否则返回 EOF(−1)。可以用 ferror 函数来测试。

12.4.3 文件的读写

文件打开之后,就可以对它进行读写了。在顺序写时,先写入的数据存放在文件前面位置,后写入的存放在后面位置。在顺序读时,先读文件中前面数据,后读文件后面数据。

1. 从文件输入和输出一个字符

C 语言提供了一个输出一个字符到磁盘文件的 fputc 函数,如:

  fputc(ch,fp);

这个函数的功能是把字符变量 ch 的值输出到指针变量 fp 所指向的文件。fp 是 fopen 函数打开时得到的,如果调用成功,则返回该字符,否则返回 EOF。

C 语言还提供了另外一个从磁盘文件中接收一个字符的 fgetc 函数。如:

  ch=fgetc(fp);

它的功能是从指针变量 fp 所指向的文件中读入一个字符并赋给字符变量 ch。如果执行 fgetc 函数时遇到文件结束或出错,则返回 EOF。

2. 从文件输入和输出一个字符串

C 语言提供一个从磁盘文件中输入字符串的 fgets 函数,如:

  fgets(str,n,fp);

这个函数的功能是从 fp 指向的文件读取 n−1 个字符并把它们放到字符数组 str 中。如果在读入 n−1 个字符完成之前遇到换行符'\n'或文件结束符 EOF 则读入结束,同时将遇到的换行符'\n'也作为一个字符送入字符数组 str 中,而且在读入的字符串之后自动加一个字符串结束字符'\0'。fgets 函数返回值为字符数组 str 的首地址,如果遇到文件结束或出错,则返回 NULL。

C语言还提供一个输出字符串到磁盘文件的 fputs 函数，如：

　　fputs(str,fp);

它的功能是将字符数组 str 中的字符串输出到 fp 所指向的文件。但字符串的结束符'\0'不输出。如果成功则返回 0，否则返回非 0。

3. 从文件进行格式化输入和输出

C语言提供一个格式化输入函数 fscanf，如：

　　fscanf(fp,format,args,…);

它的功能是按 format 给定的格式从 fp 指向的文件中读取数据到 args 所指向的内存单元中，函数返回值为已成功输入的数据个数。

C语言还提供一个格式化输出函数 fprintf，如：

　　fprintf(fp,format,args,…);

该函数的功能是把 args 所指向的存储单元中的值按照 format 指定的格式输出到 fp 所指向的文件，函数返回值为实际输出的字符数。

【例 12-6】从键盘上输入格式化数据到文件 file.txt 中，然后再从该文件中读出所有格式化数据。

```c
#include <stdio.h>
#include <stdlib.h>
int main()
{
    FILE *fp;
    char name[20];
    int num;
    float score;
    if ((fp=fopen("file.txt","w"))==NULL)
    {
        printf("cannot open this file\n");
        exit(0);
    }
    scanf("%s %d %f", name, &num, &score);
    while(strlen(name)>1)
    {
        fprintf( fp, "%s %d %f", name, num, score);
        scanf("%s %d %f", name, &num, &score);
    }
    fclose(fp);
    if ((fp=fopen("file.txt", "r"))==NULL)
    {
        printf("cannot open this file\n");
```

```
        exit(0);
    }
    while(fscanf( fp , "%s %d %f", name , &num , &score )!=EOF)
        printf("%s %d %f", name , num , score);
    fclose(fp);
}
```

4. 从文件按记录的方式输入输出数据

C 语言提供了一个按记录的方式输入数据的函数 fread，如：

  fread(buffer,size,count,fp);

C 语言还提供一个按记录的方式输出数据的函数 fwrite，如：

  fwrite(buffer,size,count,fp);

其中，buffer 是一个指针，对 fread 函数，它是读入数据存储区域的起始地址，对 fwrite 函数，则是将要输出数据存储区域的起始地址，size 为要读写的字节数，count 表示读写多少个 size 字节的数据项，fp 为文件类型指针变量，fread 和 fwrite 函数的返回值为实际已读入或输出的项数，如果执行正确则返回 count 的值。

5. 文件随机读取

在日常读写文件中，常常希望直接读取某一数据项而不是按物理顺序逐个读写数据。人们把这种在任意指定位置进行的读写操作称为文件的随机读写。很容易想到，只要能移动文件位置指针到所需要的地方，就能实现随机读写，实际上，C 语言正是通过移动文件位置指针来实现文件的随机读写，具体包括以下几个函数。

(1) fseek 函数。

fseek 函数的功能是使文件位置指针移动到所需的位置，调用函数 fseek 的格式为：

  fseek(文件类型指针,位移量,起始点);

其中，起始点是指用数字表示的基准点的位置，0、1、2 分别表示文件的开头、当前位置和结尾。如果位移量为正数则表示以起始点为基准向前移动的字节数，否则表示以起始点为基准向后移动的字节数，位移量为 long 型，以保证文件长度很长时，位移量仍能表示所要移动的字节数。如：

  fseek(fp,10L,0);

该函数的功能是将位置指针移动到距离文件开头 10 个字节的位置。函数调用成功，则返回 0，否则返回一个非 0 值。

(2) ftell 函数。

ftell 函数的作用是得到文件位置指针的当前位置。如：

  ftell(fp);

该函数的功能是返回 fp 所指向文件的当前读写位置，如果出错，则返回-1。

(3) rewind 函数。

rewind 函数的作用是使位置指针重新返回到文件开头。如：

  rewind(fp);

该函数的功能是将 fp 所指向的文件的位置指针置于文件开头，该函数无返回值。

12.4.4 命令行参数

这一节，我们将学习非常特殊的一类参数——命令行参数，命令行参数是通过操作系统传递给程序命令的参数，这些参数是放在操作系统（如 DOS, Linux 等）命令行的命令（程序）后面。要在 C 语言程序中使用命令行参数，必须要理解 main() 函数的完整形式（前面的章节中，main 函数都是没有参数的，如 int main()）。事实上，main() 函数也可包含参数：第一个参数表示命令行参数的个数，第二个参数是所有命令行参数的完整列表。main 函数的原型如下：

    int main (int argc, char * argv[])

在这个定义中，变量 argc 代表参数的个数，也就是从命令行传递给程序的参数的个数，包括程序名本身。

字符指针数组（char * argv[ ]）表示所有参数的完整列表。在 argv 中，除了第 1 个元素 argv[0] 代表程序名称外，其余每个元素都代表一个命令行参数，也就是，argv[1] 代表第 1 个参数，argv[2] 代表第 2 个参数，…，argv[argc-1] 代表第最后一个参数。

下面给出一个例子来说明命令行参数的使用方法。可以通过 main 函数得到数据文件名，然后将数据文件中的所有内容输出。

【例 12-7】通过在命令行输入文件名来输出文件中的内容。

```
#include <stdio.h>
int main ( int argc, char * argv[] )
{
    if ( argc != 2 )                    /* argc 不等于 2 时，执行 if 语句 */
    {
        /* argv[0] 代表文件名 */
        printf( "usage: %s filename", argv[0] );
    }
    else
    {
        // argv[1] 代表我们要打开的文件
        FILE * file = fopen( argv[1], "r" );
        /* fopen 函数返回值为 0，即返回一个空指针 */
        if ( file == 0 )
        {
            printf( "Could not open file\n" );
        }
        else
        {
            int x;
            /* fgetc 函数一次从文件中读取一个字符，EOF 表示读到文件的结尾．
```

未到达文件的结尾处时,while 循环可以正常执行 */
```
        while ( ( x = fgetc( file ) ) != EOF )
        {
            printf( "%c", x );
        }
        fclose( file );
    }
}
return 0;
}
```

例 12-7 使用了 main 函数的完整形式。当 main 函数执行时,首先,检查命令行是否有两个参数,如果是,则将第二个参数作为文件名传递进来。接下来,尝试打开这个文件,如果文件打开成功,返回一个文件指针,否则,返回 0,程序结束。文件打开后,用循环将文件中的字符逐个输出到屏幕,程序结束。

12.5 要点回顾

12.5.1 语法要点

表 12-4 语法要点

内　容	语　法	备　注
C++文件打开与关闭	ifstream fs1; ofstream fs2; fs1.open();　fs1.close() fs2.open();　fs2.close()	利用流对象构造和析构函数打开关闭 使用流对象成员函数 open 和 close 打开关闭
C++文件的读写	>>; get(); getline(); read(); <<; put(); write();	read 和 write 用于读写二进制文件
C++文件定位	seekg();　　tellg(); Seekp();　　tellp();	设定和返回文件读位置指针 设定和返回文件写位置指针
C 语言文件指针	FILE * 指针变量名;	FILE * fp;
C 语言文件打开与关闭	fopen（文件名,文件打开方式）; fclose(文件指针);	fp = fopen("f1","r"); fclose(fp);

续表 12-4

内　容	语　法	备　注

C语言文本文件读写	fgetc(fp);
	fputc(ch,fp);
	fgets(str,n,fp);
	fputs(str,fp);
	fscanf(fp,format,args,…);
	fprintf(fp,format,args,…);
		ch=fgetc(fp);
		fputc(ch,fp);
		fgets(string,81,fp);
		fputs(string,fp);
		fscanf(fp,"%s %d %f",name,&num,&score);
		fprintf(fp,"%s %d %f",name,num,score);

C语言二进制文件读写	fread(buffer,size,count,fp);
	fwrite(buffer,size,count,fp);
		struct {char name[20]; long num; float score;} stud;
		FILE * fp;
		fread(&stud,sizeof(stud),1,fp);
		fwrite(&stud,sizeof(stud),1,fp);

C语言文件定位	fseek(文件类型指针,位移量,起始点);	FILE * fp; fseek(fp,10L,0);

12.5.2　常见错误

（1）打开文件时，没有检查文件打开是否成功。

（2）在读写操作之前，忘记打开文件。使用之后，忘记关闭文件。

（3）文件操作的有关函数的调用格式更容易出现错误，请一定注意实参的类型、顺序、个数与函数原型相一致。

（4）读文件时使用的文件打开方式与写文件时不一致。

（5）从文件读数据的方式与向文件写数据的方式不一致。

习　题

一、选择题

1．进行文件操作时需要包含_____头文件。

　A．iostream　　　　B．fstream　　　　C．stdio　　　　D．stdlib

2．当使用 ifstream 流类定义一个流对象并打开一个磁盘文件时，文件的隐含打开方式为_____。

　A．ios::in　　　　B．ios::out　　　　C．ios::trunc　　　　D．ios::binary

3．下列函数中，_____是对文件进行写操作的。

A. read()　　　　B. seekg()　　　　C. get()　　　　D. put()

4. read 函数的功能是从输入流中读取_____。

A. 一个字符　　B. 当前字符　　C. 一行字符　　D. 指定若干字节

5. C++语言中文件的存取方式为_____。

A. 只能顺序存取　　　　　　　　B. 只能随机存取(或称直接存取)

C. 可以顺序存取,也可以随机存取　　D. 只能从文件开头进行存取

6. 下面关于C++流的叙述中,正确的是_____。

A. cin 是一个输入流对象。

B. 可以用 ifstream 定义一个输出流对象。

C. 执行语句序列 char * y="PQMN"; cout<<y;将输出字符串"PQMN"的地址。

D. 执行语句序列 char x[80]; cin.getline(x,80);时,若键入 Happy new year,则 x 中的字符串是"Happy"。

7. 读文件最后一个字节(字符)的语句为_____。

A. myfile.seekg(1,ios::end);
   c=myfile.get();

B. myfile.seekg(-1,ios::end);
   c=myfile.get();

C. myfile.seekp(ios::end,0);
   c=myfile.get();

D. myfileseekp(ios::end,1);
   c=myfile.get();

8. 设已定义浮点型变量 data,以二进制方式把 data 的值写入输出文件流对象 outfile 中去,正确的每句是_____。

A. outfile.write((double *)&data, sizeof (double));

B. outfile.write((double *)&data, data);

C. outfile.write((char *)&data, sizeof (double));

D. outfile.write((char *)&data, data);

9. fgets(str,n,fp)函数从文件中读取一个字符串,以下正确的叙述是_____。

A. 字符串读入后不会自动加入"\\0"

B. fp 是 file 类型的指针

C. fgets 函数将从文件中最多读入 n-1 个字符

D. fgets 函数将从文件中最多读入 n 个字符

10. 若 fp 是指向某文件的指针,且已读到该文件的末尾,则 C 语言函数 feof(fp)的返回值是_____。

A. EOF　　　　B. -1　　　　C. 非零值　　　　D. NULL

11. 以下程序将一个名为 f1.dat 的文本文件复制到一个名为 f2.dat 的文件中请填空。

```
#include<stdio.h>
int main()
{
    char c;FILE * fp1, * fp2;
    fp1=fopen("f1.dat",___(1)___);
```

```
        fp2=fopen("f2.dat",___(2)___);
        c=fgetc(fp1);
        while(c!=EOF)
        {
            fputc(c,fp2);
            c=fgetc(fp1);
        }
        fclose(fp1);
        fclose(fp2);
        return 0;
}
```
    (1) A. "a"   B. "rb"   C. "rb+"   D. "r"
    (2) A. "wb"   B. "wb+"   C. "w"   D. "ab"

二、填空题

1. 在文件中,数据存放的两种代码形式分别是_____和_____。
2. 可以对文件进行的两种存取方式分别是_____和_____。
3. 文件输入是指从文件向_____读入数据;文件输出则指从_____向文件输出数据。文件的输入输出首先要_____,最后_____。
4. 在C++中,打开一个文件就是将一个文件与一个_____建立关联;关闭一个文件就是取消这种关联。
5. 进行文件操作时需要包含头文件_____。
6. cin 是_____的一个对象,处理标准输入。cout、cerr、clog 是_____的对象。
7. 二进制文件是指直接将计算机内的数据不经转换直接保存在文件中。二进制文件的输入输出分别采用 read()、write() 成员函数。这函数的参数都是 2 个,分别表示_____和_____。
8. 设定、返回文件读指针位置的函数分别为_____,_____;设定、返回文件写指针位置的函数分别为_____,_____。
9. 在 C 语言的文件系统中,最重要的概念是"文件指针",文件指针的类型只能是_____类型。
10. C 语言调用_____函数打开文件,调用_____函数关闭文件。
11. 若 ch 为字符变量,fp 为文本文件指针,请写出从 fp 所指文件中读入一个字符时,可用的两种不同的输入语句_____和_____。
12. 若 ch 为字符变量,fp 为文本文件指针,请写出把一个字符输出到 fp 所指文件中时,可用的两种不同的输出语句_____和_____。

三、程序分析题

```
#include <iostream>
#include <fstream>
```

```
using namespace std;
void main()
{
    char str[100];
    fstream f;
    　【1】　;
    f<<"hello world";
    f.put('\n');
    f.seekg(0);
    while( !f.eof())
    {
        f.getline(str,100);cout<<str;
    }
    　【2】　;
}
```

2. 下面的从本地文件文件 cpp-home.txt 中逐个读取字符并把内容显示到屏幕上，试完成该程序。

```
#include <iostream>
#include<fstream>
using namespace std;
void main()
{
    ifstream OpenFile("cpp-home.txt");
    char ch;
    while(　【3】　)
    {
        　【4】　
        cout << ch;
    }
    OpenFile.close();
}
```

3. 下面的程序用来统计文件 fname.dat 中字符的个数，请填空。

```
#include<stdio.h>
void main()
{
    FILE *fp;
    long num=0;   char ch;
    if((fp=fopen("fname.dat", 　【5】　))==NULL)
```

{cout<<"Can\'t open file!"<<endl;exit(0);}
while 【6】 {ch= 【7】 ; num++ ; }
cout<<"num="<<mum<<endl;
fcolse(fp);
}

4. 从键盘输入一个字符串，将其中的小写字母全改成大写字母，然后输出到一个磁盘文件 test 保存起来，输入的字符串以"#"结束，请填空。

#include<stdio.h>
void main( )
{
    FILE * fp;   char str[100];
    int i=0;
    if((fp=fopen(【8】))==NULL)
        {cout<<"Can\'t open file "<<endl;   exit(0);}
    gets(str);
    while(str[i]!='#')
    {
        if(【9】)   str[i]=str[i]-32;
        fputc(str[i],fp);
        i++;
    }
    fclose(fp);
    fp=fopen("test","r");
    fgets(str,strlen(str)+1,fp);
    【10】 ;
    fclose(fp);
}

四、编程题

1. 编写一个程序，将磁盘当前文件夹中名为"f1.txt"的文本文件输出到屏幕上，并复制到同一文件夹中，文件名为"f2.txt"。

2. 编写一程序，将两个文件合并成一个文件。

3. 定义一个 Student 类，其中含学号、姓名、成绩数据成员。建立若干个 Student 类对象，将它们保存到文件 Record.dat 中。然后显示文件中的内容。

第四部分　应用篇

【本篇内容】

本篇主要介绍程序设计中经常用到的 2 种数据结构单链表和二叉树以及递归算法，最后通过工程案例分析了用 C++ 语言解决实际工程项目的基本步骤和过程，并提供了 15 个基本的算法问题，作为后续课程学习以及项目开发的重要基础。本篇是 C++ 程序设计的重要应用。

本篇包括 4 章。第 13 章介绍单链表及基本操作；第 14 章介绍了常用的递归算法；第 15 章介绍了二叉树的基本概念及简单应用；第 16 章介绍了 C++ 工程应用开发过程，并提供了基础代码，以作参考。

【重点与难点】

重点是掌握单链表结构及其操作，掌握递归思想及在编程中的应用，掌握工程应用开发基本思路和过程。难点是二叉树的存储与操作实现。

【知识图谱】

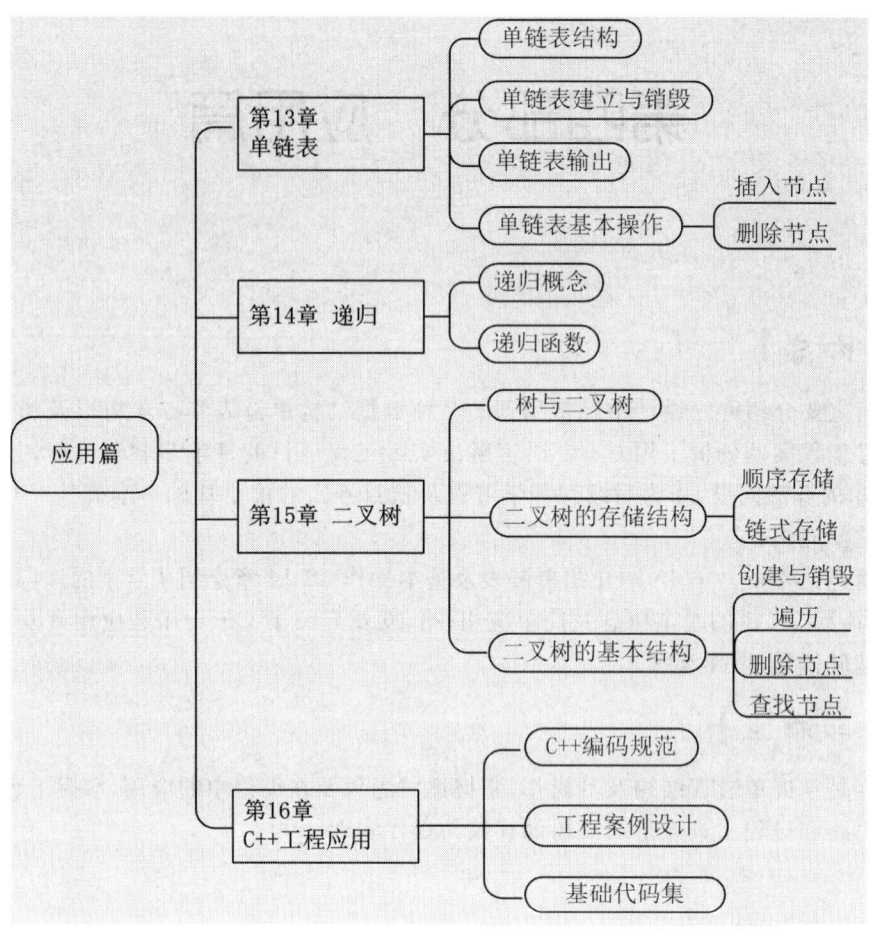

第 13 章 单链表

Progress is the activity of today and the assurance of tomorrow.

——Emerson

"昨天、今天、明天……"的成功,就是今天做到最好!

学习目标

- 理解单链表的结构
- 掌握单链表的建立
- 掌握单链表的插入、删除操作
- 掌握单链表的输出
- 掌握单链表的销毁

在前面章节所用到的数组,需根据事先定义好的数组元素的类型与长度自动为其分配一个连续的存储单元,数组的长度在程序运行时也是固定的,实质是一种线性表的顺序表示方式,也就是说,任何一个数组元素的地址都可用一个简单的公式计算出来,因此这种结构可以有效的对数组元素进行随机访问。但若对数组元素进行插入和删除操作,则会引起大量数据的移动,从而使简单的数据处理变得非常复杂、低效;同时由于数组属于静态内存分配,定义数组时必须指定数组的大小,实际使用的数组元素个数不能超过数组元素最大长度的限制,否则就会溢出,而低于所设定的最大长度时,又会造成系统资源的浪费。为了能有效地解决这些问题,一种称为"链表"的数据结构得到了广泛应用。

链表是一种常见的数据结构。它主要是利用动态内存分配、结合结构体并配合指针来实现的,能够根据需要开辟和释放内存单元,也就是说,当需要添加一个元素时,程序可以动态地申请内存并添加,而当需要减少一个元素时,程序又可以自动地放弃该元素所占用的内存;由于它是用一组任意的存储单元来存储线性表中的数据,存储单元不一定是连续的,且链表的长度不是固定的,因此可以非常方便地实现"数据元素"的插入和删除操作。

13.1 单链表结构

单链表是由若干数据元素(每一个数据元素称为一个"结点")按一定的原则连接起来。这个原则是,前一个结点"指向"下一个结点,只能通过前一个结点才能找到下一个结点。链表一般有一个"头指针"变量,它存放一个地址,该地址是链表的第一个元素的地址。

如图13-1所示,该图表示一种单链表结构。

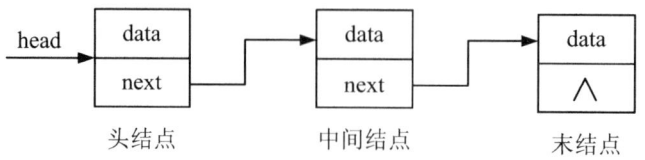

图 13-1　单链表存储结构

单链表中每个"结点"都应包括两个部分:
(1)用户需要用的实际数据(数据域)。

(2) 下一个结点的地址(指针域)。

由图 13-1 可以看出 head 指向头结点(该链表的第 1 个元素),第 1 个结点的 next 指针又指向第 2 个结点……直到最后一个结点,该结点 next 指针不再指向其他元素,称它为"表尾",它的 next 值设为空指针(NULL),表示链表结束。

一个结构体变量包括若干个成员,这些成员可以是数值类型、字符类型、数组类型,也可以是指针类型,所以可用结构体类型实现上述单链表结构。该类型分为两部分,一部分为数据域(可以是各种类型的数据成员,包括结构体类型成员),另一部分必须定义为一个指针类型的成员变量,用它来存储下一个结点的地址,并且该指针变量必须具有与结构体相同的数据类型。

单链表的"结点"结构一般声明如下形式:

```
typedef struct LinkNode
{
    int data;                    // 数据域:存储结点数据信息,数据可以是任何类型
    struct LinkNode * next;      // 指针域:存储直接后继结点的地址
}LinkNode, * LinkList;
```

此外,链表还必须有一个指向链表的起始结点的头指针变量 head。如图 13-1 这样的只包含一个指针域、由 n 个结点链接形成的链表,称为单链表或线性链表。

例如,要建立一个学生信息单链表,其存储结构如图 13-2 所示:

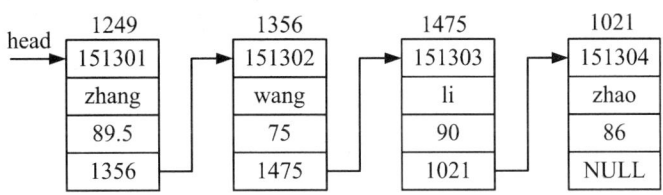

图 13-2 学生信息单链表存储结构

根据学生信息存储结构,定义学生信息的结点类型如下:

```
typedef struct StuNode
{
    int snum;                    // 学号
    char sname[20];              // 姓名
    float score;                 // 成绩
    struct Student * next;       //指针域
} Student, * StuPtr;
```

其中成员 snum,sname,score 用来存放结点中的数据域;next 是指针类型的成员,它指向 struct Student 类型的数据,属于结点中的指针域。

根据单链表定义和学生成绩信息的结点类型,单链表类型可定义如下:

```
class StuListLink{
private :
    StuPtr head;                 // 头结点指针,代表第 1 个结点的地址
```

```cpp
        // 为方便运算,额外增加一个指向单链表最后一个结点的指针
        StuPtr tail;
        int count;// 当前链表中的学生人数
    public:
        StuListLink(){ };                   // 构造函数
        void CreateStuList();               // 创建单链表,不带头结点
        void CreateStuList(int h);          // 创建单链表,带头结点
        void PrintStuList();                // 输出单链表
        void InsertStu( );                  // 插入单链表结点
        void DeleteStu( );                  // 删除单链表结点
        void DestroyStuList();              // 销毁单链表
};
```

特别注意

上面只是声明了一个 struct Student 类型,并未实际分配存储空间,只有定义了变量才分配存储单元。

图 13-1,13-2 所示的存储结构决定了对单链表数据的特殊访问方式,即只能顺序访问,不能进行随机访问。首先要找到链表的头指针,因为它是指向第 1 个结点的指针,只有找到第 1 个结点才能通过它的指针域找到第 2 个结点,然后由第 2 个结点的指针域再找到第 3 个结点,依此类推,就像一条铁链一样,一环扣一环,中间是不能断开的,当结点的指针域为 NULL 时,表示已经搜索到链表的末尾结点。

13.2 单链表的建立

单链表结点的结构体类型定义后,要想存储具体的结点信息必须要创建结构体变量(链表中的一个结点),然后把这些结构体变量用 next 指针链接起来,形成单链表。下面来讨论一下单链表的建立。

建立单链表过程中,需一个一个地开辟结点和输入各结点的数据,并建立起结点之间的链接的关系。建立单链表的主要操作步骤如下:

(1) 若为空表,将新建结点 p 置为单链表的第一个结点,即令头指针 head 指向新建的结点 p,并将 p->next 置为 NULL,如图 13-3 所示。

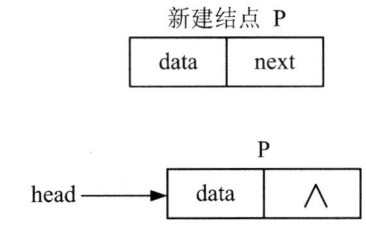

图 13-3 当为空表时新建第一个结点的过程

(2) 若为非空表，则将新建结点添加到表尾，如图 13-4 所示。

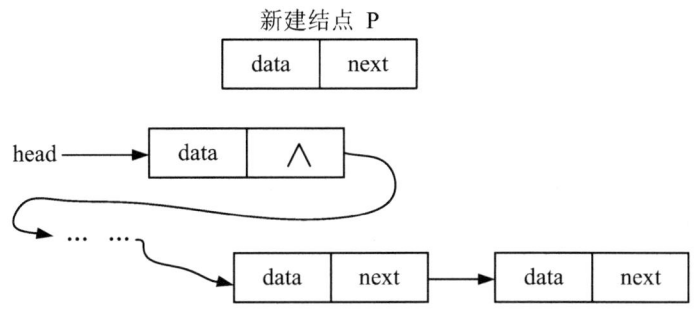

图 13-4 原链表非空时新建结点的添加过程

【例 13-1】实现单链表类的创建单链表成员函数，建立如图 13-2 所示的 4 个学生数据的单链表。

问题分析：

(1) 令用户输入学生个数。

(2) 利用 while 循环，创建链表的每个结点，从而建立单链表。

(3) 在循环体中，用 new 为链表结点开辟空间，然后从键盘输入学生的学号、姓名、成绩。若为空表，则插入表头；否则，插到表尾。

程序清单：

```
void StuListLink::CreateStuList()
{
    StuPtr p;
    int i;
    cout<<"请输入学生总数:"<<endl;
    cin>>count;
    if (count < 0)
    {
        head = 0;                    // head = 0，为空链表
        cout<<"错误,总数应不小于 0.\n"<<endl;
        return;
    }
    head = NULL;
```

```
        for (i = 0; i < count; i++)
        {
            p = new Student;                    // 为新结点开辟内存空间
            cout<<"请输入学生学号 姓名 成绩:"<<endl;
            cin>>p->snum>>p->sname>>p->score;
            p->next = NULL;
            if (head == NULL)                   // 空表,接入表头
            {
                head = p;
            }
            else
            {
                tail->next = p;                 // 非空表,接到表尾
            }
            tail = p;                           // 结点 p 成为新的的表尾
        }
        cout<<"学生链表创建成功,一共"<<count<<"个学生."<<endl;
    }
```

特别注意

为了保证处理第一个结点和后面结点的方法一致,往往在单链表中设置一个"头结点",这个结点的数据域中不存放数据(根据需要也可以不设头结点),它只是一个标识,表示该链表从头结点开始。

设置头结点的好处:

(1) 对带头结点的链表,在表的任何结点之前插入结点或删除表中任何结点,所要做的都是修改前一结点的指针域,因为任何元素结点都有前驱结点。若链表没有头结点,则首元素结点没有前驱结点,在其前插入结点或删除该结点时操作会复杂些。

(2) 对带头结点的链表,表头指针是指向头结点的非空指针,因此空表与非空表的处理是一样的。

带头结点的学生信息单链表如图 13-5 所示:

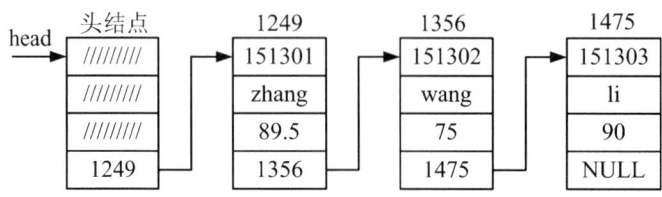

图 13-5 带头结点的学生信息单链表存储结构

【例 13-2】实现单链表类的创建带头结点单链表成员函数,建立如图 13-2 所示的 4

个学生数据的单链表。

程序清单：

```cpp
void StuListLink::CreateStuList(int h)
{
    StuPtr p;
    cout<<"请输入学生总数:"<<endl;
    cin>>count;
    if (count < 0)
    {
        cout<<"错误,总数应不小于0."<<endl;
        return;
    }

    head = new Student;
    head-> snum = 0;
    head->sname[0] = '\0';
    head->score = 0;
    head->next = NULL;
    tail = head;                              // 表为空时,表头即为表尾
    for (i = 0; i < count; i++)
    {
        p = new Student;                      // 为新结点开辟内存空间
        cout<<"请输入学生学号 姓名 成绩:"<<endl;
        cin>> p-> snum >>p->sname>>p->score;
        p->next = NULL;
        tail->next = p;                       // 将 p 接到表尾
        tail = p;                             // 结点 p 成为新的的表尾
    }
    cout<<"学生链表创建成功,一共"<< count <<"个学生."<<endl;
}
```

13.3　单链表的输出

单链表的输出，就是利用指向单链表的指针依次将链表中各结点的数据输出。

【例 13-3】实现如图 13-5 所示的学生信息单链表类的输出信息成员函数

问题分析：

利用指针变量 p 从头到尾依次指向链表中每个结点，当指针指向某个结点时，就输出

该结点数据域中的内容,直到遇到链表结束标志 NULL 为止。如果是空链表,就只输出有关提示信息并返回调用函数。

程序清单:
```cpp
void StuListLink::PrintStuList()
{
    StuPtr p;
    p = head->next;
    if (p == NULL)
    {
        cout<<"学生链表为空!"<<endl;
        return;
    }
    while (p != NULL)
    {
        cout<<"学生信息:学号"<< p->snum<<", 姓名"<< p->sname
            <<", 成绩"<<
            p->score<<";"<<endl;
        p = p->next;
    }
}
```

13.4 单链表结点的基本操作

13.4.1 单链表结点的插入

向带头结点的单链表中插入结点时,首先要新建一个结点,将其指针域赋为空指针,然后在链表中寻找适当的位置执行结点插入操作,需要考虑以下三种情况:

(1) 若链表为空,新结点应插在表尾,即插在头结点之后,作为表的第一个结点,与情况(3)在表尾插入新结点步骤一致。

(2) 若链表非空,在链表中间插入新结点,则将新结点的指针域指向插入点的下一个结点(p->next=pre->next),且让插入点的指针域指向新结点(pre->next=p),如图 13-6 所示。

(3) 若在表尾插入新结点,则末结点指针域指向新结点(pr->next),如图 13-7 所示。

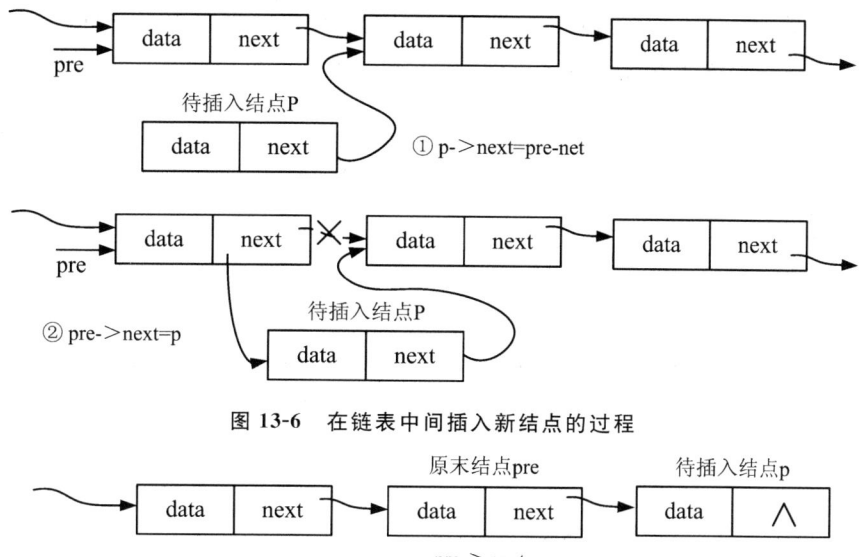

图 13-6　在链表中间插入新结点的过程

图 13-7　在链表末尾插入新结点的过程

图 13-6,13-7 中 pre 保存待插入结点 p 的前一个结点的地址,p 保存待插入结点的地址。

 特别注意

由于采用带有头结点的单链表的结构,不需单独处理新结点插在表头的情况,从而简化了操作。

【**例 13-4**】为学生信息单链表类编写成员函数 InsertStu,它的功能是在学生链表的指定学号后面插入一个新结点,如果找不到该学号,则将新结点插到链表末尾。采用带有头结点的单链表结构。

问题分析：

（1）利用 while 循环遍历学生链表,若找到指定学号结点,则跳出循环。

（2）若找到了指定学号结点,则它即为插入点；否则,while 循环最后遍历到的结点即为末结点。

（3）将新结点插入链表（过程如图 13-6、图 13-7 所示）。

程序清单：

```
void StuListLink:: InsertStu()
{
    StuPtr p, pre;
    StuPtr pNode;                    // 创建新结点,用于存放新插入学生信息
    int sno;
    cout<<"请输入要在哪个学号之后插入学生信息:"<<endl;
    cin>>sno;
```

```
        pNode = new Student;              // 为新结点 p 开辟内存空间
        cout<<"请输入待插入学生的学号 姓名 成绩:"<<endl;
        cin >> pNode->snum >> pNode->sname >> pNode->score;
        p = head->next;
        pre = head;
        while(p != NULL)                  // 遍历链表直到末尾
        {
            pre = p;
            if(p->snum == sno)            // 找到指定学号结点,跳出循环
            {
                break;
            }
            p = p->next;
        }
        /* 若未找到指定学号,则 pre 指向末结点;否则 pre 指向指定学号结点.  */
        /* 因此无论如何,pre 就是插入点.将 p 插到 pre 结点之后.         */
        pNode->next = pre->next;
        pre->next = pNode;
    }
```

13.4.2 单链表结点的删除

单链表的删除操作就是将一个待删除结点从链表中断开,不再与链表的其他结点有任何联系。为了删除某个结点 p,首先要找到待删结点的前趋结点 pre;然后将此前趋结点的指针域指向待删结点的后续结点;最后释放被删结点所占存储空间即可。具体操作如图 13-8 所示。其中 pre 保存待删结点的前一个结点的地址,p 保存待删结点的地址。

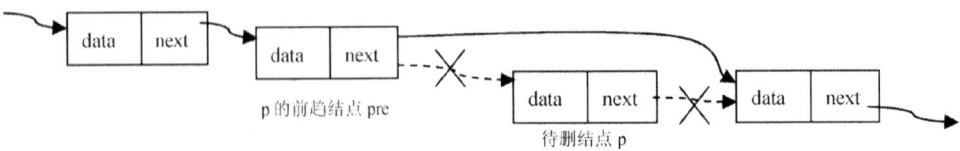

图 13-8 链表结点删除过程

NOTICE BOARD　特别注意

结点被删除后,只表示将它从链表中断开而已,它仍占用着内存,必须释放其所占的内存,否则将出现内存泄露。

【例 13-5】为学生信息单链表类编写成员函数 DeleteStu,它的功能是删除指定学号的结点。采用带有头结点的单链表结构。

问题分析:

（1）利用 while 循环遍历学生链表，若找到指定学号结点，则按照图 13-8 的提示删除该结点。

（2）未找到指定学号的结点，则不能完成删除。

程序清单：

```
void StuListLink::DeleteStu()
{
    StuPtr p, pre;
    cout<<"请输入要删除的学号:"<<endl;
    cin>>sno;
    pre = head, p = head->next;    // p 为当前遍历到的结点，pre 为其前趋结点
    while (p != NULL)              // 遍历链表直到末尾
    {
        if (p->snum == sno)        // 找到指定学号结点，删除它
        {
            pre->next = p->next;   // 将前趋结点的指针域指向待删结点的
                                   //   后续结点
            free(p);               // 释放结点
            p = NULL;
            cout << "删除成功！";
            return;
        }
        pre = p;
        p = p->next;
    }
    cout<< "未找到该学号结点，删除失败！" <<endl;
}
```

13.5 单链表的销毁

由于单链表的动态建立是利用 malloc() 生成新结点的，malloc() 申请的空间系统不会自动释放，需要用 free() 释放。所以当不再使用某个单链表时，就要把它销毁，即把它在内存中释放掉。单链表的销毁与单链表的输出的操作步骤一样，都是利用指针变量从头到尾依次指向链表中的每个结点，当指针指向某个结点时，就释放该结点的存储空间，直到遇到链表结束标志 NULL 为止。

【例 13-6】为学生信息单链表类编写成员函数 DestroyStuList，以销毁如图 13-5 所示的单链表。

程序清单：

```cpp
void StuListLink::DestroyStuList()
{
    StuPtr p, ptr;
    p = head;
    
    while (p != NULL)
    {
        ptr = p;
        p = p->next;
        free(ptr);
    }
    head = NULL;
    cout<<"学生链表已销毁."<<endl;
}
```

注意,销毁单链表时,须用单链表的指针(即头结点的双重指针)作为函数参数,以保证销毁后单链表(即指向它头结点的指针)为NULL。

可以把本章所有的例题合起来加一个主函数,组成一个单链表建立、输出、插入、删除及销毁这些操作的程序,从而能够通过单链表实现复杂数据对象的基本操作(比如学生信息的输入、输出、销毁、查找、插入及删除等操作)。其主函数程序如下:

```cpp
int main()
{
    StuListLink stulistlink;
    stulistlink.CreateStuList(0);      // 创建带有头结点的学生信息链表
    stulistlink.PrintStuList();        // 输出所有学生信息
    stulistlink.InsertStu();           // 在指定学号之后插入新结点
    stulistlink.PrintStuList();        // 输出所有学生信息
    stulistlink.DeleteStu();           // 删除学生信息
    stulistlink.PrintStuList();        // 输出所有学生信息
    stulistlink.DestroyStuList();      // 销毁学生链表
    return 0;
}
```

13.6 要点回顾

13.6.1 语法要点

表 13-1 语法要点

内容	语法	备注

单链表结点结构	typedef struct LinkNode
	{
	    int data;/*数据域*/
	    struct LinkNode * next;//指针域
	}LinkNode, * LinkList;
		typedef struct Student
		{
		    char sno[20];
		    char sname[20];
		    float score;
		    struct Student * next;
		} Student, * StuList;

单链表的建立	(1) 若为空表,将新建结点置为单链表的第一个结点. (2) 若为非空表,则将新建结点添加到表尾.	StuList CreateStuList();
单链表的输出	(1) 若为空表,就只输出有关提示信息并返回调用函数. (2) 若为非空表,利用指针依次将链表中各结点的数据输出.	void PrintStuList (StuList students);
单链表结点插入	(1) 若链表为空,新结点应插在表尾. (2) 若链表非空,在链表中间插入新结点,则将新结点的指针域指向插入点的下一个结点,且让插入点的指针域指向新结点. (3) 若在表尾插入新结点,则末结点指针域指向新结点.	void InsertStu (StuList list, int sno, Student * node);
单链表结点删除	首先要找到待删结点的前趋结点,然后将此前趋结点的指针域指向待删结点的后续结点,最后释放被删结点所占存储空间.	int DeleteStu (StuList list, int sno);
单链表销毁	利用指针变量从头到尾依次指向链表中的每个结点,当指针指向某个结点时,就释放该结点的存储空间,直到遇到链表结束标志 NULL 为止.	void DestroyStuList(StuList * pList);

13.6.2 常见错误

(1) 单链表结构声明时,指针域的定义容易错误,必须是指向该结构体类型的指针。

（2）声明单链表结构后，并不分配存储空间，从而不能直接使用该结构体，必须要定义单链表的结点变量。

（3）定义单链表的指针后必须指向该单链表结构的变量，不能指向其他类型的变量。

（4）通过指向单链表的指针动态分配 malloc 存储空间时，系统不会自动释放所占用的空间，必须用 free() 释放。

（5）执行单链表操作时，指针操作的先后顺序一定要正确。例如，下面处理插入操作的语句是不正确的：

pre->next = node;
node->next = pre->next;

（6）当不再使用某个单链表时，应对该单链表做销毁操作。

习 题

一、选择题

1. 链表不具有的特点是_____。
   A. 插入、删除不需要移动元素　　B. 可随机访问任一元素
   C. 不必事先估计存储空间　　　　D. 所需空间与线性长度成正比

2. 对于一个头指针为 head 的不带头结点的单链表，判定该表为空表的条件是_____。
   A. head==NULL　　　　　　　B. head->next==head
   C. head->next==NULL　　　　D. head!=NULL

3. 对于一个头指针为 head 的带头结点的单链表，判定该表为空表的条件是_____。
   A. head==NULL　　　　　　　B. head->next==head
   C. head->next==NULL　　　　D. head!=NULL

4. 在单链表中，若删除 p 所指结点的后续结点，正确的操作是_____。
   A. p->next=s; s->next=p->next;
   B. s->next=p->next; p->next=s;
   C. p->next=s; p->next=s->next;
   D. p->next=s->next; p->next=s;

5. 在单链表指针为 p 的结点之后插入指针为 s 的结点，正确的操作是_____。
   A. p = p->next->next;
   B. p=p->next; p->next=p->next->next;
   C. p->next=p->next;
   D. p->next= p->next->next;

二、程序分析题

1. 以下函数 creat 用来建立一个带头结点的单向链表，新产生的结点总是插在链表

的末尾,单链表的头指针做为函数的返回。请将标号【1】,【2】,【3】空白处补充完整。

```
struct list
{
    char data;
    struct list * next;
};
 【1】   creat()
{
    struct list * h, * p, * q;
    char ch;
    h=(struct list * )malloc(sizeof(struct list));
    p=q=h;
    ch=getchar();
    while(ch!='?')
    {
        p=(struct list * )malloc(sizeof(struct list));
        p->data=ch;
        q->next=p;
         【2】   ;
        ch=getchar();
    }
    p->next=NULL;
     【3】   ;
}
```

2. 设有以下定义

```
struct list
{
    char data;
    struct list * next;
}x,y,z;
```

且已建立如下图所示链表结构:

请写出删除结点 y 的赋值语句　【4】　;释放结点 y 的语句　【5】　。

三、编程题

1. 创建一个单位员工通信录(基本信息包括工号、姓名,电话)的单链表。

要求：

(1) 结点数任意，以工号为序，低工号在前，高工号的在后，以输入姓名为空结束。

(2) 可以删除一个给定姓名的结点。

(3) 插入一个给定工号、姓名和电话的结点，并且保持链表有序。

2. 已有 a, b 两个链表，每个链表中的结点包括学号、成绩。要求把两个链表合并，按学号升序排列。

第 14 章 递 归

Anything simple always interests me.

——*David Hockney*

学习目标

- 理解递归的概念
- 掌握递归的应用

在计算机科学中,递归(recursion)是指程序直接或者间接地调用了自身的一种编程技巧。采用递归策略只需少量的程序就可描述出解题过程所需要的多次重复计算,大大减少了程序的代码量。

递归的能力在于用有限的语句来定义对象的无限集合,做为一种重要的算法在程序设计中得到了广泛应用。

14.1 递归的概念

在 C 语言中,如果一个函数直接或间接地调用自身,它就被称为递归函数。C 语言中所有函数都可以进行递归调用。

 扩展阅读:生活中的递归

从前有座山,山里有座庙,庙里有个老和尚,正在给小和尚讲故事呢!故事是什么呢?"从前有座山,山里有座庙,庙里有个老和尚,正在给小和尚讲故事呢!故事是什么呢?'从前有座山,山里有座庙,庙里有个老和尚,正在给小和尚讲故事呢!故事是什么呢?……'"

一只狗来到厨房,偷走一小块面包。厨子举起构子,把那只狗打死了。于是所有的狗都跑来了,给那只狗掘了一个坟墓,还在墓碑上刻了墓志铭,让未来的狗可以看到:"一只狗来到厨房,偷走一小块面包。厨子举起构子,把那只狗打死了。于是所有的狗都跑来了,给那只狗掘了一个坟墓,还在墓碑上刻了墓志铭,让未来的狗可以看到:'一只狗来到厨房,偷走一小块面包。厨子举起构子,把那只狗打死了。于是所有的狗都跑来了,给那只狗掘了一个坟墓,还在墓碑上刻了墓志铭,让未来的狗可以看到……'"

下面看一个简单的直接递归函数的例子:

```
void recurse()
{
    recurse();                    // recurse 函数调用它本身
}
```

再看一个间接递归函数的例子:

```
void recurse();
void recurse2();
```

```
void recurse()
{
    recurse2();                    // recurse 函数调用 recurse2 函数
}
void recurse2()
{
    recurse();                     // recurse2 函数调用 recurse 函数
}
```

在调用 recurse() 函数的过程中又调用了 recurse(),这就是直接递归调用,如图 14-1 所示。

在调用 recurse() 函数的过程中调用了 recurse2(),而在 recurse2() 函数中又调用了 recurse(),这样的调用称为间接递归调用,如图 14-2 所示。

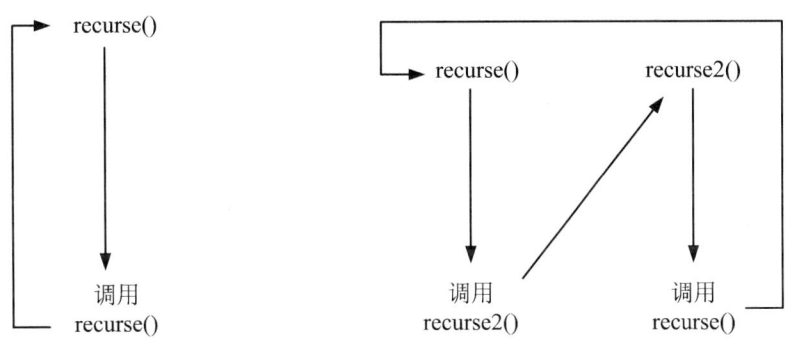

图 14-1　直接递归调用　　　　　　图 14-2　间接递归调用

一般来说,递归需要有终止条件。当终止条件不满足时,继续递归;当终止条件满足时,递归完成,返回结果。如果没有终止条件,在理论上,会形成无限递归,也就是说递归永远不会结束。然而,在函数的递归调用过程中,每一次函数调用都需要将相关的调用信息存入数据栈中,随着调用次数的增多,数据栈中存放的数据急剧膨胀,会引发程序的崩溃。

关于递归的概念,刚开始不容易掌握,下面引用计算阶乘的实例,请想一想如何用递归来实现。

【例 14-1】用递归的方法计算整数 n 的阶乘 $n!$。

这是一个典型的可以用递归方法求解的例子,正整数 n 的阶乘可以写成 $n!=n\times(n-1)\times(n-2)\times\cdots\times2\times1$,也可以写成 $n!=n\times(n-1)!$,后者明显表示阶乘是可以根据自身的定义来求解这一类问题,即用 $(n-1)!$ 来计算 $n!$,同理,用 $(n-2)!$ 来计算 $(n-1)!$,以此类推,直到 $1!=1$,逆向递推出 $2!$,再依次递推出 $3!,4!,\cdots,n!$。这个问题可用如下递推公式表示:

$$n! = \begin{cases} 1 & n=0,1 \\ n \times n-1! & n \geq 2 \end{cases}$$

这里,递归结束的条件是 $0!=1$ 和 $1!=1$,是计算 $n!$ 的最简单的基本问题。一般情况下，正整数 n 的阶乘均可表示为 n 乘以 $n-1$ 的阶乘。

用递归方法实现计算阶乘的程序代码如下：

```cpp
#include <iostream>
    using namespace std;
/* 递归函数，求 n! */
long factorial(int n)
{
    if(n < 0)                    /* 处理非法数据 */
    {
        return -1;
    }
    if(n == 0 || n == 1)         /* 递归终止条件 */
    {
        return 1;
    }
    return n * factorial(n-1);   /* 递归调用, n! = n * (n-1)! */
}
int main()
{
    int n;
    long result;
    cout<<"请输入 n: "<<endl;
    cin>>n;
    result = factorial(n);       /* 调用递归函数计算 n! */
    if (result==-1)              /* 处理非法数据 */
    {
        cout<<"n<0, data error!"<<endl;
    }
    else                         /* 输出 n!值 */
    {
        cout<< n<< result<<endl;
    }
    return 0;
}
```

根据程序，假如要计算 3!，其执行过程如图 14-3 所示。

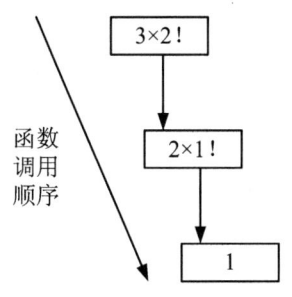 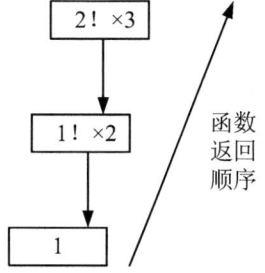

（a）函数递归调用的过程　　　（b）从每一步递归调用返回的函数值

图 14-3　计算 3! 的递归调用示意图

(1) 为了计算 3!，需要调用 factorial(2)计算 2!；
(2) 为了计算 2!，需要调用 factorial(1)计算 1!；
(3) 计算 1! 已经到了递归函数的出口，所以递归终止，直接计算出 1! 返回 1；
(4) 返回第 2 步中，利用 1! ＝1；计算出 2! 并返回结果 2；
(5) 返回第 1 步中，利用 2!，求出 3! ＝3 * 2! ＝ 6。

 特别注意

递归函数必须要设置出口，即递归终止条件，否则会造成无限递归，类似于死循环。

14.2　应用举例

上一节讨论了递归的基本用法，递归是一种很重要的编程技巧，将一个复杂问题逐步简化并最终转化为一个简单基本的问题，这个简单基本问题的解决，就意味着整个复杂问题的解决。

下面给出几个递归的应用举例，以便读者更好地理解递归的编程方法。

【例 14-2】用递归方法计算 Fibonacci 数列。

$$fib(n) = \begin{cases} 0 & n = 0 \\ 1 & n = 1 \\ fib(n-1) + fib(n-2) & n > 1 \end{cases}$$

程序如下：
```
    if (n < 0)              // 处理非法数据
    {
        return -1;
    }
    if (n <= 1)             // 递归终止条件
    {
```

```
        return n;
    }
    return fib(n-2) + fib(n-1);      // 递归调用
}

int main()
{
    int n;
    long result;
    cout<<"请输入 n: "<<endl;
    cin>>n;
    result = fib(n);              /* 调用递归函数计算斐波那契数列值 fib(n) */
    if (result==-1)               /* 处理非法数据 */
    {
        cout<<"n<0, data error!"<<endl;
    }
    else                          /* 输出 fib(n)值 */
    {
        cout<<"fib("<<n<<")="<<result<<endl;
    }
    return 0;
}
```

运行结果：

请输入 n: 10↙

fib(10)=55

从上例可以看出，对于具有递推关系的数学问题，如汉诺塔、八皇后等问题，利用递归编写程序更直观、清晰，可读性更好，能更自然的描述问题的逻辑求解过程。然而，从程序运行效率来看，递归函数每次递归调用都需要进行参数传递、现场保护等操作，增加了函数调用的开销，导致递归程序的时间空间效率偏低。如例 14－2 中，fib(10)就需要调用 177 次 Fib()函数。

【例 14-3】在例 14－2 的基础上，用递归方法计算 Fibonacci 数列，同时输出计算 Fibonacci 数列每一项所需的递归调用次数。

程序如下：

```
#include <iostream>
int count;                         // 全局变量,用于统计计算 fib(n)时的递归次数

/* 递归函数,求斐波那契数列值 fib(n) */
long fib(int n)
```

```
{
    count++;

    if (n < 0)                  // 处理非法数据
    {
        return -1;
    }
    if (n <= 1)                 // 递归终止条件
    {
        return n;
    }
    return fib(n-2) + fib(n-1); // 递归调用
}

int main()
{
    int n;
    long result;

    cout<<"请输入 n: "<<endl;
    cin>>n;
    count = 0;                  // 统计递归次数之前须将 count 置零
    result = fib(n);            // 调用递归函数计算斐波那契数列值 fib(n)

    if (result==-1)             // 处理非法数据
    {
        cout<<"n<0, data error!"<<endl;;
    }
    else                        // 输出 fib(n)值以及递归调用次数
    {
        cout<<"fib("<<n<<")="<<result<<", count="<<count<<endl;
    }
    return 0;
}
```
运行结果：
请输入 n: 20↙
fib(10)=55, count = 177
请输入 n: 20↙

```
fib(20)=6765，count=21891
请输入 n: 40↙
fib(40)=102334155，count=331160281
请输入 n: 43↙
fib(43)=433494437，count=1402817465
```

由运行结果可知，随着 n 的增大，递归调用次数迅猛增长，当 n 取 43 时，递归调用次数达到惊人的 14 亿次。因此，使用递归时必须注意它的低效率，有时，我们不得不摒弃递归方案，改用等价的循环迭代方案。

尽管递归效率不高，但对于许多应用程序而言，递归代码容易编写、理解和维护，因此，递归仍然有它的用武之地。

 **扩展阅读：汉诺塔问题**

Hanoi(汉诺)塔问题是一个古典的数学问题，是一个用可递归方法解题的典型例子。问题是这样的：印度古代有一个梵塔，塔内有 3 个座 A、B、C，开始时 A 座上有 64 个盘子，盘子大小不等，大的在下，小的在上(见图 14-4)。有一个老和尚想把这 64 个盘子从 A 座移到 B 座，但每次只允许移动一个盘，且在移动过程中在 3 个座上都始终保持大盘在下，小盘在上，在移动过程中，可以利用 C 座，请编写程序输出移动的步骤。

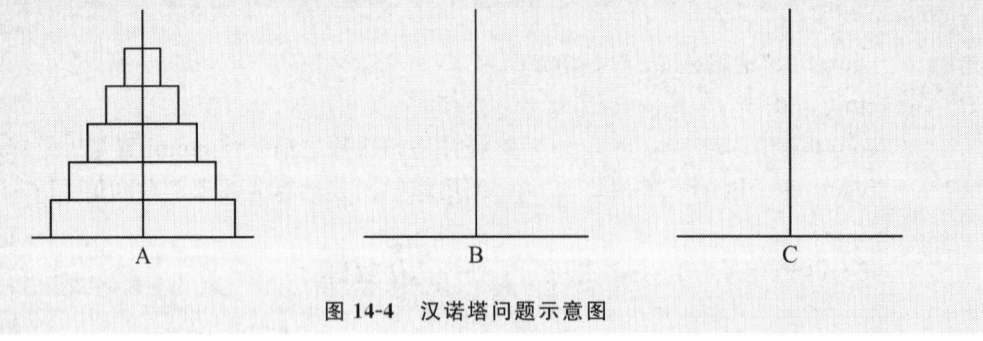

图 14-4 汉诺塔问题示意图

 **温馨提示：解题思路**

要把 64 个盘子从 A 移动到 B 上，大约需要移动 1844 亿亿次盘子，一般人是不可能直接确定每一个具体步骤的。老和尚是这样思考的：假如有另外一个和尚有办法将上面的 63 个盘子移走，那么，问题就解决了。老和尚只需要这样做：

(1) 请求第 2 个和尚将 63 个盘子从 A 移动到 C；
(2) 自己将第一个盘子(最底下，最大的盘子)从 A 移动到 B；
(3) 再请求第 2 个和尚将 63 个盘子从 C 移动到 B；

至此，全部任务完成了。这就是递归方法，但是，还有一个问题需要解决：第 2 和尚怎么才能将 63 个盘子从 A 移动到 C？如果这时再来第 3 个和尚，将 62 个盘子从 A 移动到 B。

(1) 请求第 3 个和尚将 62 个盘子从 A 移动到 B;
(2) 自己将第一个盘子(最底下,最大的盘子)从 A 移动到 C;
(3) 再请求第 3 个和尚将 62 个盘子从 B 移动到 C;

这样再进行有限次递归,找到第 63 个和尚,让他完成将 2 个盘子从一个座移到另一个座。最后找到第 64 个和尚,让他完成将第一个盘子从一个座移到另一个座,这样后面的工作都可以完成了。也就是只有第 64 个和尚完成后,第 63 个和尚才能完成,依次类推,从 2~64 个和尚都完成了任务第一个和尚完成任务就轻而易举了,这是一个典型的递归例子。

由上面分析,可以推理:要将 n 个盘子从 A 移动到 B 需要经历以下三个步骤:
(1) 将 A 上的 $n-1$ 个盘子借助 B 移动到 C 上;
(2) 将 A 座上剩余的盘子移动到 B 上;
(3) 将 C 上的 $n-1$ 个盘子借助 A 移动到 B 上。

汉诺塔问题的递归算法代码如下:

```cpp
#include <iostream>
using namespace std;
void Hanoi(int n, char a, char b, char c);
void Move(int n, char a, char b);

int main()
{
    int n;
    cout<<"Input the number of disks: "<<endl;
    cin>>n;
    cout << " Steps of moving" << n << " disks from A to B using C as
        intermediate:"<<endl;
    Hanoi(n,'A','B','C');    /*调用递归函数 Hanoi()将 n 个圆盘借助于 C 由 A
                                移动到 B */
    return 0;
}

/* 递归函数,将 n 个圆盘借助 c 从 a 移动到 b */
void Hanoi(int n, char a, char b, char c)
{
    if(n==1)
    {
        Move(n,a,b);          /*将第 n 个圆盘由 A 移到 B */
    }
    else
```

```
        {
            Hanoi(n-1,a,c,b);   /* 递归调用 Hanoi(),将 n-1 个圆盘借助 b 从 a 移到 c */
            Move(n,a,b);        /* 第 n 个圆盘由 a 移到 b */
            Hanoi(n-1,c,b,a);   /* 递归调用 Hanoi(),将 n-1 个圆盘借助 a 从 c 移到 b */
        }
}

/* 将第 n 个圆盘从 a 移动到 b */
void Move(int n, char a, char b)
{
    cout<<"Move disk"<< n<<" from"<< a<<" to "<<b<<endl;
}
```

程序运行结果如下：

Input the number of disks: 3 ↙
Steps of moving 3 disks from A to B using C as intermediate:
Move disk 1 from A to B
Move disk 2 from A to C
Move disk 1 from B to C
Move disk 3 from A to B
Move disk 1 from C to A
Move disk 2 from C to B
Move disk 1 from A to B

观察程序运行结果可知，当只有 3 个盘子时，只需移动 7 次，便解决了汉诺塔问题。但当盘子数量增加时，移动盘子的次数呈指数增长，若盘子数量为 64，则移动次数达到 1844 亿亿次。

根据古老的传说，当印度的那座梵塔的 64 个盘子最终移动完成时，世界也就走到了终点。

14.3 要点回顾

14.3.1 语法要点

表 14-1 语法要点

内　　容	语　　法	备　　注

递归函数	void recurse()
	{
	　　recurse();
	}
	或
	void recurse()
	{
	　　recurse2();
	}
	void recurse2()
	{
	　　recurse();
	}
		long factorial(int n)
		{
		　　if(n < 0)
		　　{
		　　　　return -1;
		　　}
		　　if(n == 0 || n == 1)
		　　{
		　　　　return 1;
		　　}
		　　return n * factorial(n-1);
		}

14.3.2 常见错误

编写递归函数时要特别注意指定函数的出口,也就是递归终止的条件。

下面求阶乘的递归函数便是没有指定出口,执行结果便是堆栈溢出。

```
long fac(int n )
{
    returnfac(n-1) * n;
}
```

正确的函数应该是:

```
long fac(int n )
{
    if( n==0 || n==1)
    {
        return 1;
    }
    return fac( n -1 ) * n;
}
```

习　　题

一、选择题

1. 请读以下程序：
```
int fun(int n)
{
    int y;
    if(n==1)
        y=1;
    else
        y=fun(n-1)+n;      /* 函数调用点② 递归调用 */
    return y;
}

void main()
{
    int a=4;
    cout<<fun(a)<<endl;    /* 函数调用点① */
}
```
则上面程序的运行结果是：_____。
A. 4　　　　B. 5　　　　C. 10　　　　D. 8

2. 请读以下程序：
```
void main()
{
    void fun(int);
    int i;
    for (i=1;i<3,i++)
        fun(2);
}

void fun(int x)
{
    staticint a=2; int b=2;
    b+=x;
    a+=x;
    cout<<a<<b<<endl;
```

}

则上面程序的运行结果是:_____。

A. 4 4 4 4   B. 4 4 6 4   C. 4 4 6 6   D. 4 4 8 6

二、编程题

1. 用递归法将一个十进制数 n 转换成 r 进制数(二进制、八进制、十进制)数。

2. 有 5 个人围坐在一起,问第 5 个人的年纪,他说比第四个人大两岁;问第四个人,他说比第三个人大两岁;问第一个人,他说比第二个人大两岁。第一个人说他自己 10 岁,请利用递归法编程并输出第五个人的年龄。

3. （选做）两个正整数的最大公约数(Greatest Common Divisor GCD. 是能够整除这两个数整数的最大整数。请用递归法完成。

解析:对正整数 a 和 b,当 a＞b 时,若 a 中含有 b 相同的公约数,则 a 中去掉 b 后剩余部分 a—b 中也含有与 b 相同的公约数,对 a—b 和 b 计算公约数就相当于 a 和 b 计算公约数。反复使用最大公约数的如下 3 条性质,直到 a 和 b 相等为止,这时,a 或者 b 就是它们的最大公约数。

性质 1　如果 a＞b,则 a 和 b 与 a—b 和 b 的最大公约数相同,即 Gcd(a , b) = Gcd (a - b , b)

性质 2　如果 a＜b,则 a 和 b 与 a 和 b—a 的最大公约数相同,即 Gcd(a , b) = Gcd (a , b - a)

性质 3　如果 a＝b,则 a 和 b 的最大公约数就是 a 或者 b。

第 15 章　二叉树

参天的大树是从一粒小树种长起来的。

——托·富勒

第 15 章 二叉树

学习目标

- 掌握树与二叉树的基本概念
- 了解二叉树的顺序存储结构,掌握二叉树的链式存储结构
- 掌握二叉树的遍历方法
- 掌握二叉树的建立、销毁、结点的查找和删除方法
- 了解二叉树的实际应用

前面第 11 章介绍的单链表属于线性结构,它的特点是逻辑结构简单,易于进行查找、插入和删除等操作,其主要用于对客观世界中具有单一前驱和后继的数据关系进行描述。在现实生活中,许多事物的关系并非这样简单,如人类社会的族谱、各种社会组织机构以及城市交通、通讯等,这些事物中的联系都是非线性的,采用非线性结构进行描绘会更明确和便利。

所谓非线性结构是指在该结构中至少存在一个数据元素,有两个或两个以上的直接前驱(或直接后继)元素。树型结构和图型就是其中十分重要的非线性结构,可以用来描述客观世界中广泛存在的层次结构和网状结构。

本章将着重对树型结构中最简单、应用十分广泛的二叉树及其 C 语言实现进行讨论。

15.1 树与二叉树

15.1.1 树的基本概念

1. 树的定义

树(Tree)是由一个或多个结点所构成的有限集合。每一棵树必有一特定的结点,称作根结点(root)。根结点之下可以有零个以上的子结点(也可以没有),而各子结点也可为子树,拥有自己的子结点。

树的定义还可形式化的描述为二元组的形式:

$$T=(D,R)$$

其中 D 为树 T 中结点的集合,R 为树中结点之间关系的集合。

图 15-1(a)是一棵具有 9 个结点的树,即 $T=\{A,B,C,\cdots,H,I\}$,结点 A 为树 T 的根结点,除根结点 A 之外的其余结点分为两个不相交的集合:$T_1=\{B,D,E,F,H,I\}$ 和 $T_2=\{C,G\}$,T_1 和 T_2 构成了结点 A 的两棵子树,T_1 和 T_2 本身也分别是一棵树。例如,子树 T_1 的根结点为 B,其余结点又分为两个不相交的集合:$T_{11}=\{D\}$,$T_{12}=\{E,H,I\}$ 和 $T_{13}=\{F\}$。T_{11}、T_{12} 和 T_{13} 构成了子树 T_1 的根结点 B 的三棵子树。如此可继续向下分为更小的子树,直到每棵子树只有一个根结点为止。

从树的定义和图 15-1(a)的示例可以看出，树具有下面两个特点：

(1) 树的根结点没有前驱结点，除根结点之外的所有结点有且只有一个前驱结点。

(2) 树中所有结点可以有零个或多个子结点。

由此特点可知，图 15-1(b)、(c)所示的都不是树结构。

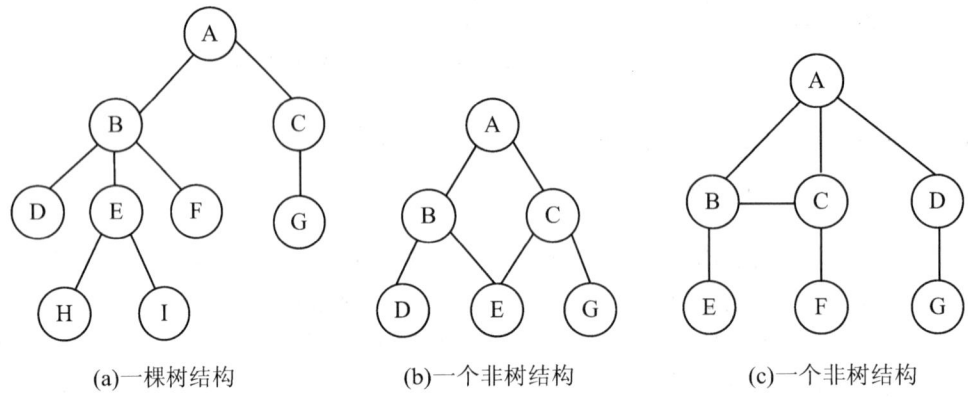

(a)一棵树结构　　　　　(b)一个非树结构　　　　　(c)一个非树结构

图 15-1　树结构和非树结构的示意图

树是一种非常重要的非线性结构，树形结构非常类似于自然界中的树，结点之间具有分支和层次关系。树形结构在现实世界也广泛存在，例如，家谱、行政组织结构等都可以用树形结构来表示。

树在计算机领域也有着广泛的应用，比如现代操作系统中文件目录的树状管理结构，树形结构也是数据库中数据的主要组织形式之一。

2. 相关术语

(1) 结点的度与树的度：结点所拥有的子树的个数称为该结点的度，树中各结点度的最大值称为该树的度。

(2) 叶子结点：度为 0 的结点称为叶子结点，或称为终端结点。

(3) 分支结点：度不为 0 的结点称为分支结点，或者称为非终端结点。一棵树的结点除叶结点外，其余的都是分支结点。

(4) 孩子结点、父结点和兄弟结点：一个结点的子树的根结点称为这个结点的孩子结点。这个结点称为它的孩子结点的父结点。具有同一个父结点的孩子结点互称为兄弟。

(5) 树的深度：树中所有结点的最大层数称为树的深度。

(6) 有序树和无序树：如果一棵树中结点的各子树丛左到右是有次序的，即若交换了某结点各子树的相对位置，则构成不同的树，称这棵树为有序树；反之，则称为无序树。

 **扩展阅读：森林**

零棵或有限棵不相交的树的集合称为森林。自然界中树和森林是不同的概念，但在数据结构中，树和森林只有很小的差别。任何一棵树，删去根结点就变成了森林。

15.1.2 二叉树的基本概念

1. 二叉树的定义

二叉树(Binary Tree)是一种特殊的树,二叉树中的结点至多只能有两个子结点。
二叉树的定义如下:
(1) 由有限个结点所构成的集合,此集合可以是空的;
(2) 二叉树的根结点下可分为两个子树,称为左子树和右子树,左子树和右子树亦分别是二叉树。

二叉树是有序的,即若将其左、右子树颠倒,就成为另一棵不同的二叉树。即使树中结点只有一棵子树,也要区分它是左子树还是右子树。因此二叉树具有五种基本形态,如图 15-2 所示,任何复杂的二叉树都是这五种基本形态的复合。其中,图 15-2(a)是空二叉树,图 15-2(b)是单结点的二叉树,图 15-2(c)是右子树为空的二叉树,图 15-2(d)是左子树为空的二叉树,图 15-2(e)是左右子树都非空的二叉树。

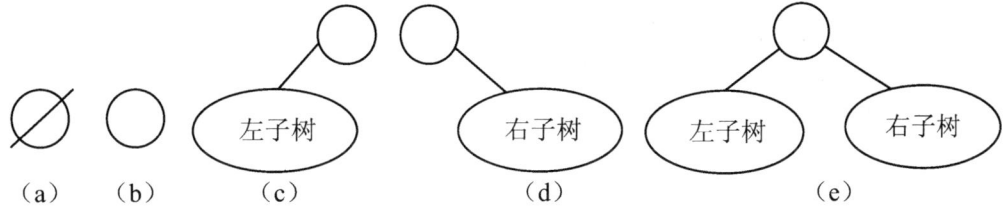

图 15-2　二叉树的五种基本形态

二叉树是树的特例,二叉树的度必为 0、1、或 2,而一般的树的度可为任意非负整数。二叉树严格区分左、右子树,而一般的树(即使它的度为 2)不区分左、右子树。

2. 二叉树的相关概念

前面引入的树的有关概念在二叉树中仍然适用。
满二叉树和完全二叉树是两种特殊形态的二叉树。
(1) 满二叉树:在一棵二叉树中,如果所有分支结点都存在左子树和右子树,并且所有叶子结点都在同一层上,这样的一棵二叉树称作满二叉树。

如图 15-3 所示,(A. 图是一棵满二叉树,(B. 图则不是满二叉树,因为,虽然其所有结点要么是含有左右子树的分支结点,要么是叶子结点,但由于其叶子未在同一层上,故不是满二叉树。

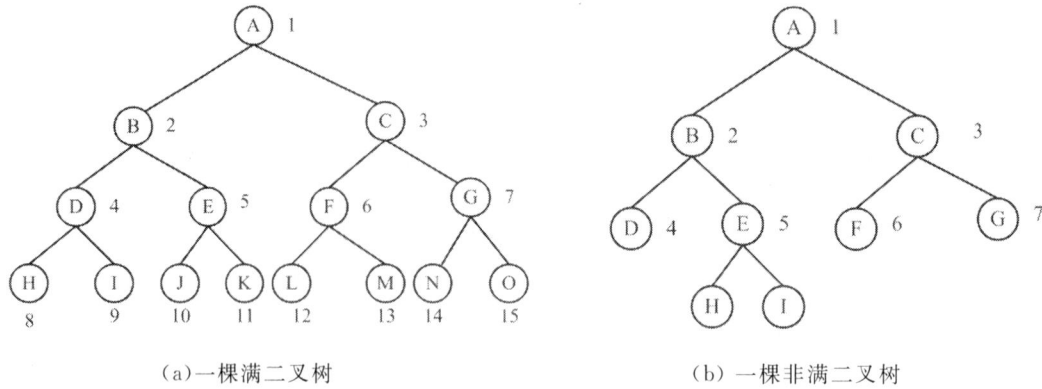

图 15-3 满二叉树和非满二叉树示意图

（2）完全二叉树：一棵深度为 k 的有 n 个结点的二叉树，对树中的结点按从上至下、从左到右的顺序进行编号，如果编号为 i(1≤i≤n) 的结点与满二叉树中编号为 i 的结点在二叉树中的位置相同，则这棵二叉树称为完全二叉树。

完全二叉树的特点是：叶子结点只能出现在最下层和次下层，且最下层的叶子结点集中在树的左部。显然，一棵满二叉树必定是一棵完全二叉树，而完全二叉树未必是满二叉树。如图 15-4 所示，(a) 为一棵完全二叉树，(b) 不是完全二叉树。

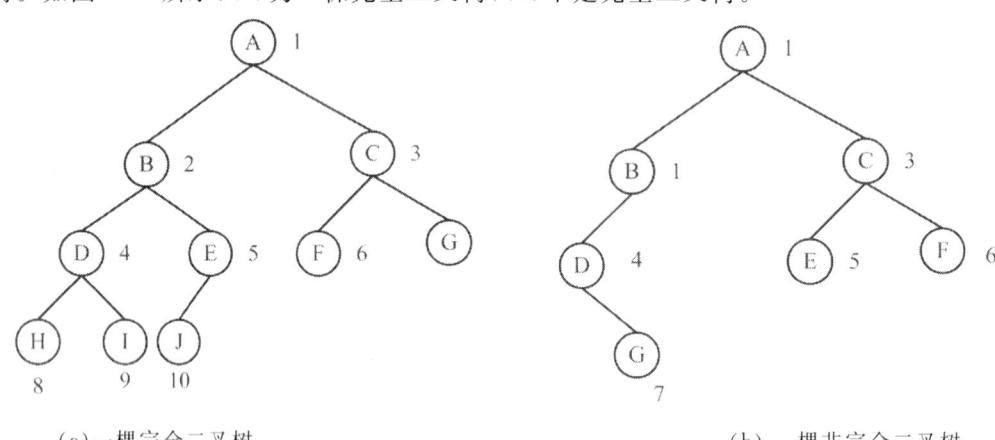

图 15-4 完全二叉树和非完全二叉树示意图

15.2 二叉树的存储结构

二叉树的存储结构主要有顺序存储和链式存储两种类型。

15.2.1 顺序存储结构

二叉树的顺序存储结构就是用一组连续的存储单元存放二叉树中的结点。一般按照二叉树结点从上至下、从左到右的顺序存储，这样，结点在存储位置上的前驱后继关系并不一定就是它们在逻辑上的邻接关系,依据二叉树的性质,完全二叉树和满二叉树采用顺序存储比较合适,树中结点的序号可以唯一地反映出结点之间的逻辑关系,图 15-5 给出了图 15-4(a)所示的完全二叉树的顺序存储示意图。

1	2	3	4	5	6	7	8	9	10
A	B	C	D	E	F	G	H	I	J

图 15-5　图 15-4(a)所示的完全二叉树的顺序存储

对于一般的二叉树,如果仍按从上至下和从左到右的顺序将树中的结点顺序存储在一维数组中,则数组元素下标之间的关系不能够反映二叉树中结点之间的逻辑关系,只有增添一些并不存在的空结点,使之成为一棵完全二叉树,然后再用一维数组顺序存储。如图 15-6 给出了一棵一般二叉树改造后的完全二叉树形态和其顺序存储状态示意图。

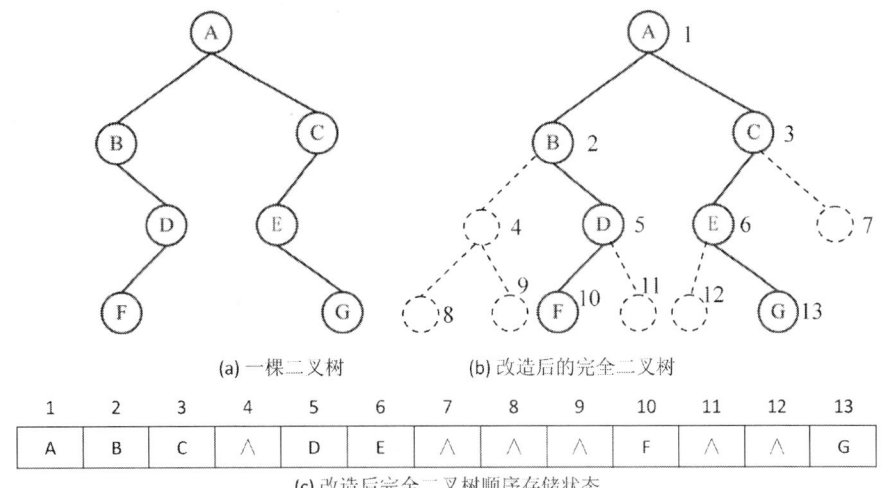

图 15-6　一般二叉树及其顺序存储示意图

对于完全二叉树来说,顺序存储非常适用,但对于一般二叉树,会造成空间的大量浪费。最坏的情况是右单支树,一棵深度为 k 的右单支树,只有 k 个结点,却需分配 2^k-1 个存储单元。并且,由于顺序存储结构的固有缺陷,使得二叉树的插入、删除等操作十分不方便。因此,二叉树通常采用链式存储方式。

15.2.2　链式存储结构

二叉树的链式存储结构是指用链表来表示一棵二叉树,即用链表指示元素的逻辑关系,通常采用二叉链表存储。链表中每个结点由三个域组成,除了数据域外,还有两个指针域,分别用来给出该结点左孩子和右孩子所在结点的存储地址,结点的存储结构如图 15-7 所示。

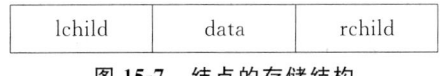

图 15-7　结点的存储结构

其中，data 域存放某结点的数据信息；lchild 与 rchild 分别存放指向左孩子和右孩子的结点指针，当左孩子或右孩子不存在时，相应指针值为空（用符号 ∧ 或 NULL 表示）。

图 15-8 给出了图 15-4(b)所示的二叉树的二叉链表示。

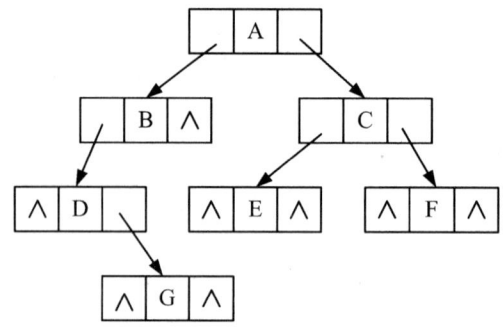

图 15-8　图 15-4(b)所示的二叉树的二叉链表示

二叉树的链式存储可描述为：
二叉树的链式存储可描述为：
/* 二叉树结点的数据可以是任意类型，为简便起见，此处固定为 char 类型 */
typedef char TElemType;
typedef struct BiTNode
{
　　TElemType data;
　　struct BiTNode * lchild, * rchild;　　　　　　　/* 左右孩子指针 */
}BiTNode, * BiTree;

为方便起见，若无特别说明，余下章节的二叉树均采用链式结构进行存储。

15.3　二叉树的基本操作

15.3.1　二叉树的遍历

二叉树的遍历是指按照某种顺序访问二叉树中的每个结点，而且每个结点被访问一次且仅被访问一次。

遍历是二叉树中经常用到的一种基本操作。因为在实际应用中，常常需要按照一定顺序对二叉树中的每个结点逐个进行访问，查找具有某一特点的结点，然后对这些满足条件的结点进行处理。

由二叉树的定义可知，二叉树是由根结点、左子树和右子树三部分组成。因此，只要依次遍历这三部分，就可以遍历整个二叉树。若以 D、L、R 分别表示访问根结点、左子树、右子树，如果限定先左后右，则二叉树的遍历方式有三种，即 DLR（称为先序遍历）、LDR（称为中序遍历）和 LRD（称为后序遍历）。

下面以图 15-9 的二叉树为例，介绍这三种遍历方法的 C 语言实现。

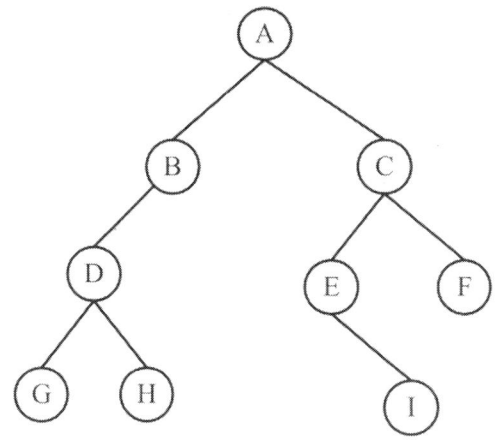

图 15-9　一棵二叉树

1. 先序遍历(DLR)

先访问当前结点，然后遍历其左子树，最后遍历右子树。如果从二叉树的根结点 T 开始，算法如下：

(1) 如果 T 为空，返回；
(2) 访问 T，输出其数据；
(3) 先序遍历 T 的左子树；
(4) 先序遍历 T 的右子树。

递归代码实现如下：

```
BiTNodeLink::PreOrderTraverse(BiTree T)
{
    if (T != NULL)
    {
        cout<<T->data<<endl;
        PreOrderTraverse(T->lchild);
        PreOrderTraverse(T->rchild);
    }
}
```

对图 15-9 所示的二叉树执行先序遍历算法，其遍历过程如图 15-10 所示，第一步首先输出根结点的值，输出 A，然后对根结点的左孩子执行第一步，输出 B。第二步是反复执行第一步操作，因此是对根结点的左孩子访问，输出 D。如此重复直到树的最左边底层。当到达结点 G 时，输出其值。因为 G 没有左、右孩子，又回到结点 D。此时对结点 D 的右孩子执行第一步，即输出 H。H 没有孩子结点，所以此时 A 之左子树全部遍历完毕。则转向 A 之右子树 C，执行先序遍历。这个过程不断进行，直到遍历完树的所有结点。该二叉树的先序遍历结果为：ABDGHCEIF。ABDGHCEIF 称为该二叉树的先序序列。

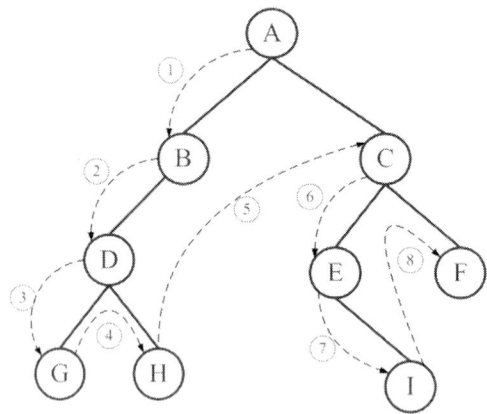

图 15-10　对图 15-9 所示二叉树执行先序遍历过程示意图

2. 中序遍历(LDR)

先遍历当前结点的左子树,再访问当前结点,最后遍历其右子树。假定二叉树的根结点为 T,算法如下:

(1) 如果 T 为空,返回;

(2) 中序遍历 T 的左子树;

(3) 访问 T,输出其数据;

(4) 中序遍历 T 的右子树。

递归代码实现如下:

```
BiTNodeLink::InOrderTraverse(BiTree T)
{
    if (T != NULL)
    {
        InOrderTraverse(T->lchild);
        cout<<T->data<<endl;
        InOrderTraverse(T->rchild);
    }
}
```

对图 15-9 所示的二叉树执行中序遍历算法,其遍历过程如图 15-11 所示,输出结果为:GDHBAEICF,即中序序列。

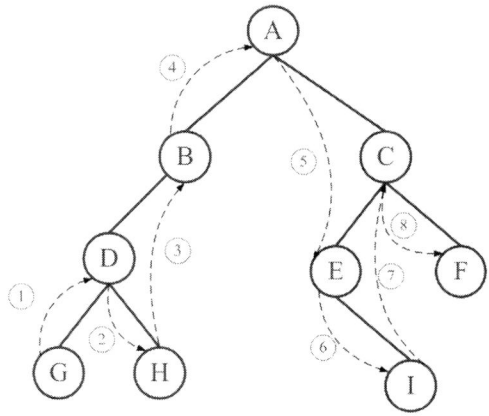

图 15-11 对图 15-9 所示二叉树执行中序遍历过程示意图

3. 后序遍历(LRD．

先遍历当前结点的左子树，再遍历右子树，最后才访问当前结点本身。假定二叉树的根结点为 T，算法如下：

（1）如果 T 为空，返回；
（2）后序遍历 T 的左子树；
（3）后序遍历 T 的右子树；
（4）访问 T，输出其数据。

递归代码实现如下：

```
BiTNodeLink::PostOrderTraverse(BiTree T)
{
    if (T)
    {
        PostOrderTraverse(T->lchild);
        PostOrderTraverse(T->rchild);
        cout<<T->data<<endl;
    }
}
```

对图 15-9 所示二叉树执行后序遍历算法，其遍历过程如图 15-12 所示，输出结果为：GHDBIEFCA，即后序序列。

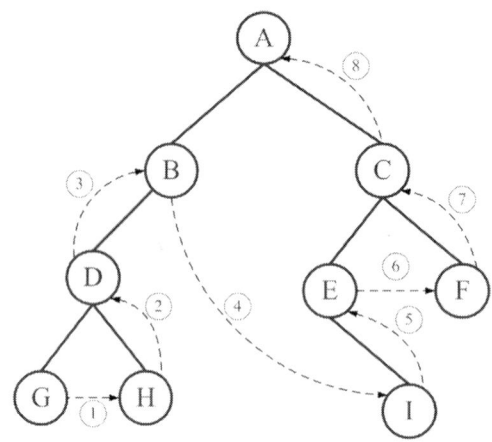

图 15-12 对图 15-9 二叉树执行后序遍历过程示意图

15.3.2 二叉树的创建

1. 已知二叉树的顺序存储结构创建链式存储结构的二叉树

由于顺序存储结构的固有缺陷,二叉树通常采用链式存储结构。事实上,可以利用二叉树的顺序存储结构,在内存中创建它的链式存储结构。

【例 15-1】 由图 15-6 所示的顺序存储结构二叉树,在内存中创建它的链式存储结构。空结点用"♯"表示,用户可用键盘依次输入 ABC♯DE♯♯♯F♯♯G,按回车结束。

问题分析:

第一步,观察图 15-6 的各个树结点的序号,可得出规律:对每个结点,假设其序号为 n,则它的左孩子结点的序号为 2*n,右孩子结点的序号是 2*n+1。

第二步,将用户输入的 ABC♯DE♯♯♯F♯♯G 序列存储到字符数组 nodes,nodes[0]忽略,有效元素从 nodes[1]开始,以确保与图 15-6 中的序号一致。

第三步,采用递归方法创建该二叉树的链式存储结构:若 nodes[n]为♯,则返回 NULL;否则,创建根结点 r,r—>data = node[n],再由 nodes[2*n]递归创建其左子树,由 nodes[2*n+1]递归创建其右子树。

递归算法代码如下:

```
♯define MAX_SIZE 256                /* 顺序存储结构的最大容量 */
/* 由顺序存储结构递归创建二叉树的链式存储结构,n 为结点序号 */
BiTree CreateBiTreeFromSeq(char nodes[], int n)
{
    BiNode * r;
    if (nodes[n] == '♯')
    {
        return NULL;                /* 序号 n 对应的结点为空 */
    }
    r = (BiTNode * )malloc(sizeof(BiTNode));
```

```
        r->data = nodes[n];
        r->lchild = CreateBiTreeFromSeq(nodes, 2 * n);      /* 递归创建左子树 */
        r->rchild = CreateBiTreeFromSeq(nodes, 2 * n + 1);  /* 递归创建右子树 */
        return r;
}
int main()
{
    int i;
    char c;
    char nodes[MAX_SIZE];
    BiTree t;
    for (i = 0; i < MAX_SIZE; i++)    /* 初始化顺序存储结构 */
    {
        nodes[i] = '#';
    }
    cout<<"请输入二叉树的顺序存储结构,以回车结束:"<<endl;
    for (i = 1; i < MAX_SIZE; i++)    /* 从键盘输入顺序存储结构的数据 */
    {
        c = getchar();
        if (c == '\n')
        {
            break;
        }
        nodes[i] = c;
    }
    t = CreateBiTreeFromSeq(nodes, 1); /* 调用递归函数创建二叉树的链式
                                          存储结构 */
    cout<<"创建成功.            \n 先序序列为:"<<endl;
    PreOrderTraverse(t);              /* 输出先序序列以验证正确性 */
    cout<<"\n 中序序列为:"<<endl;
    InOrderTraverse(t);               /* 输出中序序列以验证正确性 */
    cout<<"\n 后序序列为:"<<endl;
    PostOrderTraverse(t);             /* 输出后序序列以验证正确性 */
    cout<<endl;
}
```

运行结果:
请输入二叉树的顺序存储结构,以回车结束:
ABC#DE###F##G↙

创建成功.
先序序列为:ABDFCEG
中序序列为:BFDAEGC
后序序列为:FDBGECA

观察最终输出的先序、中序、后序序列,很容易验证创建的链式存储结构的二叉树的正确性。

2．利用扩展二叉树的先序序列创建二叉树

已知二叉树的先序序列,并不能唯一的确定一棵二叉树,从而完成该二叉树在内存中的创建。例如图 15-13 所示的这棵二叉树,其先序序列为 ABDC,但图 15-14 中的两棵二叉树的先序序列也是 ABDC。

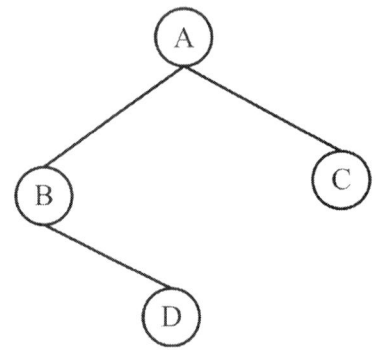

图 15-13　一棵二叉树,其先序序列为 ABDC

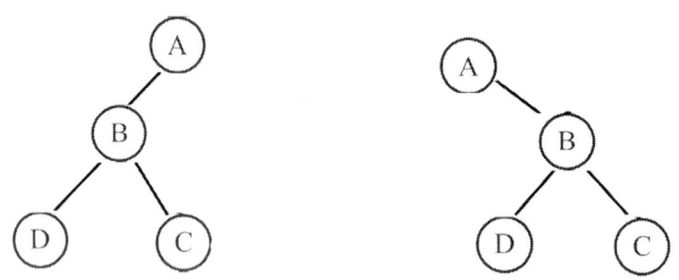

图 15-14　先序序列为 ABDC 的其他二叉树

如果要在内存中建立一个图 15-13 中的这棵二叉树,可以对它进行扩展,变成图 15-15 的样子,也就是将二叉树的每个结点的空指针引出一个虚结点,其值可假设为一特定值,比如"♯"。我们称这种处理后的二叉树为原二叉树的扩展二叉树。扩展二叉树可以通过一个遍历序列确定一棵二叉树。比如图 15-15 中扩展二叉树的先序序列为 AB♯D♯♯C♯♯,利用该序列,便可在内存中建立图 15-13 中的二叉树。

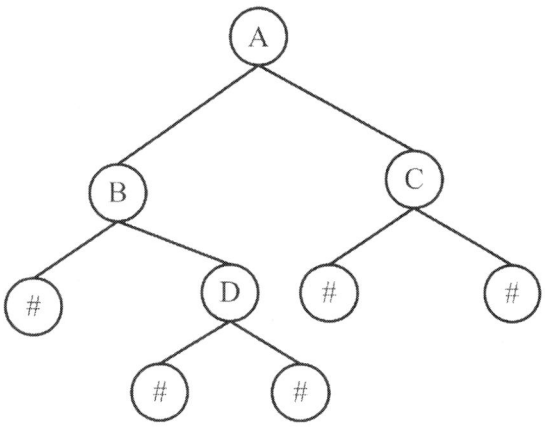

图 15-15　图 15-13 所示的二叉树的扩展二叉树

由扩展二叉树的先序序列 AB♯D♯♯C♯♯在内存中建立二叉树的算法代码如下：

```
BiTree CreateBiTreePreOrderExt()
{
    BiTree t = NULL;
    char c;
    cin>>c;
    if (c == '♯')
    {
        return t;
    }
    t = (BiTNode *)malloc(sizeof(BiTNode));
    t->data = c;                              /* 生成根结点 */
    t->lchild = CreateBiTreePreOrderExt();    /* 构造左子树 */
    t->rchild = CreateBiTreePreOrderExt();    /* 构造右子树 */
    return t;
}
int main()
{
    BiTree t;
    cout<<"请输入扩展二叉树的先序序列："<<endl;
    t = CreateBiTreePreOrderExt();
    cout<<"创建成功.该二叉树的中序、后序序列分别为："<<endl;
    InOrderTraverse(t);
    cout<<";"<<endl;
    PostOrderTraverse(t);
    cout<<endl;
```

```
    return 0;
}
```
也可以用扩展二叉树的中序或者后序序列实现二叉树的建立,只需小幅修改上述代码。当然,输入的字符也要做相应的更改。比如图 15-15 中的扩展二叉树的中序序列应该为♯B♯D♯A♯C♯,而后序序列应该为♯♯♯DB♯♯CA。

3. 利用先序序列及中序序列创建二叉树

前面已讨论过,仅已知先序序列无法唯一的确定一棵二叉树。但是,如果同时知道了一棵二叉树的先序序列以及中序序列,就能唯一的确定这棵二叉树。我们用一个例子说明。

【例 15-2】已知某棵二叉树的先序序列是 GDAFEMHZ,中序序列是 ADEFGHMZ,试构造这棵二叉树,并求出它的后序序列。

问题分析:

第一步,根据先序遍历的特点可知,根结点是 G。

第二步,再观察中序序列 ADEFGHMZ。其中 G 左侧的 ADEF 必然是左子树的中序序列,G 右侧的 HMZ 必然是右子树的中序序列。

第三步,再观察先序序列 GDAFEMHZ。其中,DAFE 必然是左子树的先序序列,MHZ 必然是右子树的先序序列。

第四步,利用左子树的先序序列 DAFE、中序序列 ADEF,再重复第一、二、三步的步骤,对左子树进行操作。对右子树也做类似操作。

很明显,上述过程是递归的,经过有限次递归,最后就可以还原整棵二叉树,其树形如图 15-16 所示。

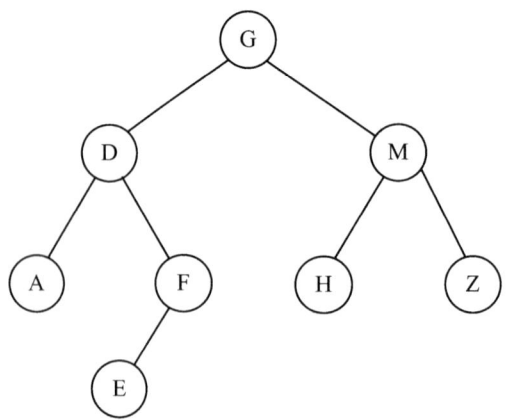

图 15-16 例 15-2 对应的二叉树

于是,可求得该二叉树的后序序列为:AEFDHZMG。

根据【例 15-2】的思路,可写出由先序序列、中序序列构造二叉树的递归算法代码如下:

```
/* preOrder 存放先序序列,inOrder 存放后序序列,num 为二叉树结点个数 */
BiTree CreateBiTreePreInOrder(char * preOrder, char * inOrder, int num)
```

```
    {
        BiTree t;
        char * pRoot;
        int lnum;
        if (num <= 0)
        {
            return NULL;
        }
        t = (BiTNode *)malloc(sizeof(BiTNode));   /* 创建二叉树的根结点 */
        t->data = *preOrder;

        for (pRoot = inOrder; pRoot < inOrder + num; pRoot++)   /* 在中序序列中查找根结点 */
        {
            if (*pRoot == t->data)   /* pRoot 即为根结点在中序序列中的位置 */
            {
                break;   /* 在中序序列中找到根结点位置后跳出循环 */
            }
        }
        lnum = pRoot - inOrder;   /* 求得左子树的结点个数 */

        /* 分别递归构造左子树、右子树 */
        t->lchild = CreateBiTreePreInOrder(preOrder + 1, inOrder, lnum);
        t->rchild = CreateBiTreePreInOrder(preOrder + 1 + lnum, pRoot + 1, num - lnum - 1);

        return t;
    }
```

由上可知,已知先序序列和中序序列可唯一地确定二叉树。类似的,已知中序序列和后序序列也可以唯一地确定二叉树。但是,已知先序序列和后序序列并不能唯一地确定二叉树。由于篇幅所限,不再详述。

15.3.3 二叉树的销毁

二叉树的每个结点都是调用 malloc() 生成的,销毁二叉树时,需要对每个结点都调用 free() 释放。二叉树销毁与二叉树后序遍历的步骤一样,先销毁根结点的左子树,再销毁根结点的右子树,最后释放根结点本身,递归算法代码如下:

```
BiTNodeLink::DestroyBiTree(BiTree * pT)
{
```

```cpp
        BiTree t = *pT;
        if (t != NULL)
        {
            DestroyBiTree(&t->lchild);
            DestroyBiTree(&t->rchild);
            free(t);
        }
        *pT = NULL;
}
```

15.3.4 二叉树的查找

1. 二叉树遍历查找方式

如果要查找二叉树中的特定结点,可以通过二叉树遍历查找的方式,遍历该二叉树,直到找到该结点为止。可以采用 15.3.1 节已述的先序、中序、后序遍历方式。

下面以先序遍历的方式查找二叉树的特定结点,找到后返回其指针,否则返回 NULL。程序清单如下:

```cpp
BiTNodeLink::BiTNode * PreOrderSearch(BiTree T, char searchValue)
{
    BiTNode *pNode;
    if (T == NULL)                          // 递归终止条件
    {
        return NULL;
    }

    if (searchValue == T->data)             // 找到要查找的结点
    {
        return T;
    }

    pNode = PreOrderSearch(T->lchild, searchValue);    // 查找左子树
    if (pNode != NULL)
    {
        return pNode;
    }

    return PreOrderSearch(T->rchild, searchValue);     // 查找右子树
}
```

2. 二叉树二分查找方式

用二叉树遍历查找的方式可以找到二叉树中的特定结点,但是遍历二叉树需要耗费大量时间,最坏情况是需要遍历所有的结点。下面讨论一种针对特殊二叉树的二分查找方式,其查找效率远高于二叉树遍历查找的方式,这种特殊的二叉树就是二叉搜索树。

二叉搜索树(Binary Search Tree,BST)又称为二叉排序树,它或者是空树,或者是满足如下性质的二叉树:

(1) 若它的左子树非空,则左子树上所有结点的值均小于根结点的值;
(2) 若它的右子树非空,则右子树上所有结点的值均大于根结点的值;
(3) 它的左右子树也分别为二叉搜索树。

图 15-17(b) 所示的即为一棵二叉搜索树(BST),因为它符合二叉搜索树的定义。而图 15-17(a) 则不是二叉搜索树。因为结点 J 的右孩子结点 D 的 ASCII 值小于结点 J。

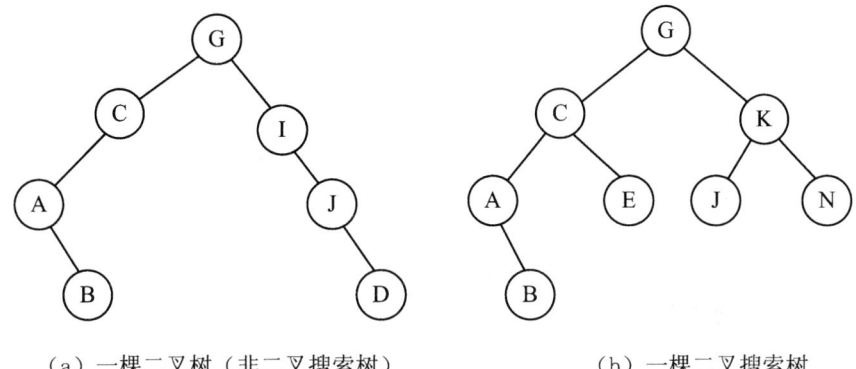

(a) 一棵二叉树(非二叉搜索树)　　　　(b) 一棵二叉搜索树

图 15-17　二叉搜索树示例

对于一棵给定的二叉搜索树,可以采用二分查找方式查找特定结点,其算法描述如下:

(1) 当二叉搜索树为空树时,查找失败;
(2) 如果二叉搜索树根结点的值与待查找结点的值相同,则查找成功;
(3) 如果二叉搜索树根结点的值小于待查找结点的值,则在根结点的右子树中用相同的方法继续查找;
(4) 如果二叉搜索树根结点的值大于待查找结点的值,则在根结点的左子树中用相同的方法继续查找。

对二叉搜索树的二分查找算法代码实现如下:

```
BiTNodeLink::BiTNode* BST_search(BiTree t, char searchValue)
{
    BiTNode *p = t;
    while (p != NULL)
    {
        if (p->data == searchValue)           // 找到要查找的结点
        {
            return p;
```

```
        }
        else if (p->data > searchValue)       // 当前结点的值大于查找值
        {
            p = p->lchild;                     // 继续查找左子树
        }
        else                                   // 当前结点的值小于查找值
        {
            p = p->rchild;                     // 继续查找右子树
        }
    }
    return NULL;
}
```

 **扩展阅读：平衡二叉搜索树与时间复杂度**

假设二叉搜索树共有 n 个结点，通过二分查找方式查找结点，则理想情况下需要访问的结点数预期为 $\log_2(n+1)/2$ 个。但是，须采用平衡二叉搜索树，才能达到理想查找效率。平衡二叉搜索树既满足二叉搜索树的性质，又具有以下性质：当其非空时，它的左右子树的深度差的绝对值不超过 1；并且它的左右子树也分别为一棵平衡二叉搜索树。平衡二叉搜索树的二分查找的时间复杂度是 $O(\log_2 n)$。而采用遍历查找方式，查找一个结点需访问的结点数预期为 $(n+1)/2$ 个，因此其时间复杂度是 $O(n)$。很明显，当 n 较大时，二分查找的效率远高于遍历查找。

15.3.5 二叉树结点的删除

对于一棵二叉树，欲删除某个结点，须先将该结点从树中移除，再调用 free() 释放该结点所占内存。移除结点的处理方式可分为四种情况，下面将详细说明。

1. 结点无左子树，且无右子树

当欲删除一无左子树也无右子树的结点时，需要考虑两种情况：

（1）为根结点

如欲删除无左右子树的根结点，只需将该二叉树置为空即可，如图 15-18 所示。

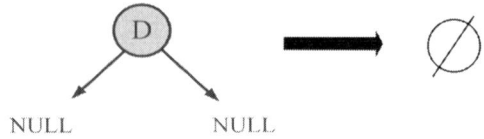

图 15-18 删除无子根结点 D

（2）非根结点

若一结点为无左右子树的非根结点，那么该结点必为叶子结点，如果该结点为父结点的左子结点,则将父结点的左指针指向 NULL,同样,若该结点为父结点的右子结点,则将父结点的右指针指向 NULL,如图 15-19 所示,删除图中结点 D,则将结点的右指针指向 NULL。

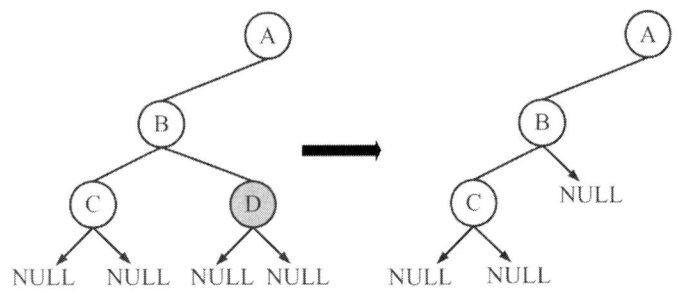

图 15-19　删除无子非根结点 D

2．结点有左子树,无右子树

当欲删除结点有左子树,无右子树时,也需考虑两种情况:

(1) 为根结点

如欲删除结点有左子树、无右子树的根结点,只需将二叉树的根结点置为原根结点的左孩子结点,如图 15-20 所示。

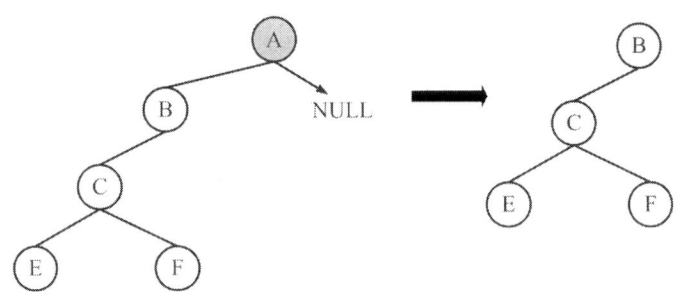

图 15-20　删除有左子树的根结点 A

(2) 非根结点

结点为有左子树、无右子树的非根结点,若结点为父结点的左子结点,则将父结点的左孩子指针指向该结点的左子结点;若结点为父结点的右子结点,则将父结点的右孩子指针指向该结点的左子结点,如图 15-21 所示。

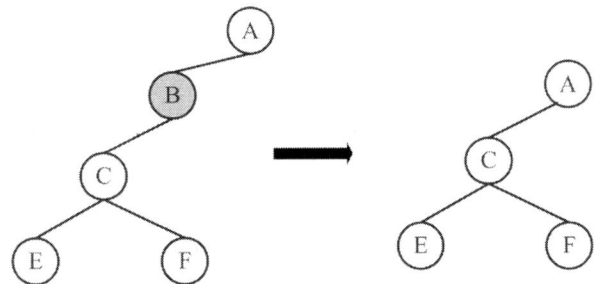

图 15-21　删除有左子树的非根结点 B

3. 结点无左子树,有右子树

当欲删除结点无左子树、有右子树时,与结点有左子树、无右子树的情况类似,在此不再赘述。

4. 结点有左子树,也有右子树

当欲删除结点有左子树、也有右子树时,删除过程相对复杂。为了避免删除操作增加树的深度,可用欲删除结点的左子树中最靠右的结点顶替欲删除结点的位置。替代者可能是欲删除结点的左子树的根(即左孩子),也可能是左子树的右子树中最靠右的结点。如图 15-22 所示,欲删除 B 结点,而 B 的左右子树均非空,于是用 B 的左子树中最靠右的结点 G 顶替 B 的位置。

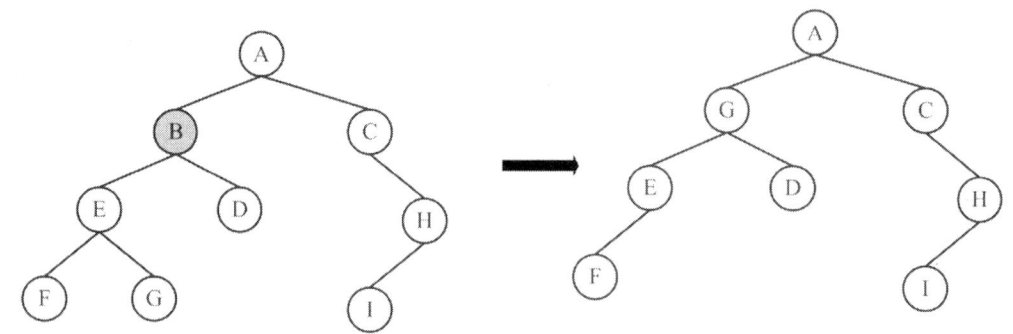

图 15-22 删除有左子树、也有右子树的结点 B

下面给出二叉树结点删除的完整代码,其中 DeleteNode() 实现结点的删除,FindParent() 寻找欲删除结点的父结点:

```
/* 在二叉树中寻找 pNode 的父结点,如果 pNode 是根结点则返回 NULL */
BiTNodeLink::DeleteNode(BiTree *pT, BiTNode *pNode)
{
    BiTNode *pParent = FindParent(*pT, pNode);  // 找到欲删除的结点的父结点
    BiTNode *pReplacer;    // 删除该结点后顶替它原来位置的结点

    if (pNode->lchild == NULL && pNode->rchild == NULL)    // 无左子树也无右子树
    {
        pReplacer = NULL;        // 删除结点后,替代它的是空结点
    }
    else if (pNode->lchild != NULL && pNode->rchild == NULL)    // 有左子树没右子树
    {
        pReplacer = pNode->lchild;    // 删除结点后,由它的左孩子顶替它原来的位置
    }
```

第 15 章　二叉树

```c
        else if (pNode->lchild == NULL && pNode->rchild != NULL)   // 没左子树有右子树
        {
            pReplacer = pNode->rchild;    // 删除结点后,由它的右孩子顶替它原来的位置
        }
        else
        // 有左子树且有右子树.找到左子树中最靠右的结点作为删除该结点后的替代者
        {
            BiTNode *pRepPrt;             // 替代者的父结点

            /* 找到左子树中最靠右的结点作为替代者,替代者必然没有右孩子.
               替代者可能是 pNode 左子树的根结点,也可能属于 pNode 左子树的右子树 */
            pReplacer = pNode->lchild;
            pRepPrt = pNode;
            while (pReplacer->rchild != NULL)
            {
            pRepPrt = pReplacer;
            pReplacer = pReplacer->rchild;
            }

            /* 重新设置替代者的左右孩子 */
            pReplacer->rchild = pNode->rchild;
            if (pReplacer != pNode->lchild)   // 若替代者不是 pNode 的左子树的根结点
            {
                pRepPrt->rchild = pReplacer->lchild;
                pReplacer->lchild = pNode->lchild;
            }
        }

        if (pParent == NULL)                  // 欲删除结点是二叉树的根
        {
            *pT = pReplacer;
        }
        else if (pParent->lchild == pNode)    // 欲删除结点是其父结点的左孩子
        {
```

```
            pParent->lchild = pReplacer;
        }
        else                              // 欲删除结点是其父结点的右孩子
        {
            pParent->rchild = pReplacer;
        }
        free(pNode);
    }
```

分析上述算法及代码,结合二叉搜索树的特性可知,该结点删除算法不会增加树的深度,而且既适用于二叉搜索树的结点删除,又适用于一般二叉树的结点删除。

15.4 二叉树的应用

1. 统计给定二叉树中叶子结点的数目

用前面所建立的二叉树进行叶子结点的统计,对二叉树进行遍历,如果结点为空,返回零;如果结点的左孩子和右孩子都为空,则其为叶子结点,返回 1;否则,其不为叶子结点,对其左、右子树进行递归统计。代码如下:

```
int LeafCount(BiTree T)
{
    if (T == NULL)
    {
        return 0;
    }
    if (T->lchild == NULL && T->rchild == NULL)
    {
        return 1;
    }
    return LeafCount(T->lchild) + LeafCount(T->rchild);
}
```

2. 统计二叉树的深度

二叉树的深度可用递归的方法求得。若结点为空,则返回零;否则递归统计左右子树的深度,两者的较大值加 1,即得到树的深度。代码如下:

```
int Depth(BiTree T)
{
    if (T == NULL)
    {
        return 0;
```

```
        }
        return max(Depth(T->lchild), Depth(T->rchild)) + 1;
}
```

3. 表达式求值

我们可以把任意一个算术表达式用一棵二叉树表示，图 15-23 所示为表达式 3x+x-1/x+5 的二叉树表示。在表达式二叉树中，每个叶子结点都是操作数，每个非叶子结点都是运算符。对于一个非叶子结点，它的左、右子树分别是它的两个操作数。

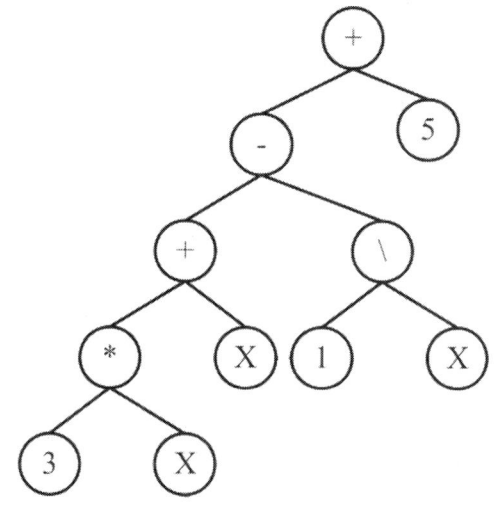

图 15-23 表达式 3x+x-1/x+5 的二叉树表示

对该二叉树分别进行先序、中序和后序遍历，可以得到表达式的三种不同表示形式：

前缀表达式　　　+-+*3xx/1x5
中缀表达式　　　3*x+x-1/x+5
后缀表达式　　　3x*x+1x/-5+

中缀表达式是符合人类思维的算术表达式，前缀和后缀表达式分别称为波兰式和逆波兰式，逆波兰式容易被计算机解析，因此在表达式求值、程序编译等方面有着非常重要的作用。

采用递归算法可以实现图 15-23 所示的表达式二叉树的求值。根结点是"+"，因此最终计算结果是左右子树之和。左子树的根结点是"-"，因此左子树的计算结果是左子树的左右子树之差。经有限次递归操作，即可求出表达式的值。须对 15.2.2 节定义的树结点结构体做小幅修改，使之能存储数值操作数、x 变量操作数，以及运算符。代码如下：

```
enum Type // 树结点类型
{
    DATA,           // 数值
    ADD,            // +运算符
    SUB,            // -运算符
    MULTI,          // *运算符
```

```
        DIV,                          //运算符
        X,                            // 变量 x
};
typedef struct BiTNode
{
    enum Type type;                   // 树结点类型
    double data;                      // 只有当 type 为 DATA 时,值才有效
    struct BiTNode * lchild, * rchild; // 左右孩子指针
} BiTNode, * BiTree;

/* 计算表达式二叉树的值,参数 x 为表达式中 x 变量的值    */
double Calculate(BiTree t, double x)
{
    switch (t->type)
    {
    case DATA:
        return t->data;
    case ADD:
        return Calculate(t->lchild, x) + Calculate(t->rchild, x);
    case SUB:
        return Calculate(t->lchild, x) - Calculate(t->rchild, x);
    case MULTI:
        return Calculate(t->lchild, x) * Calculate(t->rchild, x);
    case DIV:
        return Calculate(t->lchild, x) / Calculate(t->rchild, x);
    case X:
        return x;
    default:
        exit(EXIT_FAILURE);
    }
}
```

 **扩展阅读:哈夫曼树和哈夫曼编码**

哈夫曼树又称最优二叉树,是一种带权路径长度最短的二叉树。所谓树的带权路径长度,就是树中所有的叶子结点的权值乘上其到根结点的路径长度(若根结点为 0 层,叶子结点到根结点的路径长度为叶结点的层数)。

霍夫曼编码是通过使用源符号出现概率对源符号进行不等长编码,对于出现频率高

的源符号采用较短编码,从而有效提高通讯的效率。通过哈夫曼树可以方便地找到符号的哈夫曼编码:规定哈夫曼树的左分支代表 0,右分支代表 1,则从根结点到叶子结点所经过的路径组成的 0 和 1 的序列便为该结点对应字符的哈夫曼编码。

15.5 要点回顾

15.5.1 语法要点

表 15.1 语法要点

内 容	语 法	备 注
二叉树的基本概念	二叉树是一种特殊的树.二叉树的递归定义:二叉树可以为空;若非空,则其根结点下可分为两个子树,称为左子树和右子树,左子树和右子树亦分别是二叉树.	二叉树的度为 0 或 1 或 2.二叉树是有序的,严格区分左、右子树.
二叉树的顺序存储结构	采用一维数组从上到下、从左到右顺序存储二叉树每个结点的数据,存储时须将一般二叉树改造成完全二叉树.	由于顺序存储结构的固有缺陷,二叉树通常采用链式存储方式.

二叉树的链式存储结构	用二叉链表来表示一棵二叉树,链表中每个结点由三个域组成,data 域存放某结点的数据信息;lchild 与 rchild 分别存放指向左孩子和右孩子的结点指针.	typedef char TElemType;
		typedef struct BiTNode
		{
		    TElemType data;
		    struct BiTNode * lchild,
		* rchild;
		}BiTNode, * BiTree;

二叉树的先序遍历、中序遍历、后序遍历	均可用递归算法实现.
	先序遍历先访问根结点,再先序遍历左子树,最后先序遍历右子树.中序遍历先中序遍历左子树,再访问根结点,最后中序遍历右子树.后序遍历先后序遍历左子树,再后序遍历右子树,最后访问根结点.
		voidPreOrderTraverse(BiTree t);
		voidInOrderTraverse(BiTree t);
		voidPostOrderTraverse(BiTree t);

续表 15-1

内　容	语　法	备　注
二叉树的创建	(1)已知二叉树的顺序存储结构创建链式存储结构的二叉树。 (2)利用扩展二叉树的先序序列创建二叉树。 (3)利用先序序列及中序序列创建二叉树。	BiTree CreateBiTreeFromSeq(char nodes [ ], int n); BiTree CreateBiTreePreOrderExt ( ); BiTree CreateBiTreePreInOrder (char * preOrder, char * inOrder, int num);
二叉树的销毁	采用递归方式，先销毁根结点的左子树，再销毁根结点的右子树，最后释放根结点本身。	VoidDestroyBiTree(BiTree * pT);
二叉树的查找	(1)二叉树遍历查找方式。 (2)二叉树二分查找方式。	BiTNode * PreOrderSearch(BiTree T, char searchValue); BiTNode * BST_search(BiTree t, char searchValue);

15.5.2　常见错误

1. 二叉树遍历是一个递归过程，但在实际分析过程中，初学者往往在遍历左、右子树时，会遗忘上述递归原则，导致遍历次序不正确。例如中序遍历应该是先遍历左子树，再访问根结点，最后遍历右子树，这是一个递归过程，即在遍历左、右子树时，仍然遵循左子树、根结点、右子树这样的遍历顺序。

2. 当欲删除结点有左子树，也有右子树时，删除过程比较复杂。为了避免删除操作增加树的深度，删除结点时需要在其左子树中找到一个顶替结点，对于初学者，寻找顶替结点的方法不容易掌握，容易出现错误。

3. 删除树结点时，二叉树的根结点可能会变更，因此须以树的指针（也即根结点的双重指针）作为函数参数，否则执行结果会出现错误。类似的，销毁二叉树时也须以树的指针作为函数参数。

习　题

一、选择题

1. 已知一算术表达式的中序遍历表达式为 A+B*C-D/E，后序遍历表达式为 ABC*+DE/-，其先序遍历表达式为_____。

　　A. -A+B*C/DE　　　　　　　B. -A+B*CD/E

　　C. -+*ABC/DE　　　　　　　D. -+A*BC/DE

2. 在下述结论中，正确的是_____。

① 只有一个结点的二叉树的度为 0； ② 二叉树的度为 2； ③ 二叉树的左右子树可任意交换；

④ 深度为 K 的完全二叉树的结点个数小于或等于深度相同的满二叉树。

A. ①②③　　　B. ②③④　　　C. ②④　　　D. ①④

3. 二叉树的第 I 层上最多含有结点数为_____。

A. 2^I　　　B. $2^{I-1}-1$　　　C. $2I-1$　　　D. 2^{I-1}

4. 利用二叉链表存储树，则根结点的右指针是_____。

A. 指向其左孩子　　　　　B. 指向其右孩子
C. 空　　　　　　　　　　D. 非空

5. 对二叉树的结点从 1 开始进行连续编号，要求每个结点的编号大于其左、右孩子的编号，同一结点的左右孩子中，其左孩子的编号小于其右孩子的编号，可采用_____次序的遍历实现编号。

A. 先序　　　B. 中序　　　C. 后序　　　D. 从根开始按层次遍历

二、判断题

(　)1. 二叉树是度为 2 的有序树。

(　)2. 完全二叉树一定存在度为 1 的结点。

(　)3. 对于有 N 个结点的二叉树，其高度为 $\log_2 N$。

(　)4. 深度为 K 的二叉树中结点总数 $\leq 2k-1$。

(　)5. 二叉树以后序序列与先序序列反映的同样的信息（他们反映的信息不独立）。

(　)6. 二叉树的遍历结果不是唯一的。

(　)7. 二叉树的遍历只是为了在应用中找到一种线性次序。

(　)8. 一个树的叶结点，在先序遍历和后序遍历下，皆以相同的相对位置出现。

(　)9. 二叉树的先序遍历并不能唯一确定这棵树，但是，如果我们还知道该树的根结点是那一个，则可以确定这棵二叉树。

(　)10. 用树的先序遍历和中序遍历可以导出树的后序遍历。

三、问答题

1. 试分别给出下图所示二叉树的先序遍历、中序遍历和后序序列。

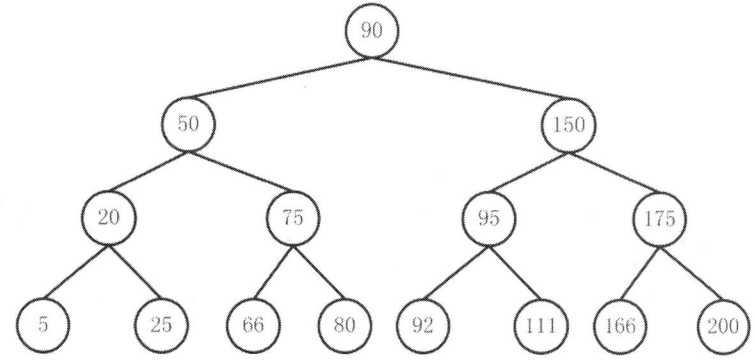

2. 若用二叉链表作为二叉树的存储表示,试针对以下问题编写递归算法:
(1) 统计二叉树中叶结点的个数。
(2) 以二叉树为参数,交换每个结点的左子女和右子女。
3. 已知一棵完全二叉树存放于一个一维数组 T[n]中,T[n]中存放的是各结点的值。试设计一个算法,从 T[0]开始顺序读出各结点的值,建立该二叉树的二叉链表表示。
4. 已知一棵二叉树的先序遍历的结果是 ABECDFGHIJ,中序遍历的结果是 EBCDAFHIGJ,试画出这棵二叉树。

第 16 章　C/C++语言工程应用

Success is a lousy teacher. It seduces smart people into thinking they can't lose.

——Bill Gate

学习目标

- 掌握 C/C++语言编码规范
- 熟练掌握 C/C++语言基本代码实现
- 掌握 C++语言工程化程序设计的基本过程

学习程序设计的目的在于应用，用所学的 C/C++语言语法规则去解决实际问题。本章包括三部分内容：第一部分，介绍 C/C++语言的编码规范，引导读者以规范、可靠的方式应用 C++语言进行程序设计；第二部分，通过收集 C/C++语言程序设计中一些典型和具有代表性的问题，通过分析，不仅给出思路和所涉及的知识要求，而且给出完整的程序代码，以便读者学习和记忆，这些程序代码的掌握将是后续软件设计的一个坚实基础；第三部分，通过一个具体和典型的应用案例，给出 C++语言程序设计解决具体问题的方法和过程。

16.1　C/C++语言编码规范

名　言

离娄之明，公输子之巧，不以规矩，不能成方圆。　　　　　——《孟子·离娄上》

对于编程人员来说，能工作的代码并不等于"好"的代码。"好"代码的指标很多，包括易读、易维护、易移植和可靠等。C/C++语言具有灵活方便的语法规则，程序执行效率高，可移植性好；但是，C/C++语言的语法限制不太严格，容易影响程序的安全性，从应用的角度，C/C++语言比其他高级语言较难掌握。因此，作为初学者，更应注重学习 C/C++语言编码规范，在学习和工作中养成良好的编程风格。

本节介绍了最基本的编码规范，目的在于培养读者良好的编码习惯和意识、素质，引导初学者设计出安全、健壮、可靠、可读与可维护的程序。

16.1.1　排版

程序应采用阶梯层次组织程序代码，每层缩进使用一个制表位（TAB），预处理命令、函数声明及定义应顶格书写。{ 与 } 应独占一行，成对的 { } 应位于同一列。{ } 之内的代码块应在 { 右侧缩进一层。相对独立的程序块之间应空一行。

规范排版示例：

＃include <stdio.h>
＃include <stdlib.h>

```
double sum();

int main(void)
{
    int i = 0, j = 0, num = 0;

    for (i = 0; i < 10; i++)
    {
        if ( … )
        {
            num++;
        }
        else if ( … )
        {
            num--;
        }
        else
        {
            num *= 2;
        }
    }

    switch (num)
    {
    case 1:
        . . .            // program code
        break;
    case 2:
        . . .            // program code
        break;
    default:
        . . .            // program code
        break;
    }
}

double sum(double a, double b)
{
```

　　　　return a + b;
}

为使代码清晰、可读性强，关键字、运算量、运算符之间应当留有适当的空格。在已经非常清晰的语句中没有必要再留空格，例如括号内侧（即左括号后面和右括号前面）不需要加空格，多重括号间不必加空格。不要连续留两个或更多空格。

(1) "=="、"!="、">="、"<="、"+"、"-"、"*"、"/"、"%"、"&&"、"||"、"<<"、"^"、"&"、"|"、"="、"+="等作为二元运算符时前后加空格。示例：

```
if (num >= MAX_NUM || num < 1)
{
    a = b + c;
}
a *= 2;
```

(2) 逗号、分号（若其右侧还有语句）只在后面加空格。示例：

```
int i, j, k;
for (i = 0; i < 10; i++)
```

(3) "!"、"~"、"++"、"--"、"&"、"*"等作为一元运算符时与运算量之间不加空格。示例：

```
*p = 'a';
flag = !isEmpty;
p = &mem;
i++;
```

(4) "->"、"."前后不加空格。示例：

```
p->id = pid;
```

(5) if、for、while、switch 等与后面的括号间应加空格，使 if 等关键字更为突出、明显。示例：

```
if (a >= b && c > d)
switch (c)
```

if、for、do、while、case、switch、default 等语句自占一行，且 if、for、do、while 等语句的执行语句部分无论多少都要加括号{ }。

示例：如下表左边的两个例子均不符合规范，应该写成下表右边的例子。

if (index == SIZE) return;
或
if (index == SIZE)
　　return;
	if (index == SIZE)
	{
	　　return;
	}

不建议把多个短语句写在一行中，即一行应只写一条语句。

示例：如下表左边的例子不符合规范，应该写成下表右边的样式。

| rect.length = 0;   rect.width = 0; | rect.length = 0;
rect.width = 0; |

较长的语句(>80 字符)要分成多行书写,长表达式要在低优先级运算符处划分新行,运算符放在新行之首,划分出的新行要进行适当的缩进(至少 1 个 TAB 位置),使排版整齐,语句可读。示例:

```
report_or_not_flag = ((taskno < MAX_ACT_TASK_NUMBER)
        && (n7stat_stat_item_valid (stat_item))
        && (act_task_table[taskno].result_data != 0));
for (i = 0, j = 0; (i < BufferKeyword[word_index].word_length)
        && (j < NewKeyword.word_length); i++, j++)
{
    ... // program code
}
```

在较小的项目中,建议按如下顺序组织安排程序各部分:

(1) #include <C 的标准头文件>。
(2) #include "用户自定义的文件"。
(3) #define 宏定义。
(4) 全局变量定义。
(5) 用户自定义函数声明。
(6) main 函数定义。
(7) 用户自定义函数定义。

以上各部分之间、用户自定义的函数之间应加空行。函数原型声明应统一集中放在 main 函数之前,不放在某个函数内部。

16.1.2 注释

注释有助于代码的可读性,注释不宜太多也不能太少,注释语言必须准确、易懂、简洁。通过对函数、变量等清晰准确的命名以及合理地组织代码的结构,使代码成为自注释的,可增加代码可读性,并减少不必要的注释。

注释的目的是解释代码的目的、功能,提供代码以外的信息,帮助读者理解代码。过量、多余的注释是有害的。例如,下面的注释画蛇添足:

/* ifreceive_flag is TRUE */
if (receive_flag)

而下面的注释则给出了额外有用的信息:

/* ifmtp receive a message from links */
if (receive_flag)

对于复杂的函数,应在其头部进行注释,列出:函数的目的/功能、输入参数、输出参数、返回值等。

示例:下面这段函数的注释比较标准,当然,并不局限于此格式。

/************************
    Description://函数功能、性能等的描述
    Input://对输入参数的说明.
    Output://对输出参数的说明.
    Return://函数返回值的说明
    Others://其它说明
*************************/

可在注释中详细注明函数的适当调用方法、对于返回值的处理方法等,并强调调用时的危险方面、可能出错的地方,等等。

建议边写代码边注释,修改代码同时修改相应的注释,以保证注释与代码的一致性。不再有用的注释要删除。注释的内容要清楚、明了,含义准确,防止注释二义性。避免在一行代码或表达式的中间插入注释。对代码的注释应放在其上方或右方(对单条语句的注释)相邻位置,不可放在下面。示例:例1、例2不符合规范。

例1:
/* get replicate sub system index and net indicator */

repssn_ind = ssn_data[index].repssn_index;
repssn_ni = ssn_data[index].ni;

例2:
repssn_ind = ssn_data[index].repssn_index;
repssn_ni = ssn_data[index].ni;
/* get replicate sub system index and net indicator */

应如下书写。
/* get replicate sub system index and net indicator */
repssn_ind = ssn_data[index].repssn_index;
repssn_ni = ssn_data[index].ni;

注释与所描述内容进行同样的缩进,让程序排版整齐,并方便注释的阅读与理解。示例:如下例子,排版不整齐,阅读稍感不方便。

void example_fun(void)
{
/* code one comments */
    CodeBlock One

        /* code two comments */
CodeBlock Two
}

应改为如下布局。

```
void example_fun( void )
{
    /* code one comments */
    CodeBlock One

    /* code two comments */
    CodeBlock Two
}
```

16.1.3 命名规范

标识符的命名要清晰、明了,有明确含义,使用完整的单词或大家基本可以理解的缩写,避免使人产生误解。一些单词有大家公认的缩写,例如:message 通常缩写为 msg,increment 通常缩写为 inc,temp 可缩写为 tmp。

宏命名所有字母必须大写,各单词用下划线隔开。示例:
#define MAX_ACT_TASK_NUMBER 1000

i,j,k 是循环语句专用变量,除特殊情况外不得用作其他用途,一般也不用其他名称作为循环变量。

除循环语句专用变量外,绝大部分的变量命名应采用驼峰命名法、下划线命名法或匈牙利命名法。

全局变量命名以"g_"开头,静态变量命名以"s_"开头,常量命名以"c_"开头。

指针变量命名以"p"开头,例如"pSrc";双重指针命名以"pp"开头,例如"ppDest"。

函数的命名应该尽量用英文(或英文缩写)准确表达出函数完成的功能,遵循动宾结构的命名法则。避免使用无意义或含义不清的动词为函数命名。示例:

int f(……)// 不符合规范,命名完全无法表达函数的功能.
LONG getDeviceCount(……)   // 符合规范
void print_record(unsigned int rec_ind)   // 符合规范
unsigned char get_current_color(void)   // 符合规范

 **常见命名法则**

业界有若干种流行的命名法则,C 语言当中比较常用的有驼峰命名法、下划线命名法以及匈牙利命名法。

(1) 驼峰命名法:混合使用大小写字母来构成变量和函数的名字,当变量或函数名字中包含多个单词时,第一个单词首字母小写,其他单词首字母大写。

(2) 下划线命名法:当变量或函数名字中包含多个单词时,用下划线将各单词隔开。

示例:下面是分别用驼峰命名法和下划线法命名的同一个函数。
printEmployeePaychecks();
print_employee_paychecks();

(3) 匈牙利命名法：曾供职于 Microsoft 的某个匈牙利程序员发明这种命名法。匈牙利命名法通过在变量名前面加上相应的小写字母的符号标识作为前缀，标识出变量的作用域、类型等。这些符号可以多个同时使用，顺序是先 m_（成员变量）、再指针、再简单数据类型、再其他。这样做的好处在于能增加程序的可读性，便于对程序的理解和维护。

示例：下面的 c_nMaxNum 和 dwTmp 均采用了匈牙利命名法．

c_nMaxNum，"c_"表示常量，"n"表明该常量为整型．

dwTmp，"dw"表明该变量为 DWORD 类型．

16.1.4　可读性

注意运算符的优先级，并用括号明确表达式的操作顺序，可防止阅读程序时产生误解，防止因默认的优先级与设计思想不符而导致程序出错。示例：

word = (high << 8) | low   (1a)

if ((a | b) && (a & c))   (2a)

if ((a | b) < (c & d))   (3a)

word = high << 8 | low   (1b)

if (a | b && a & c)   (2b)

if (a | b < c & d)   (3b)

(1a)与(1b)、(2a)与(2b)效果均相同，但明显(1a)、(2a)的可读性更好；若把(3a)写成了(3b)则判断条件出错，且不容易排查。

代码中要避免直接使用"魔数"(magic number)，即编码者在写源代码的时候，使用了一个数字，他当时是明白这个数字的意思的，但是别的程序员看他的代码，可能很难理解，甚至，过了一段时间，代码的作者自己再看代码的时候也忘记了这个数字代表的含义。并且，"魔数"也不利于代码的维护。

示例 1：

for (i = 0; i < 60; i++)   // 60 是"魔数"，不规范．

应改为用宏表示：

#define MAX_NUM 60

for (i = 0; i < MAX_NUM; i++)

也可以改为用常量表示：

constint c_maxNum = 60;

for(i = 0; i < c_maxNum; i++)

示例 2：如下的代码可读性差．

if (Trunk[index].trunk_state == 0)   // 0 是"魔数"

{

Trunk[index].trunk_state = 1; // 1 是"魔数"

... // program code

}

应改为如下形式。

```
#define TRUNK_IDLE 0
#define TRUNK_BUSY 1

if (Trunk[index].trunk_state == TRUNK_IDLE)
{
    Trunk[index].trunk_state = TRUNK_BUSY;
    ...          // program code
}
```

16.1.5 其他注意事项

编码要优先保证程序的正确性,即程序要实现设计要求的功能,在此基础上,须保证其稳定性、安全性、可测试性、可读性,以及执行效率。

(1) 函数中分配的内存,在函数退出之前要释放;函数中申请的文件句柄,在函数退出之前要关闭。分配的内存不释放以及文件句柄不关闭,是较常见的错误,而且稍不注意就有可能发生。这类错误往往会引起很严重后果,且难以定位。示例:下面函数不能保证在退出之前把分配的内存释放。

```
typedef unsigned char BYTE;

int example_func( BYTE gt_len, BYTE * gt_code )
{
    BYTE * gt_buf;

    gt_buf = (BYTE *) malloc (MAX_GT_LENGTH);
    ...          //program code

    if (gt_len > MAX_GT_LENGTH)
    {
        return GT_LENGTH_ERROR;          // 忘了释放 gt_buf
    }
    ...          // other program code
    free(gt_buf);
}
```

(2) 防止内存操作越界。内存操作主要是指对数组、指针、内存地址等的操作。内存操作越界是软件系统主要错误之一,后果往往非常严重,所以当我们进行这些操作时一定要仔细小心。

(3) 避免把"<="误写成"<",或把">="误写成">"等,由此引起的后果,很多情况下是很严重的,编程时在这些地方一定要小心。当编完程序后,应对这些操作符进行彻底检查。

(4) switch 语句必须要有 default 分支。

(5) 不要滥用 goto 语句。goto 语句会破坏程序的结构性,所以除非确实需要,最好不使用 goto 语句。

16.2　C/C++语言基础代码集

图 16-1　代码背诵从我做起

本节结合实际应用,列出了 15 个基础代码,考虑到兼容性和可扩展性,这些代码全部用 C 语言写出,并且针对每一段程序代码,都给出了所用到的知识和语法要点。这些经典问题代码是 C++语言学习和后续工程应用开发的基础,也是 C++语言学习者必须要熟练掌握的。正因为如此,要求学习者结合学习进度,务必把这些代码熟记于心,最好在理解的基础上进行背诵。每个学习者如果有了这些代码基础,C++语言编程将不再是一件困难的事情。

16.2.1　基础代码集(Ⅰ)

基础代码集(Ⅰ)主要收录的是 C 语言程序设计中的循环结构、选择结构以及一组数组等较基础的内容。

【01 兔子繁殖】

有一对兔子,从出生后第 3 个月起每个月都生一对兔子,小兔子长到第三个月后每个月又生一对兔子,假如兔子都不死,问每个月的兔子总数为多少?

思路:

(1) 兔子的规律为数列 1,1,2,3,5,8,13,21……,也就是斐波那契数列,其特点是前两项为 1,自第三项起,每项的值为前两项的和。

(2) 此问题也可用数组和递归的方式来解决。

主要涉及知识点:

循环与选择的嵌套、输出格式控制

程序清单:

#include <stdio.h>

```c
int main()
{
    long f1,f2;
    int i;
    f1=f2=1;
    for(i=1;i<=20;i++)
    {
        printf("%12ld %12ld",f1,f2);
        if(i%2==0)
            printf("\n");              /* 控制输出,每行四个 */
        f1=f1+f2;                      /* 前两个月加起来赋值给第三个月 */
        f2=f1+f2;                      /* 前两个月加起来赋值给第三个月 */
    }
    return 0;
}
```

【02 打印九九乘法表】

编写一个 C 语言程序,要求在屏幕上打印输出 9*9 乘法口诀表。

思路:

程序输出的信息共 9 行 9 列,可用双重循环来实现,其中 i 控制行,j 控制列,行循环 9 次,列循环 i 次,也就是随着行数而递增。

主要涉及知识点:

循环嵌套、输出的格式控制

程序清单:

```c
#include <stdio.h>
int main()
{
    int i,j,result;
    for (i=1;i<10;i++)
    {
        for(j=1;j<=i;j++)
        {
            result=i*j;
            printf("%d*%d=%-3d",i,j,result);  /* -3d 表示左对齐,占 3 位 */
        }
        printf("\n");                          /* 每一行后换行 */
    }
    return 0;
}
```

【03 有序数据插入】

已知数组 a 中的元素已按由小到大顺序排列,以下程序的功能是将输入的一个数插入数组 a 中,插入后,数组 a 中的元素仍然由小到大顺序排列。

思路:

此问题的求解可分为三步:(1)查找要插入的位置,(2)将插入位置及以后的元素依次向后移动,(3)将当前数据赋值给当前位置。

主要涉及知识点:

一维数组、插入算法、数组元素的移动

程序清单:

```c
#include <stdio.h>
int main()
{
    int a[10]={0,12,17,20,25,28,30};   /* a[0]为工作单元,从 a[1]开始存放数据 */
    int   x, i, j=6                    /* j 为元素个数 */
    printf("Enter a number: ");
    scanf("%d",&x);
    a[0]=x;
    i=j;/*                              从最后一个单元开始 */
    while(a[i]>x)
    {
        a[i+1]=a[i];
        i--;
    }/*                                 将比 x 大的数往后移动一个位置 */
    a[++i]=x;
    j++;/*                              插入 x 后元素总个数增加 */
    for(i=1;i<=j;i++)
        printf("%8d",a[i]);
    printf("\\n");
    return 0;
}
```

16.2.2 基础代码集(Ⅱ)

基础代码集(Ⅱ)主要收录的是 C 语言程序设计中的二维数组的应用,包括较为复杂的结构体数组。

【04 矩阵逆时针旋转 90】

下面程序的功能是将一个 4×4 的数组进行逆时针旋转 90 度后输出,要求原始数组的数据随机输入,新数组以 4 行 4 列的方式输出。

思路:

在C语言中,利用二维数组来存入矩阵数据,逆时针旋转90度,就是将第一个矩阵的第j列变成第二矩阵的n-j行,其中元素顺序保持不变。

主要涉及知识点:

二维数组的输入及输出、循环嵌套与二维数组的结合、输出的格式控制

程序清单:

```c
include <stdio.h>
int main()
{
    int a[4][4],b[4][4],i,j;   /* a存放原始数组数据,b存放旋转后数组数据 */
    printf("input 16 numbers: ");
    /* 输入一组数据存放到数组a中,然后旋转存放到b数组中 */
    for(i=0;i<4;i++)
    {
        for(j=0;j<4;j++)
        {
            scanf("%d",&a[i][j]);
            printf("%6d",a[i][j]);
            b[3-j][i]=a[i][j];
        }
        printf("\n");
    }
    printf("array b:\n");
    for(i=0;i<4;i++)
    {
        for(j=0;j<4;j++)
            printf("%6d",b[i][j]);
        printf("\n");
    }
    return 0;
}
```

【05 输出杨辉三角】

编写一个程序,打印直角杨辉三角。

思路:

用二维数组存储杨辉三角数据,将第1列和对角线元素设为1,其余元素的值等于上一行当前列元素和上一行前一列元素之和。

主要涉及知识点:

二维数组的输入及输出、循环嵌套与二维数组的结合、输出的格式控制

程序清单:

```
#include <stdio.h>
int main()
{
    int i,j,a[6][6];
    for(i=0;i<=5;i++)
    {
        a[i][i]=1;
        a[i][0]=1;
    }
    for(i=2;i<=5;i++)
        for(j=1;j<=i-1;j++)
            a[i][j]=a[i-1][j]+a[i-1][j-1];
    for(i=0;i<=5;i++)
    {
        for(j=0;j<=i;j++)
            printf("%4d",a[i][j]);
        printf("\n");
    }
    return 0;
}
```

【06 二维数据表的输入输出】

通过键盘输入 3 名学生 4 门课程的成绩,分别求每个学生的平均成绩和每门课程的平均成绩。要求所有成绩均放入一个 4 行 5 列的数组中,输入时同一人数据间用空格,不同人用回车其中最后一列和最后一行分别放每个学生的平均成绩、每门课程的平均成绩及班级总平均分。

思路:

每个学生成绩存一行,将每个学生平均成绩,也就是每一行的平均值,存放于数组的最后一列。将每门课的平均成绩,也就是第一列的平均值,存放于数组的最后一行。通过双重循环输出二维数组中的数据。

主要涉及知识点:

二维数组的输入输出,及相应的处理

程序清单:

```
#include <stdio.h>
#include <stdlib.h>
int main()
{
    float a[4][5],sum1,sum2;
    int i,j;
```

```
    for(i=0;i<3;i++)
        for(j=0;j<4;j++)
            scanf("%f",&a[i][j]);
    for(i=0;i<3;i++)
    {
        sum1=0;
        for(j=0;j<4;j++)
            sum1+=a[i][j];
        a[i][4]=sum1/4;
    }
    for(j=0;j<5;j++)
    {
        sum2=0;
        for(i=0;i<3;i++)
            sum2+=a[i][j];
        a[3][j]=sum2/3;
    }
    for(i=0;i<4;i++)
    {
        for(j=0;j<5;j++)
            printf("%6.2f",a[i][j]);
        printf("\n");
    }
    return 0;
}
```

【07 结构体数组应用】

要求用指针变量输出结构体数组元素的内容。

思路：

(1) 定义结构体数组，并初始化；

(2) 通过循环，用指针访问结构体成员。

主要涉及知识点：

指针与结构体、结构体数组的赋值、输出。

程序清单：

```
#include <stdio.h>
struct student
{
    int num;
    char * name;
```

```
        char sex;
        int age;
}stu[5]={{1001,"lihua",'F',18},{1002,"liuxing",'M',19},{1003,"huangke",'F',
19},
        {1004,"fengshou",'F',19},{1005,"Wangming",'M',18}};
int main()
{
        int i;
        struct student *ps;
        printf("Num \tName\t\tSex\tAge\t\n");
        /* 用指针变量输出结构体数组元素. */
        for(ps=stu;ps<stu+5;ps++)
            printf("%d\t%-10s\t\t%c\t%d\t\n",ps->num,ps->name,ps->
                sex,ps->age);
        /* 用数组下标法输出结构体数组元素学号和年龄. */
        for(i=0;i<5;i++)
            printf("%d\t%d\t\n",stu[i].num,stu[i].age);
        return 0;
}
```

16.2.3 基础代码集(Ⅲ)

基础代码集(Ⅲ)主要收录的是 C 语言程序设计中的字符串操作,包括字符查找、子串查找和字符的替换等内容。

【08 字符串是否为回文】

输入一个字符串,判断其是否为回文。回文字符串是指从左到右读和从右到左读完全相同的字符串。

思路：

设定两个位置计数器,一个指向字符串首字符,另一个指向字符串最后一个字符,比较两个字符是否相等,如果相等,两个计数器分别向中间移动一个位置,再进行比较。循环直到两个字符不等,或者两个计数器指向了同一个位置,程序结束。

主要涉及知识点：

字符数组的输入输出,及相应的处理。

程序清单：

```
#include <stdio.h>
#include <string.h>
int main()
{
    char s[100];
```

```
    int i,j,n;
    printf("输入字符串:\n");
    gets(s);
    n=strlen(s);
    for(i=0,j=n-1;i<j;i++,j--)
        if(s[i]!=s[j])   break;
    if(i>=j)
    {
        printf("是回文串\n");
    }
    else
    {
        printf("不是回文串\n");
    }
    return 0;
}
```

【09 从字符串中删除字符】

请编写一个程序,完成以下功能,从字符数组 a 中删除存放在其中的字符 c。

思路:

(1) 将字符串存放于字符数组中;(2)初始化 j,k 计数器指向第一个字符,(3)通过循环,将字符数组中的每一个字符和当前字符进行比较,如果不等,将 j 位置赋值给 k 位置,如果相等,k 保持不变,而 j++。

主要涉及知识点:

字符数组的输入输出,及相应的处理

程序清单:

```
#include <stdio.h>
int main()
{
    char s[80],c;
    int  j,k;
    printf("\nEnter a string: ");
    gets(s);
    printf("\nEnter a character: ");
    c=getchar( );
    for(j=k=0;s[j]!='\0';j++)
    {
        if(s[j]!=c)
        {
```

```
            s[k++]=s[j];
        }
    }
    s[k] = '\0';
    printf("\n%s",s);
    return 0;
}
```

【10 字符串反向输出】

实现将输入的字符串反序输出,例如输入 windows,输出 swodniw。

思路:

(1) 将字符串存放于字符数组中;

(2) 定义两个位置计数器,分别指向首字符和最后一个字符;

(3) 将两个位置计算器所指的字符交换,然后两个字符计数器分别向中间移动一个位置,直到两者相等。

主要涉及知识点:

字符串的输入输出、字符串处理函数、指针的用法

程序清单:

```
#include <stdio.h>
#include <string.h>
int main()
{
    char   c[200],c1;
    int i,j,k;
    printf("Enter a string: ");
    scanf("%s",c);
    k=strlen(c);
    for (i=0,j=k-1;i<k/2;i++,j--)
    {
        c1=c[i];
        c[i]=c[j];
        c[j]=c1;
    }
    printf("%s\n",c);
    return 0;
}
```

【11 子串查找】

在一个字串 s1 中查找一子串 s2,若存在则返回子串在主串中的起始位置,不存在则返回-1。

思路：

将字符串 1 的每一个位置做为开始进行查找，通过循环，顺序和第二个子串中的每一个字符进行比较，如果某个字符不等，则从字符串 1 的下一个位置开始查找，直到所有的位置都查找完，还没有找到，则返回 -1。或者某一次查找全部字符相同，则找到，返回该次查找的字符串 1 的位置。

主要涉及知识点：

字符数组、查找算法、字符串处理函数

程序清单：

```c
#include<stdio.h>
#include <string.h>

int search(char s1[],char s2[])
{
    int i=0,j,len=strlen(s2);
    while(s1[i])
    {
        for(j=0;j<len;j++)
        {
            if(s1[i+j]!=s2[j])
            {
                break;
            }
        }
        if(j>=len)
        {
            return i;
        }
        else
        {
            i++;
        }
    }
    return -1;
}

int main()
{
    char s1[6]="thisis";
```

```
        char s2[5]="is";
        printf("%d\n",search(s1,s2));
        system("pause");
        return 0;
}
```

【12 字符串中字符替换】

编写函数 replace(char *s,char c1,char c2)实现将 s 所指向的字符串中所有字符 c1 用 c2 替换,字符串、字符 c1 和 c2 均在主函数中输入,将原始字符串和替换后的字符串显示在屏幕上,并输出到文件 p10_2.out 中。

思路:

通过对字符串进行循环,在循环中,对每一个字符进行比较,如果相等,则将其赋值为新字符。

主要涉及知识点:

替换算法、函数、字符数组

程序清单:

```
#include<stdio.h>
replace(char *s,char c1,char c2)
{
    while(*s!='\0')
    {
        if(*s==c1)
        {
            *s=c2;
        }
        s++;
    }
}
int main()
{
    char str[100],a,b;
    printf("Enter a string:\n");
    gets(str);
    printf("Enter a & b:\n");
    scanf("%c%c",&a,&b);
    printf("%s\n",str);
    replace(str,a,b);
    printf("The new string is————%s\n",str);
    return 0;
```

}

16.2.4 基础代码集(IV)

基础代码集(IV)主要收录的是 C 语言程序设计中的文件操作、数据排序以及简单链表(包含指针)等较为复杂的内容。

【13 计算 PI 值】

编写函数 calculatepi,利用公式

$$\frac{\pi}{3}=1+\frac{1}{3}+\frac{1}{3}\times\frac{2}{5}+\frac{1}{3}\times\frac{2}{5}\times\frac{3}{7}+\frac{1}{3}\times\frac{2}{5}\times\frac{3}{7}\times\frac{4}{9}+\cdots$$

计算 π 的近似值,当某一项的值小于 10^{-5} 时,认为达到精度要求,请完善函数。将结果显示在屏幕上并输出到文件 pi.out 中。

思路:

(1) 观察公式的特点,每一项的值都是前一项的值乘以一个因子,因此,函数需要两个变量,变量 temp 用于存放每项的连乘结果,另一个变量 s 用于存放前 n 项的累加和。

(2) 通过 while 循环就可以得到前 n 项的和,当 while 条件满足精度要求时,就可得到 π/2 的值。

主要涉及知识点:

函数、实数的比较、相关公式用程序实现的技巧、文件的操作

程序清单:

```
#include<stdio.h>
double calculatepi(double eps)            /* eps 为允许误差 */
{
    int m=1;
    double temp=1.0,s=0;
    while(temp>=eps)
    {
        s+=temp;
        temp=temp*m/(2*m+1);
        m++;
    }
    return(2*s);
}
int main()
{
    FILE *fp;
    double eps=1e-5,pi;
    if((fp=fopen("pi.out","w"))==NULL)
    {
```

```
            printf("cannot open the file\n");
            exit(0);
        }
        pi= calculatepi(eps);
        printf("pi=%lf\n",pi);
        fprintf(fp,"pi=%lf\n",pi);
        fclose(fp);
        return 0;
    }
```

【14 冒泡排序】

利用冒泡排序对 10 个数进行从小到大的排序，并将排序后的结果输出到屏幕及文件 sort.out。

思路：

(1) 对 n 个数进行冒泡排序，需要进行 n-1 趟的操作；

(2) 在每一趟中，只需要对的前 m 个数，从前至后，任何相邻的两个数进行比较，如果前者大，则交换，否则继续下一对数据的比较。这样，经过一趟，当前未排好序中最大的数就被交换到了当前数据的最后位置，也就是排好了位置。

主要涉及知识点：

函数、排序算法、循环嵌套、文件相关操作

程序清单：

```c
#include<stdio.h>
void fun(int a[],int n)
{
    int i,j,t;
    for(i=0;i<=n-1;i++)
        for(j=0;j<n-i;j++)
            if(a[j]>a[j+1])
            {
                t=a[j];
                a[j]=a[j+1];
                a[j+1]=t;
            }
}
int main()
{
    int a[10]={12,45,7,8,96,4,10,48,2,46},n=10,i;
    FILE *f;
```

```
    if((f=fopen("sort.out","w"))==NULL)
        printf("open file myf2.out failed!\n");

    fun(a,10);
    for(i=0;i<10;i++)
    {
        printf("%4d",a[i]);
        fprintf(f,"%4d",a[i]);
    }
    printf("\n");

    fclose(f);
    return 0;
}
```

【15 简单链表的建立】

建立一个有三个结点的简单链表。

思路：

(1) 用结构体定义数据节点；

(2) 声明 3 个节点变量，并初始化；

(3) 通过节点的 next 指针将 3 个节点连接成链表。

主要涉及知识点：

结构体、链表相关操作

程序清单：

```
#include <stdio.h>
#define NULL 0
struct student
{
    int num;
    char * name;
    int age;
    struct student * next;
};
int main()
{
    struct student a,b,c, * head, * p;

    a.num=1001; a.name="lihua"; a.age=18;    /* 对结点成员进行赋值 */
    b.num=1002; b.name="liuxing"; b.age=19;
```

```
        c.num=1003; c.name="huangke"; c.age=18;

        head=&a;                                    /* 建立链表，a 为头结点 */
        a.next=&b;
        b.next=&c;
        c.next=NULL;
        p=head;                                     /* 输出链表 */

        do
        {
            printf("%5d,%s,%3d\n",p->num,p->name,p->age);
            p=p->next;
        }while(p!=NULL);
        return 0;
    }
```

Famous Words

Never, everever ever ever give up.　　——Winston Churchill

16.3　C++工程案例

面向对象程序设计是一个迭代的、递增的开发过程，它包括面向对象分析（OOA：Object-Oriented Analysis）、面向对象设计（OOD：Object Oriented Design）和面向对象编程（OOP：Object Oriented Programming）等几个过程。

◇ OOA：对问题进行调查和分析。
◇ OOD：定义类之间、对象之间的关系以及它们之间的协作。
◇ OOP：把设计翻译为程序代码。

在面向对象编程中，一切都是对象。和结构化编程不同，面向对象主要关注问题域中存在的对象以及他们之间的关系。

本节通过一个工程案例介绍面向对象程序设计的基本方法和步骤，为后续的学习打下一个良好的基础。该案例模拟客户到餐厅就餐过程来说明利用面向对象编程思想进行实际应用程序的分析和设计。

16.3.1　问题描述

该工程案例模拟顾客到餐馆就餐整个过程，限于篇幅，对顾客就餐过程中的部分逻辑进行了简化,但这并不影响它的实用性和所要表达的面向对象程序设计思想。

该案例模拟了顾客从进入餐馆、用餐到结账整个过程,具体业务流程如下:顾客进入餐厅,餐厅服务员对顾客的光临表示欢迎并向顾客提供菜单;顾客下单后,服务员将订单交付厨师;厨师按照顾客需求完成烹饪工作,通知服务员送餐;顾客用餐完毕申请结账,服务员保存交易信息。

16.3.2 分析设计

1. 识别类

面向对象程序设计就是用自然思维抽象和表示客观世界的事物,核心问题是从这些事物中抽象出需要的类,然后分析它们之间的相互关系和协作,建立对业务问题的简洁和精确的描述。描述的好坏取决于我们对问题的认识,一种最朴素的方法就是把业务领域中我们熟知的概念直接抽象为类,也就是找到问题描述中的名词,本案例中的名词有:顾客、餐厅、服务员、厨师、菜单、订单和交易信息等,如图16-1所示。

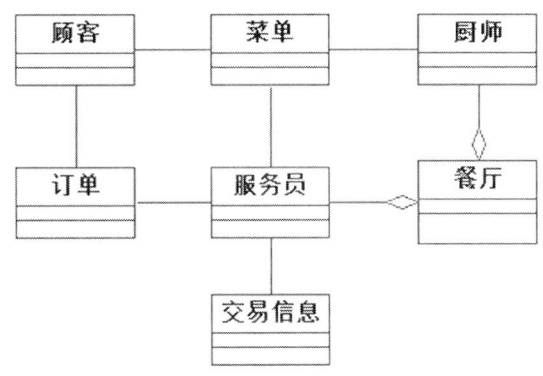

图 16-1 顾客就餐的初始类

2. 定义交互行为

接下来需要模拟顾客就餐场景,分析各个对象之间的通讯和交互。交互是一组对象之间的消息传递,是为了完成某一任务而进行的一系列信息交换明。通过对它们之间交互的分析描述,可以为每一个对象分配行为职责,进而抽象出每一个对象所应具备的功能和服务,在C++语言中,对应于类中的成员函数。描述了顾客到餐馆就餐的场景逻辑描述如下:

(1) 顾客进入餐厅;
(2) 服务员欢迎顾客;
(3) 服务员向顾客出示菜单;
(4) 顾客在菜单上订餐产生订单;
(5) 顾客向服务员提交订单;
(6) 服务员接收到订单后通知厨师烹饪食品;
(7) 厨师做好饭菜提示服务员送餐。
(8) 顾客用餐完毕,向服务员提供订单并申请结账。

(9)服务员完成结账行为,将相关信息加入记录。

根据上面的描述,在顾客就餐过程中,对象之间的交互过程可绘制如图 16-2 所示的顺序图。

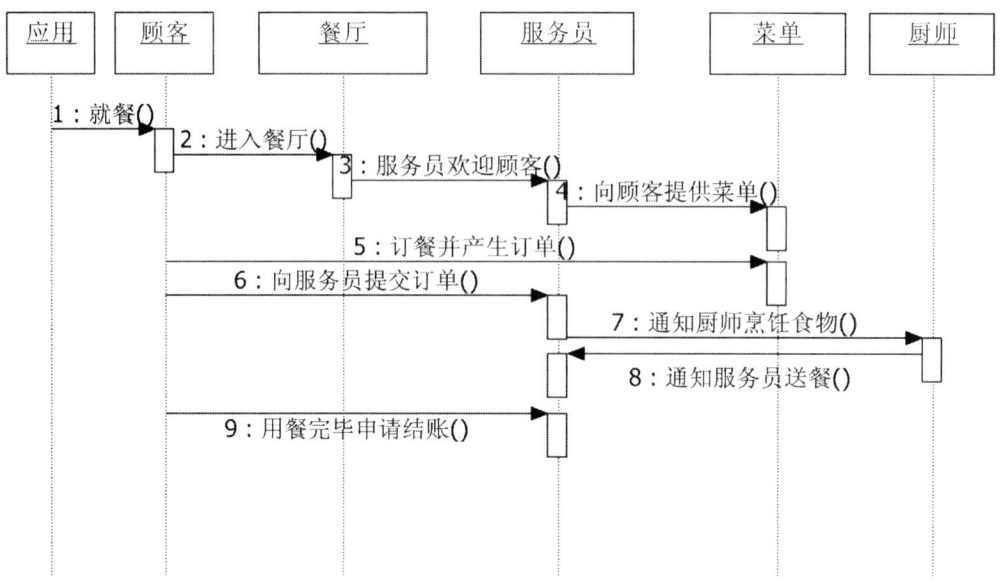

图 16-2　顾客就餐的顺序图

3. 类的进一步细化

厨师和服务员都是餐厅的雇员,都在餐厅工作,因此可以抽象出雇员类统一描述雇员的行为。服务员的工作包括:(1)欢迎顾客;(2)接收顾客订单;(3)送餐;(4)接收客户结账申请。相对而言,厨师工作比较单一,就是烹饪。也就是说,雇员的工作要根据当前工作内容来确定如何处理订单。对雇员工作行为的定义可以通过订单和工作情况来确定:

雇员::工作(订单,工作内容)。

此时我们得到如图 16-3 所描述的类的职责和问题域中类——一类之间的关系。

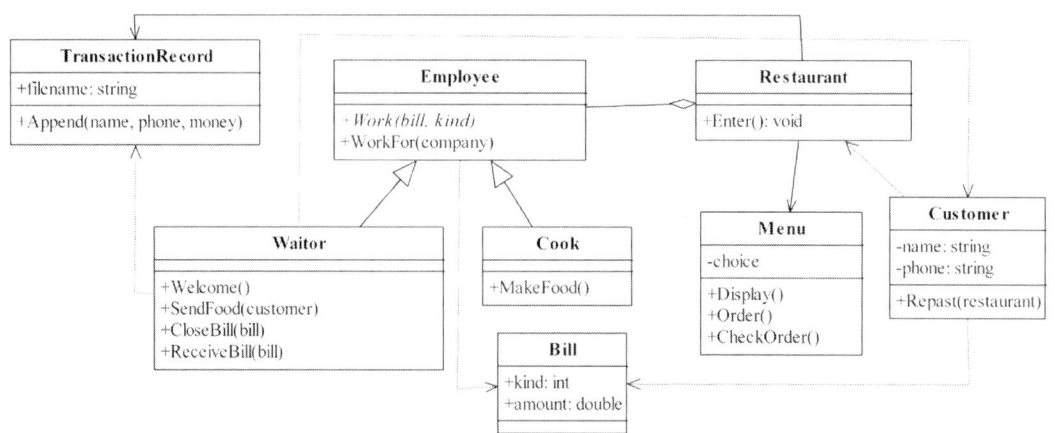

图 16-3　顾客就餐的详细类图

4. 界面设计

截止目前我们还没有学习图形界面的设计,因此该工程案例的界面采用文本方式,利用键盘进行数据和信息输入来模拟顾客的操作,用文字描述对象的行为和动作,具体界面设计如图 16-4 所示。

```
John goes for a repast.
The customer enters a restaurant.
Waitor: Welcome! Here is the menu.
************************************
 1. 经济型套餐   10元
 2. 实惠型套餐   20元
 3. 豪华型套餐   30元
************************************
Which is your choice?[1-3]
2
Customer receives the bill and sends it to the cook.
Cook: Cook food.
Cook: The food is ready. Waitor, send it to customer.
Waitor sends food to the customer.
Then the customer can taste the food.
Customer applies to pay for the bill.
Waitor accepts the customer's apply and closes the bill.
Record the transaction.
```

图 16-4 程序的运行界面

5. 数据的存储

对于存储的数据需要保存在文件中,这个工作由 TransactionRecord 对象来完成。该对象具有成员函数 Append() 用于向文件 filename 中添加数据。文件以二进制形式存放顾客姓名、电话和消费金额。对应的数据结构定义如下:

```
struct Record
{
    char name[MAXSTRINGLEN];
    char phone[MAXSTRINGLEN];
    double money;
};
```

至此,问题的分析和设计已经完成,接下来的任务就是编码实现了。

16.3.3 编码实现

编码实现就是将程序的设计逻辑翻译成计算机能够识别的指令,也就是 C++ 程序代码。

 **特别说明**

以下代码框架为系统自动生成,将类的声明、定义和应用分为不同的文件,请在输入时,对照不同的文件仔细分析。

下面为读者列出了完整的程序代码,请读者自行分析实现的原理。

【例 16-1】 模拟顾客就餐过程的C++程序实现。

```cpp
// 订单(账单)类声明 Bill.h
#if !defined(_BILL_H)
#define _BILL_H
#include <string>
class Customer;
typedef struct Bill
{
    std::string phone;   //用电话作为账单号
    int kind;            // 餐饮类别
    double amount;       // 收费
    Customer*  customer; // 消费者
}Bill;
#endif   //_BILL_H

// 顾客类声明 Customer.h
#if !defined(_CUSTOMER_H)
#define _CUSTOMER_H
#include <string>
using namespace std;
class Restaurant;       // 前向引用声明
class Customer
{
public:
    // 构造函数
    Customer(string s1, string s2);
    void Repast(Restaurant* p);
    string Name();
    string Phone();
private:
    std::string name;
    std::string phone;
    // 用电话号码作为顾客编号
};
#endif   //_CUSTOMER_H

// 顾客类实现 Customer.cpp
#include "Customer.h"
#include "Restaurant.h"
#include <iostream>
using namespace std;

Customer::Customer(string s1, string s2)
{
    name = s1;
    phone = s2;
}
void Customer::Repast(Restaurant* p)
{
    cout<<name<<" goes for a repast." <<endl;
    p->Enter();              //进入餐厅

    Bill bill = p->menu.Order();
    // 顾客订餐,产生订单
    bill.customer = this;    //顾客签单
    p->waiter->Work(&bill, 1);
    // 服务员接收订单

    cout<<"Customer applies to pay for the
```

```cpp
        bill."<<endl;        //顾客申请结账
    p->waiter->Work(&bill, 3);
    // 服务员接到结账申请,进行结账
}

string Customer::Name()
{
    return name;
}

string Customer::Phone()
{
    return phone;
}

// 餐馆类声明 Restaurant.h
#if !defined(_RESTAURANT_H)
#define _RESTAURANT_H
#include <string>
#include "Menu.h"
#include "TransactionRecord.h"
#include "Cook.h"
#include "Waiter.h"
class Restaurant
{
public:
    friend class Waiter;
    /* 友元,方便服务员可以直接访问厨
       师和交易记录 */
    void Enter();
    void EmployWaiter(Waiter * worker);
    // 雇佣服务员
    void EmployCook(Cook * worker);
    // 雇佣厨师
    void BuildRecord(string filename);
    // 建立交易记录
    Menu menu;                //菜单公开
    Employee * waiter;        //服务员公开
private:
    Employee * cook;          //厨师
    TransactionRecord transactions;
    // 交易记录
};
#endif    //_RESTAURANT_H

// 餐馆类实现 Restaurant.cpp
#include "Restaurant.h"
#include <iostream>
using namespace std;

void Restaurant::EmployWaiter(Waiter
    * worker)
{
    waiter = worker;
    waiter->WorkFor(this);
}

void Restaurant::EmployCook(Cook *
    worker)
{
    cook = worker;
    cook->WorkFor(this);
}

void Restaurant::BuildRecord(string
    filename)
{
    transactions.filename = filename;
}

void Restaurant::Enter()
{
    cout<<"The customer enters a
        restaurant. "<<endl;
    waiter->Work();
}
```

```cpp
// 雇员类声明 Employee.h
#if !defined(_EMPLOYEE_H)
#define _EMPLOYEE_H
class Bill;
class Restaurant;        // 前向引用声明
class Employee
{
public:
    virtual void Work(const Bill * pBill = 0,
    int kind = 0) = 0;     // 纯虚函数
    void WorkFor(Restaurant * p);
protected:
    Restaurant * company;
};
#endif   //_EMPLOYEE_H

// 雇员类实现    Employee.cpp
#include "Employee.h"
#include "Restaurant.h"

void Employee::WorkFor(Restaurant * p)
{
    company = p;
}

// 厨师类声明     Cook.h
#if !defined(_COOK_H)
#define _COOK_H
#include "Employee.h"
class Cook : public Employee
{
public:
    void MakeFood(const Bill& bill);
    virtual void Work(const Bill * pBill, int
        kind);
};
#endif   //_COOK_H
```

```cpp
// 厨师类实现   Cook.cpp
#include "Cook.h"
#include "Restaurant.h"
#include <iostream>
using namespace std;
void Cook::MakeFood(const Bill& bill)
{
    cout<<"Cook: Cook food."<<endl;
    cout<<"Cook: The food is ready.
        Waitor, send it to customer."
    <<endl;
    company->waitor->Work(&bill, 2);
}

void Cook::Work(const Bill * pBill, int kind)
{
    MakeFood( * pBill);
}
// 服务员类声明    Waitor.h
#if !defined(_WAITOR_H)
#define _WAITOR_H
#include "Employee.h"
class Customer;  // 前向引用声明
class Waitor : public Employee
{
public:
    void Welcome();
    void ReceiveBill(const Bill& bill);  //接到订单
    void SendFood(Customer * pCustomer);
    //给顾客送餐
    void CloseBill(const Bill& bill);  //接到结账申请
    virtual void Work(const Bill * pBill = 0,
    int kind = 0);
};
#endif //_WAITOR_H
```

// 服务员类实现　　Waitor.cpp
```cpp
#include "Waitor.h"
#include "Customer.h"
#include "Restaurant.h"
#include <iostream>
using namespace std;

void Waitor::Welcome()
{
    cout<<"Waitor: Welcome! Here is the
        menu."<<endl;
    company->menu.Display();
}

void Waitor::ReceiveBill(const Bill& bill)
{
    cout<<"Customer receives the bill and
        sends it to the cook."<<endl;
    company->cook->Work(&bill);
    // MakeFood
}

void Waitor::SendFood(Customer *
    pCustomer)
// 参数 pCustomer 用于找到对应顾客
{
    cout<<"Waitor sends food to the
        customer."<<endl;
    cout<<"Then the customer can taste the
        food."<<endl;
}

void Waitor::CloseBill(const Bill& bill)
{
    cout<<"Waitor accepts the customer's
        apply and closes the bill."<<endl;
    cout<<"Record the transaction."<<
        endl;
```
company->transactions.Append(
    bill.customer->Name(),
bill.customer->Phone(), bill.amount); //
添加交易记录
}

```cpp
void Waitor::Work(const Bill * pBill, int
kind)          // 服务员工作有 4 种
{
    switch(kind)
    {
    case 0:
    Welcome();
    break;
    case 1:
    ReceiveBill(*pBill);
    break;
    case 2:
    SendFood(pBill->customer);
    break;
    case 3:
    CloseBill(*pBill);
    }
}
```

// 菜单类声明　　Menu.h
```cpp
#if !defined(_MENU_H)
#define _MENU_H
#include "Bill.h"
class Menu
{
public:
    void Display();
    Bill Order();
private:
    int choice;
};
```

```cpp
#endif   //_MENU_H

// 菜单类实现      Menu.cpp
#include "Menu.h"
#include <iostream>
using namespace std;

void Menu::Display()
{
    cout<<" * * * * * * * * * * * * * * * * "<<endl;
    cout<<"1. 经济型套餐  10元"
        <<endl;
    cout<<"2. 实惠型套餐  20元"
        <<endl;
    cout<<"1. 豪华型套餐  30元"
        <<endl;
    cout<<" * * * * * * * * * * * * * * * * "<<endl;
}

Bill Menu::Order()
{
    cout<<"Which is your choice?[1-3]"
        <<endl;
    cin>>choice;
    Bill bill;
    switch(choice)
    {
    case 1:
        bill.amount = 10;
        bill.kind = 1;
        break;
    case 2:
        bill.amount = 20;
        bill.kind = 2;
        break;
    case 3:
        bill.amount = 30;
        bill.kind = 3;
        break;
    default:
        bill.kind = -1;
        bill.amount = 0;
    }
    return bill;
}

// 交易记录类声明 TransactionRecord.h
#if !defined(_TRANSACTIONRECORD_H)
#define _TRANSACTIONRECORD_H
#include <string>
using namespace std;
typedef struct TransactionRecord
{
public:
    string filename;
    void Append(string name, string phone,
        double money); // 添加交易记录
}TransactionRecord;
#endif

//交易记录实现    Menu.h
#include "TransactionRecord.h"
#include <cstring>
#include <fstream>
using namespace std;
const int MAXSTRINGLEN = 30;
void TransactionRecord::Append(string
    name, string phone, double money)
{
    fstream out(filename.c_str(), ios::binary
        | ios::app);
    // 追加方式打开二进制文件

    struct Record
```

```cpp
{
    char name[MAXSTRINGLEN];
    char phone[MAXSTRINGLEN];
    double money;
}record;

strcpy(record.name, name.c_str());
strcpy(record.phone, name.c_str());
record.money = money;
out.write((char *)&record,
    sizeof(record));
out.close();
```

16.3.4 测试运行

完成类的编码工作之后,需要在主函数中声明类的对象并初始化,调用对象方法以完成相应工作。

```cpp
#include "Customer.h"
#include "Restaurant.h"
#include "Waitor.h"
#include "Cook.h"

int main()
{
    Waitor waitor;
    Cook cook;
    Restaurant restaurant;
    restaurant.EmployWaitor(&waitor);    // 餐馆雇佣服务员
    restaurant.EmployCook(&cook);        // 餐馆雇佣厨师
    restaurant.BuildRecord("Trans.txt"); // 建立交易记录
    Customer * pCustomer = new Customer("John", "111-2222-3333");
    pCustomer->Repast(&restaurant);      // 顾客去餐馆就餐
    delete pCustomer;
    return 0;
}
```

完成编码操作之后,需要对程序进行编译、链接和运行。此时可能会出现一些错误,这些错误大致可分为三类:即编译错误、实时错误和逻辑错误。

(1) 编译错误

在编写程序代码时,产生了不符合C++语言语法和规则的代码,从而导致编译器无法正确理解源代码,这一错误也称为语法错误。

(2) 实时错误

应用程序在运行期间,执行一条无法完成的操作指令而产生的错误,这类错误也称为运行时错误。

（3）逻辑错误

程序运行结果和程序员的设想不一致所产生的一类错误。这类错误在程序编译和运行期间并不会出现任何错误信息或提示，因此难以发现。

对于语法错误，编译器已经告知程序员在程序代码的什么位置发生什么哪一类错误，只需按照提示修改程序代码即可。对于后两种错误，则需要通过调试器对程序进行调试（debug）才能发现和修改错误。如此反复直到程序能够正确地运行为止。

程序模拟的运行结果如下图 16-5 所示。

```
John goes for a repast.
The customer enters a restaurant.
Waitor: Welcome! Here is the menu.
*******************************
1.   经济型套餐       10元
2.   实惠型套餐       20元
3.   豪华型套餐       30元
*******************************
Which is your choice?[1-3]
1
Customer receives the bill and sends it to the cook.
Cook: Cook food.
Cook: The food is ready. Waitor, send it to customer.
Waitor sends food to the customer.
Then the customer can taste the food.
Customer applies to pay for the bill.
Waitor accepts the customer's apply and closes the bill.
Record the transaction.
```

图 16-5　运行结果

16.4　要点回顾

16.4.1　语法要点

表 16-1　语法要点

要　　点	具　体　内　容
C/C++语言编码规范	在实际的C/C++语言工程应用当中，应遵循编码规范，养成良好的编码风格，设计出具有可读性、易维护性、安全性、可靠性的程序。编码规范包括：排版规范、注释规范、命名规范、可读性规范，以及保证程序正确性、可靠性的其他注意事项。
C/C++语言基础代码集	本章罗列了 15 个 C/C++语言基础代码，分为：(1)基本应用篇，包括循环结构、选择结构以及一组数组的应用。(2)二维数据篇，包括二维数据及结构体简单应用。(3)字符串应用篇，包括字符串的几种常处理方法。(4)高级应用篇，包括文件操作，排序以及简单的链表操作。

	续表
C++工程案例	目的在于运用所学的语法知识分析和解决实际问题,用面向对象程序设计解决实际问题有规范和行之有效的方法。本节通过模拟客户到餐厅就餐的过程来描述程序分析设计中如何用面向对象思想:(1)问题描述,(2)分析与设计,(3)编码与实现,(4)测试运行等四个阶段。

16.4.2 常见错误

(1) 在实际编码过程中,标识符的命名常被一些初学者所忽视。经常用单个字母命名具体的变量和函数,不屑几天,自己也不清楚程序的含义了。

一般来说,变量要采用名词或名词短语来命名,函数要用动词或动词短语来命名。

例如:

学生姓名:studentName,身份证:IdCard

成绩排名:sortScores(),查询订单:queryOrder()

(2) 程序的版式尤如文章的段落,对于程序的维护和阅读具有极其重要的作用。初学者往往对此重视不够,造成程序代码难以阅读,进而无法在实际中应用。

(3) 对于书写必要的注释,初学者也常常是难以掌握。下面给出一个建议:如果该程序是以学习C/C++语言语法为目的,那么注释越详尽越好。如果该程序是实际或者商业应用,则只需要对业务逻辑和程序逻辑部分进行注释。

(4) 初学程序设计的人,对上机编码热情很高,对问题的分析和设计却不屑一顾,甚至有人错误地认为分析和设计会耽误时间。岂不知分析和设计是上机编码的重要基础,分析设计清楚后,再进行编码那是非常轻松和省时的事。反之,可能会因为编码中出现太多的问题而适得其反,欲速则不达,反而浪费了大好的时光。

习 题

一、问答题

1. 在实际的工程应用中遵循编码规范有哪些方面的好处?
2. 请写出C++语言程序设计的基本过程。
3. 对问题的分析和设计应从哪几个方面进行?
4. 在四则运算计算器示例中,为什么要清除键盘缓冲区?

二、编程题

根据本章所学知识,分析与设计一个简单的学生成绩管理系统。

附录 A 常用字符与 ASCII 对照表

ASSII 值	字符	ASSII 值	字符	ASSII 值	字符	ASSII 值	字符
000	NUL	032	(space)	064	@	096	`
001	SOH	033	!	065	A	097	a
002	STX	034	"	066	B	098	b
003	ETX	035	#	067	C	099	c
004	EOT	036	$	068	D	100	d
005	END	037	%	069	E	101	e
006	ACK	038	&	070	F	102	f
007	BEL	039	'	071	G	103	g
008	BS	040	(	072	H	104	h
009	HT	041	)	073	I	105	i
010	LF	042	*	074	J	106	j
011	VT	043	+	075	K	107	k
012	FF	044	,	076	L	108	l
013	CR	045	-	077	M	109	m
014	SO	046	.	078	N	110	n
015	SI	047	/	079	O	111	o
016	DLE	048	0	080	P	112	p
017	DC1	049	1	081	Q	113	q
018	DC2	050	2	082	R	114	r
019	DC3	051	3	083	S	115	s
020	DC4	052	4	084	T	116	t
021	NAK	053	5	085	U	117	u
022	SYN	054	6	086	V	118	v
023	ETB	055	7	087	W	119	w
024	CAN	056	8	088	X	120	x
025	EM	057	9	089	Y	121	y
026	SUB	058	:	090	Z	122	z
027	ESC	059	;	091	[	123	{
028	FS	060	<	092	\\	124	|
029	GS	061	=	093	]	125	}
030	RS	062	>	094	^	126	~
031	US	063	?	095	_		

附录 B 运算符优先级和结合性

优先级	运算符	名称或含义	结合性	优先级	运算符	名称或含义	结合性
1	( )	圆括号	从左到右	7	==	等于运算符	从左到右
1	[ ]	数组下标	从左到右	7	!=	不等于运算符	从左到右
1	->	成员选择(指针)	从左到右	8	&	按位与运算符	从左到右
1	.	成员选择(对象)	从左到右	9	^	按位异或运算符	从左到右
2	-	负号运算符	从右到左	10	|	按位或运算符	从左到右
2	(类型)	类型转换运算符	从右到左	11	&&	逻辑与运算符	从左到右
2	++	自增运算符	从右到左	12	||	逻辑或运算符	从左到右
2	--	自减运算符	从右到左	13	?:	条件运算符	从右到左
2	*	指针运算符	从右到左	14	=	赋值运算符	从右到左
2	&	取地址运算符	从右到左	14	/=	除后赋值运算符	从右到左
2	!	逻辑非运算符	从右到左	14	*=	乘后赋值运算符	从右到左
2	~	按位取反运算符	从右到左	14	%=	取模后赋值运算符	从右到左
2	sizeof	长度运算符	从右到左	14	+=	加后赋值运算符	从右到左
3	/	除法运算符	从左到右	14	-=	减后赋值运算符	从右到左
3	*	乘法运算符	从左到右	14	<<=	左移后赋值运算符	从右到左
4	%	求余运算符	从左到右	14	>>=	右移后赋值运算符	从右到左
4	+	加法运算符	从左到右	14	&=	按位与后赋值运算符	从右到左
5	-	减法运算符	从左到右	14	^=	按位异或后赋值运算符	从右到左
5	<<	左移运算符	从左到右	14	|=	按位或后赋值运算符	从右到左
5	>>	右移运算符	从左到右	15	,	逗号运算符	从左到右
6	>	大于运算符	从左到右				
6	>=	大于等于运算符	从左到右				
6	<	小于运算符	从左到右				
6	<=	小于等于运算符	从左到右				

参 考 文 献

[1] 张晓民.面向应用C语言程序设计[M].郑州:河南科学技术出版社,2014.
[2] 苏小红,王宇颖,孙志刚.C语言程序设计[M].北京:高等教育出版社,2011.
[3] 传智播客高教产品研发部.C++程序设计教程[M].北京:人民邮电出版社,2016
[4] 谭浩强.C++面向对象程序设计[M].北京:清华大学出版社,2006.
[5] 郑莉,董渊.C++语言程序设计[M].北京:清华大学出版社,2002.
[6] Paul Kelly,苏小红.双语版C++程序设计[M].北京:电子工业出版社,2010.
[7] 刘建舟,徐承志,陈荆亮,吴奕.C++面向对象程序设计[M].北京:机械工业出版社,2012.
[8] 邬延辉,王小权,陈叶芳.C++程序设计教程基于案例与实验驱动[M].北京:机械工业出版社,2010.
[9] 钱能.C++程序设计教程[M].北京:清华大学出版社,2004.
[10] 杨路明.C语言程序设计教程[M].北京:北京邮电大学出版社,2003.
[11] Ai Kelley,IraPohi.C语言教程(英文版,第2版).北京:机械工业出版社,2004.
[12] 李俊生,杨波,黄继海.C程序设计及实验指导[M].北京:人民邮电出版社,2012.
[13] 刘振安.C++语言程序设计[M].北京:机械工业出版社,2001.
[14] 尹宝林.C程序设计思想与方法[M].北京:机械工业出版社,2009.
[15] 霍顿,杨浩.C语言入门经典(第四版)[M].北京:清华大学出版社,2008.
[16] 周仲宁.C++程序设计与应用试验指导及习题解答[M].北京:机械工业出版社,2007.
[17] 刘彬彬,孙秀梅,李鑫.C语言编程之道[M].北京:人民邮电出版社,2011.
[18] H MPeitel & Tony Crawford. C in Nutshell[M].北京:机械工业出版社,2007.
[19] HerbertSchildt 著.戴健鹏译.C语言大全(第二版)[M].北京:电子工业出版社,1994.
[20] 严蔚敏,吴伟民.数据结构(C语言版)[M].北京:清华大学出版社,2011.
[21] 辛运伟,陈有祺.数据结构(C++语言版)[M].北京:机械工业出版社,2001.
[22] 程杰.大话数据结构[M].北京:清华大学出版社,2011.
[23] 王水,张晓民.软件工程素质导论[M].郑州:河南科学技术出版社,2011.